U0625730

浙江省2010年特色专业（农村合作金融）建设成果

浙江省优势专业（金融专业）建设成果

浙江金融职业学院"985"建设二期（攀越计划）成果

高职高专金融类"十二五"规划系列教材

金融仓储理论与实务

JINRONG CANGCHU LILUN YU SHIWU

吴金旺　童天水　编著

中国金融出版社

责任编辑：张　超
责任校对：张志文
责任印制：陈晓川

图书在版编目（CIP）数据

金融仓储理论与实务（Jinrong Cangchu Lilun yu Shiwu）/吴金旺，童天水编著.
—北京：中国金融出版社，2014.7
高职高专金融类"十二五"规划系列教材
ISBN 978 - 7 - 5049 - 7183 - 8

Ⅰ.①金…　Ⅱ.①吴…②童…　Ⅲ.①金融业—仓储系统—高等职业教育—教材
Ⅳ.①F830

中国版本图书馆 CIP 数据核字（2013）第 250349 号

出版 发行	中国金融出版社

社址　北京市丰台区益泽路 2 号
市场开发部　（010）63266347，63805472，63439533（传真）
网上书店　http://www.chinafph.com
　　　　　（010）63286832，63365686（传真）
读者服务部　（010）66070833，62568380
邮编　100071
经销　新华书店
印刷　保利达印务有限公司
尺寸　185 毫米×260 毫米
印张　15.5
字数　345 千
版次　2014 年 7 月第 1 版
印次　2014 年 7 月第 1 次印刷
定价　30.00 元
ISBN 978 - 7 - 5049 - 7183 - 8/F. 6743
如出现印装错误本社负责调换　联系电话（010）63263947
编辑部邮箱：jiaocaiyibu@126.com

序

　　市场经济的发展离不开金融业发展，金融业的发展离不开金融服务方式的深化拓展。长期以来，我国银行信贷运行一直依赖于两条腿，一是房地产抵押制度，二是互保担保制度。但是从这些年银行信贷运行的实际情况看，这种运作体系严重制约了企业与金融业的发展，从一定意义上说，也是中小企业融资难的重要原因。扩大动产在银行信贷活动中的作用，无疑是突破这一瓶颈的重要方式。然而由于缺乏合格的第三方管理，动产（尤其是存货）抵质押贷款却较难实现，这严重制约了众多中小企业运用动产工具满足融资需求。

　　在一些发达国家，动产类贷款业务已经比较成熟，将涉及的第三方管理服务称为"担保品第三方管理"。目前，法国、日本、比利时等国家对担保品管理行业实施经营许可制度，并对担保管理行业有不同程度的监督管理机制。美国颁布了统一的仓单法案，且有发达的保险业对担保品管理企业进行监督制约，促使担保品管理行业快速、规范发展。自 20 世纪 90 年代以来，我国沿海一些仓储企业陆续开展了称为"存货质押监管"的业务。特别是 2007 年《物权法》颁布后，明确了动产及相关抵押、质押权利的法律定义，担保品监管业务在仓储行业逐步推开并迅猛发展。国内较早形成运行模式的是浙江涌金仓储股份有限公司在 2008 年提出的金融仓储模式。通过几年来的业务实践和推广，金融仓储的定义、理念、标准与方法日益得到了业界的广泛接受和认可，成为具有鲜明特色的担保品管理业务模式。

　　金融仓储是商品经济和金融业务发展到一定阶段的必然产物，是金融服务外包的一种崭新模式，是仓储和金融相结合的创新融资方式。对于中小企业而言，其意义主要体现在盘活流动资产，解决资金短缺难题；对于商业银行而言，其意义主要是扩大业务规模并进行金融服务与产品创新，为银行带来新的业务理念与盈利模式；对于仓储企业而言，其意义是使仓储企业的业务领域向金融服务领域延伸，为仓储企业开创了新的发展空间和业务方向。在开展金融仓储业务过程中，仓储企业可以金融机构代理人和中小企业担保人的双重身份参与其中，可以有效减少金融机构和中小企业间的信息不对称，缓解金融机构"想贷不敢贷"和中小企业"想借借不到"的资金供需矛盾。

　　我和我的研究团队长期从事中小企业融资创新的研究，一直关注金融仓储，也从事了多项与金融仓储相关的研讨活动，并出版了研究著作《打破不动产的束缚——破解中小企业融资难的金融仓储模式探讨》，可以说亲历了金融仓储从浙江走向全国的整个过程。通过这些年的研究，进一步感到，无论是从理论还是实践上，金融仓储都越来越显示出在解决中小企业贷款难问题上的独特优势与广阔空间，它既使中小企业信贷融资有了更便捷的通道，也是推动金融创新的重要举措。

金融仓储实践的发展迫切需要能够对金融仓储进行理论概括和实例剖析的教材，然而，至今这方面的教材很难见到。在此情形下，《金融仓储理论与实务》的出版无疑很有意义，它既是推动金融仓储行业规范化发展的有益探索，也是浙江金融职业学院开展订单式人才培养、深化校企合作、服务行业企业的重要成果。可以说，这部教材的出版，也从一个方面反映了金融仓储迈入了系统性教学推广的新阶段。本书作者吴金旺在浙江金融职业学院任教，工作在金融仓储培训教育的第一线，在这个领域有着比较丰富的教学实践经验和研究成果。另一位作者童天水是浙江涌金仓储股份有限公司总裁，有着二十八年银行业从业经历，很早就倡导金融仓储并创办企业从事金融仓储实践，两位作者的经历与合作让本书有着较强的指导性和可读性。

希望读者能够从这本教材中汲取相关知识，共同努力，不断丰富和完善金融仓储理论体系，推动金融仓储实务工作的开展。

浙江大学教授　金雪军
2014 年 2 月

前　　言

　　中小企业是国民经济的重要增长点、社会就业的主要渠道以及科技创新的重要源泉。中小企业在发展中面临的最大威胁是融资难，由于经营规模小、品牌信誉差、占有不动产等社会资源少，无法取得信用贷款和不动产抵押贷款。因此，中小企业一般会拿原材料、半成品、产品等动产资源向银行抵质押贷款。如何管理这些抵质押品？银行自备仓库自行雇人看守，不仅不专业、没精力，也影响了动产抵质押贷款的普及。如果有专业公司将中小企业抵质押给银行的动产进行第三方保管和监管，银行信贷资金安全就有了保障，还拓展了盈利空间和延伸了服务领域，更重要的是破解中小企业融资困境，另外也可以使部分传统仓储企业转型升级，最终实现金融业资金流和仓储业物流的有效融合。

　　金融仓储是指为金融机构相关业务提供第三方动产抵质押管理的专业仓储服务活动。除了一般仓储的基本功能外，还具有贷款抵质押品发现、抵质押价值维持与价值变现等功能。金融仓储是金融和仓储的交叉服务创新，已经形成成熟的商业模式，它既是金融业的衍生品，也是仓储业的新业态，已经形成一定的经济效应和社会效应，已经有一批实践探索者和一系列理论研究成果。

　　金融仓储的一般服务模式包括动产质押监管和仓单质押，已经形成完善的业务流程和操作规范，随着现代物流与金融的发展，金融仓储服务正多元化发展，衍生出动产浮动抵押监管、保兑仓、反担保等新的服务模式。在金融仓储服务中，确保银行能有效控制风险是重中之重，银行在开展仓储金融业务时，主要面临信用风险、法律风险、操作风险等，银行业正在形成针对仓储金融业务风险管理的新思路和新方法。服务与绩效是金融仓储企业管理的两大重要方面，金融仓储企业的最高境界就是要实现优质服务与高水平绩效之间的平衡，金融仓储企业在创立品牌价值的同时，强化绩效管理和服务营销，确保企业稳健、持续、规范发展，以金融仓储实践推动我国仓储金融体系的构建。

　　金融仓储服务模式是从 2008 年金融危机后开始大量出现的，主要集中在中小企业发达的浙江省，浙江涌金仓储股份有限公司是国内第一家专业从事金融仓储服务的民营企业，业务发展极为迅速。除浙江省以外，不少地区也在政府的推动下成立了金融仓储的试点单位，比如四川省、河南省、甘肃省等，金融仓储企业如雨后春笋般迅速成长。金融仓储市场具有广阔的发展空间，当前距离形成规模化、产业化还有很长的路要走，需要进一步完善相关法律法规，为金融仓储发展提供良好的制度环境；需要银行、金融仓储企业、中小企业携手合作，共同推进金融仓储产业发展。

在当前国内外对金融仓储理论研究和实践探索的基础上，为进一步推广金融仓储服务以及为金融仓储的发展输送人才，我们编著了这本教材。

本教材的编写体现了以下三个特点：一是时代性，教材紧扣金融仓储领域理论研究最新成果和业务发展动态，结合最新的案例，力求呈现金融仓储最新信息；二是丰富性，以金融仓储为基础，普及了中小企业融资、银行信贷、动产融资、服务营销、风险管理等相关知识，可以供不同类型的读者有选择性地重点阅读；三是理论与实务有机结合，理论以够用为度，实务富有操作指导性，既可以作为高校金融仓储订单人才培养教学用书、物流和金融管理专业参考教材，也可以作为金融仓储相关实务工作参考用书，比如银行信贷人员可以了解金融仓储服务，掌握如何开展金融仓储业务，中小企业可以知道如何通过动产实现仓储融资，仓储物流公司可以熟悉金融仓储详细的业务流程和操作规范。

本教材是国内第一本有关金融仓储的教材，由浙江金融职业学院教师、金融仓储研究所学术秘书吴金旺和浙江涌金仓储股份有限公司总裁、浙江金融职业学院兼职教授童天水合作编著。吴金旺负责教材理论和案例部分，童天水负责制定编写大纲和实务部分。

感谢金融仓储研究所陶永诚所长、郭延安老师、金广荣老师、孙颖老师以及浙江涌金仓储股份有限公司办公室主任刘涛，他们为教材的编写提供了自己的研究成果或实务资料，并对教材内容提出许多宝贵的修改意见。《金融仓储理论与实务》作为"金储订单"班的核心课程，2010级、2011级、2012级、2013级"金储订单"班的学生为教材提供了丰富的案例，在四年的授课过程中，教材内容从最初的大纲、几页讲义逐渐丰富起来。感谢对金融仓储的发展给予指导和帮助的各级政府管理机构，另外，还要非常感谢本教材引用的所有参考文献的作者以及引用案例的新闻记者，正是由于各位专家、学者和传媒的启发和引导，经过学习和借鉴，本教材才得以顺利完成，对此表示最衷心的感谢。

由于我们水平有限，加之金融仓储确实是一个新兴的交叉学科领域，许多问题尚在探讨、研究和实践中，书中部分观点和对策代表了理论研究者和从业者的一些思考，肯定有许多不足之处，恳请广大读者指正。

吴金旺　童天水
2014 年 3 月

目　　录

1 | 第一章　中小企业融资
1 | 第一节　走进中小企业
4 | 第二节　我国中小企业的发展
13 | 第三节　中小企业融资难
20 | 第四节　银行中小企业信贷创新

25 | 第二章　商业银行信贷及物资保证原理
25 | 第一节　商业银行信贷的产生、发展及功能
29 | 第二节　商业银行信贷业务
34 | 第三节　银行信贷管理
41 | 第四节　动产担保融资
46 | 第五节　中国动产担保融资现行法律制度
49 | 第六节　动产担保的优先受偿分析

54 | 第三章　金融仓储起源
54 | 第一节　仓储
60 | 第二节　金融仓储
65 | 第三节　金融仓储的理论依据
67 | 第四节　国外金融仓储的实践

72 | 第四章　金融仓储创新及发展环境
72 | 第一节　金融创新
76 | 第二节　金融仓储服务模式的创新
81 | 第三节　金融仓储发展的有利环境
86 | 第四节　我国金融仓储业发展的不利环境

90 | 第五章　金融仓储的经济效应和社会评价
90 | 第一节　金融仓储的宏观经济效应
95 | 第二节　金融仓储与中小企业融资
97 | 第三节　金融仓储与商业银行信贷

101　　第四节　金融仓储与传统仓储企业
104　　第五节　金融仓储的社会评价

110　**第六章　金融仓储服务基本模式**
110　　第一节　基于动产质押监管的金融仓储服务模式
124　　第二节　基于动产浮动抵押监管的金融仓储模式
129　　第三节　仓单
136　　第四节　金融仓储仓单质押
145　　第五节　金融仓储服务基本模式比较

147　**第七章　金融仓储服务模式拓展**
147　　第一节　与传统仓储相关的高端业务
152　　第二节　保兑仓
156　　第三节　其他拓展模式

160　**第八章　商业银行仓储金融业务风险管理**
160　　第一节　风险及风险管理
166　　第二节　商业银行风险管理
171　　第三节　仓储金融业务信用风险管理
179　　第四节　仓储金融业务其他风险管理

186　**第九章　金融仓储服务营销、绩效管理与企业文化**
186　　第一节　金融仓储服务营销
190　　第二节　金融仓储人才培养
192　　第三节　金融仓储企业绩效管理
198　　第四节　金融仓储企业文化

203　**第十章　仓储金融体系的构建**
203　　第一节　仓储金融体系
206　　第二节　我国仓储金融的发展现状及趋势
210　　第三节　我国仓储金融体系

215　**第十一章　金融仓储产业的发展**
215　　第一节　走进金融仓储公司
219　　第二节　金融仓储业发展存在的问题
222　　第三节　金融仓储产业化发展的对策

230　**参考文献**

第一章

中小企业融资
ZHONGXIAO QIYE RONGZI

第一节　走进中小企业

一、初步认识中小企业

对中小企业的界定，不同国家和不同的历史阶段标准不一。所以要理解界定中小企业的标准，必须从界定中小企业的目的进行解析。

从经济学角度分析企业规模对经济的影响。一方面，在一般情况下，存在规模经济现象，大企业相对来说可以以更低的边际成本生产产品，经济效率更高；另一方面，大企业一旦具有某种程度的垄断，虽然从企业来说可以获得超额利润，但从整个社会效益的角度就降低了整个经济体资源配置的效率，也降低了充分竞争带给经济的活力和效率。所以从理论上来说，有必要对中小企业加以扶持，以加强经济的竞争和活力。从实践角度看，无论是经济组织高度成熟的发达国家还是经济发展处于低级阶段的发展中国家，中小企业从企业数量、就业人数、总体规模和技术创新等方面都占有很高的比例。通过立法界定中小企业并给予政策和经济支持，以促进就业、提高经济效率、保持经济活力成为众多国家的选择。

政府界定并加以扶持的中小企业应该具有以下三个特点：第一，在企业经营的领域不具有垄断地位，即其市场地位接近完全竞争的状态；第二，管理结构相对简单，具有比大企业更为灵活的经营策略以应对市场需求的变化；第三，更具有创新活力和解决就业的能力。

虽然从扶持中小企业以促进经济活力和解决就业的角度来说，上述定性的界定原则更加贴切，但从政府政策执行上，还需要从定量的角度加以规定，从而使政策更具可操作性。各国经济发展阶段和经济结构、特点的差异，决定了各国的量化标准差异较大，但从考察的指标上来看，基本上从雇员数量、资本金、营业额几个方面考虑，因为中小企业从性质上来说属于初创和成长阶段，企业规模小，从上述几个指标上基本能反映出这个阶段企业的特点。同时，不同的行业具有不同的特点，比如制造业雇员数量和资本金的规模一般比服务业高，所以各国在界定中小企业时一般都会根据行业不同制定不同的划分标准。

二、世界各国对中小企业的界定标准

国外对中小企业的界定形式各不相同，有些国家是以立法对中小企业进行界定，有些则是在制定相应的扶持政策时加以界定。

提到世界 500 强企业、世界 1 000 强企业，美国占据了最多数席位，这个现象常会让人感觉美国是大企业的天下，中小企业的数量不多。然而，事实上，同世界上其他绝大多数国家一样，美国位于金字塔塔顶的大企业毕竟是少数，构成企业金字塔塔基及塔身的仍是中小企业，它们占了美国企业总数的 98% 以上。美国经济发展委员会在 20 世纪 80 年代对小企业的界定标准为必须符合以下四个特点中的至少两个：（1）经理通常拥有并独立管理这个企业；（2）资金来源仅限于一定数量的个人（也许只有一个人）；（3）企业主要在当地经营业务；（4）企业规模在本行业中相对小。美国小企业管理局规定凡雇员不超过 500 人的企业均属中小企业，具体到不同行业，雇员的最大限额可以有所不同。例如，在零售业和服务业，雇员不超过 100 人的企业可被认为是中小企业。500人的标准通常适用于制造业。在近年美国中小企业管理局每年出版的《中小企业状况》中已使用更简略的划分标准，一般把雇员不超过 500 人、营业额不超过 600 万美元的企业称为中小企业。另外美国还根据不同发展时期的情况和不同行业的经营特点分门别类地对中小企业标准进行具体划分。中小企业是美国充满活力、成长最快的企业组织。

在加拿大，制造业和零售业对于中小企业的划分分别有不同的标准。制造业年销售额低于 200 万加拿大元、雇员少于 50 人的企业为中小企业。零售业净销售额低于 100 万加拿大元、雇员不足 50 人的企业为中小企业。加拿大中小企业占全国企业规模的 96%，中小企业的产值占全国国民生产总值的 25%。中小企业的从业人员占全国职工总数的 40%。

中小企业在德国的角色不可或缺，作为德国社会经济的一个重要组成部分，德国的中小企业有"社会市场经济的支柱"之称。德国对中小企业的界定也从定性和定量两个方面考虑。从定性方面主要有三个标准：（1）以独立的私人所有制为主，企业的所有权与经营权不分；（2）一般不通过资本市场筹集资金；（3）经营风险较大，且由企业所有者独自承担。定量方面，经济部门不一样，划分企业规模的指标也不尽相同，但比较一致的指标主要有两项：一是就业人数，二是营业额。500 名雇员以下及营业额少于 5 000万欧元的企业通常被称为中小企业。

法国不同法律对中小企业的界定标准是不同的。法国规定，50 人以上的企业必须成立工厂委员会，很多业主往往为避免委员会限制其权威和独立性，而创办另外的平行企业以避免超过这个界限。所以在法国一般认为 50 人以下的为小企业，10 人以下的为特

小型企业，50~500人的为中型企业，再以上为大型企业。有时也以从业人员、营业额和资本额三项同时作为界定标准。

日本的中小企业界定标准是法律规定的，以从业人员数和资本金额定量划分。标准也是随着社会及经济的发展而不断变化的。根据日本1999年新《中小企业基本法》的规定，中小企业划分标准是制造业（包括建设业、运输业）资本额或者出资总额在3亿日元以下，从业人员300人以下；批发业资本金在1亿日元以下，从业人员100人以下；服务业资本金在5 000万日元以下，从业人员100人以下；零售业资本金在5 000万日元以下，从业人员50人以下。

在韩国，按照1986年的政策定义，以企业雇佣人数和拥有的资产额为标准来划分规模，雇佣人数在300人以下的制造业、矿业和运输业企业，200人以下的建筑业企业，20人以下的商业服务业企业，只要不是财阀所属企业，均可视为中小企业。

在中国台湾地区，由台湾"中华经济研究院"在1996年所作的《中小企业认定标准之研究》的报告中，提出了台湾中小企业界定的新标准：对于制造业、营造业、矿石及土石采矿业，规定实收资本额在1亿元新台币以下或经常雇佣员工人数300人以下的为中小企业；对于农林渔牧业、水电燃气业、商品运输仓储业及通信业、金融保险不动产业、工商服务业及个人服务业，规定前一年营业额在新台币1.5亿元以下或经常雇佣员工人数100人以下为中小企业。

三、我国中小企业的界定

在多年中小企业发展的基础上，为贯彻实施《中华人民共和国中小企业促进法》，2003年2月19日，国家经济贸易委员会、国家发展计划委员会、财政部、国家统计局联合发布国经贸中小企〔2003〕143号文件《关于印发中小企业标准暂行规定的通知》（以下简称《通知》）。《通知》指出，《中小企业标准暂行规定》中的中小企业标准上限即为大企业标准的下限，国家统计部门据此制定大中小型企业的统计分类，并提供相应的统计数据；国务院有关部门据此进行相关数据分析，不再制定与《中小企业标准暂行规定》不一致的企业划分标准；对尚未确定企业划型标准的服务行业，有关部门将根据2003年全国第三产业普查结果，共同提出企业划型标准。中小企业标准根据企业职工人数、销售额、资产总额等指标，结合行业特点制定，该规定适用于工业、建筑业、交通运输和邮政业、批发和零售业、住宿和餐饮业。

工业，包括采矿业、制造业、电力、燃气及水的生产和供应业。中小型企业须符合以下条件：职工人数2 000人以下，或销售额30 000万元以下，或资产总额为40 000万元以下。其中，中型企业须同时满足职工人数300人及以上，销售额3 000万元及以上，资产总额4 000万元及以上；其余为小型企业。

建筑业，中小型企业须符合以下条件：职工人数3 000人以下，或销售额30 000万元以下，或资产总额40 000万元以下。其中，中型企业须同时满足职工人数600人及以上，销售额3 000万元及以上，资产总额4 000万元及以上；其余为小型企业。

批发和零售业，零售业中小型企业须符合以下条件：职工人数500人以下，或销售额15 000万元以下。其中，中型企业须同时满足职工人数100人及以上，销售额1 000

万元及以上；其余为小型企业。批发业中小型企业须符合以下条件：职工人数 200 人以下，或销售额 30 000 万元以下。其中，中型企业须同时满足职工人数 100 人及以上，销售额 3 000 万元及以上；其余为小型企业。

交通运输和邮政业，交通运输业中小型企业须符合以下条件：职工人数 3 000 人以下，或销售额 30 000 万元以下。其中，中型企业须同时满足职工人数 500 人及以上，销售额 3 000 万元及以上；其余为小型企业。邮政业中小型企业须符合以下条件：职工人数 1 000 人以下，或销售额 30 000 万元以下。其中，中型企业须同时满足职工人数 400 人及以上，销售额 3 000 万元及以上；其余为小型企业。

住宿和餐饮业，中小型企业须符合以下条件：职工人数 800 人以下，或销售额 15 000 万元以下。其中，中型企业须同时满足职工人数 400 人及以上，销售额 3 000 万元及以上；其余为小型企业。

结合行业特点，《中小企业标准暂行规定》中，工业、建筑业采用了职工人数、销售额和资产总额三项指标；批发和零售业、交通运输和邮政业、住宿和餐饮业，因其行业企业的资产总额与销售额的关联度不大，资产总额不能客观反映其经营规模，加之现有资产总额的统计数据不全，因而只采用了职工人数和销售额两个指标。如果与国际比较，可以看出，根据《中小企业标准暂行规定》划分企业规模类型的结果与国外中小企业的相应比例基本一致。根据上述标准，属于中小企业的企业均可以享受到《中华人民共和国中小企业促进法》规定的各项优惠和扶持政策。上述法律法规的施行，表明我国政府已经充分认识到中小企业在国民经济和社会发展中的重要作用以及中小企业在经济活动中处于不利地位、需要扶持的现实。

第二节　我国中小企业的发展

改革开放以来，我国的中小企业在市场经济大潮中不断发展充实，虽经历了惊涛骇浪仍焕发着蓬勃生机。中小企业作为商品经济的产物，能很好地适应市场的不断变化，有着顽强的生命力。

一、我国中小企业发展现状

我国中小企业的发展具有中国特色。从新中国成立初期进行社会主义改造到实行完全的计划经济，企业由官僚资本、民族资本转化成国有资产，原来的企业形式发生了质的改变。改革开放以来，我国以民营企业为主体的中小企业在夹缝中成长，在政策变迁中逐渐发展壮大，正成为我国经济发展中日益重要的推动力。

1978 年 12 月召开的中共十一届三中全会，拉开了我国改革开放的序幕，明确了全党的工作着重点转移到社会主义建设上来。提出"社会自留地、家庭副业和集市贸易是社会主义经济的必要补充部分，任何人不得乱加干涉"。1980 年 8 月，中共中央转发全国劳动就业会议文件，提出"鼓励和扶植城镇个体经济的发展"。1981 年 6 月，中共十一届六中全会指出"国营经济和集体经济是中国的基本经济形式，一定范围的劳动者个体经济是公有制经济的必要补充"。1982 年 12 月 4 日，全国人大第五次会议通过《中华人民共和国宪法》中的第十一条规定"在法律规定范围内的城乡劳动者个体经济，是社会主义公有制经济的补充"，国家根本大法第一次承认个体经济的合法地位。这一阶段中国私营企业主创办企业的初始资金主要来源于个人或家庭的劳动、经营所得积累。

从1983年起中共中央加大了经济改革的推进力度，1984年10月20日中共十二届三中全会通过的《中共中央关于经济体制改革的决定》指出："我国现在的个体经济是和社会主义公有制相联系的，不同于和资本主义私有制相联系的个体经济，它对于发展社会生产、方便人民生活、扩大劳动就业具有不可替代的作用，是社会主义经济必要的有益的补充，是从属于社会主义经济的。"1988年4月，第七届全国人大第一次会议通过《中华人民共和国宪法修正案》，《宪法》第十一条增加"国家允许私营经济在法律规定的范围内存在和发展。私有经济是社会主义公有制经济的补充。国家保护私营经济的合法权利和利益，对私营经济实行引导、监督和管理"。国家根本大法更加稳固了私营经济的法律地位和经济地位。1988年，私营企业登记总户数是9.06万家，雇佣人数是164万人，个体户大约2 400家。

1989—1991年，个体私营经济在挫折中前进。这一阶段，国家对私营企业的大政方针和基本法律制度并未改变，但是从1989年下半年开始，一些主流媒体关于"姓资姓社"问题的争论逐步升级，部分带"红帽子"的私营企业家被逮捕或判决。

1992年邓小平南方谈话从根本上解除了把计划经济和市场经济看做是属于社会基本制度范畴的思想束缚，在指导思想上为民营经济的发展扫清了道路。1992年10月召开的中共十四大报告指出"在所有制结构上，以公有制包括全民所有制和集体所有制经济为主体，个体经济、私营经济、外资经济为补充，多种经济成分长期共同发展，不同经济成分还可以自愿实行多种形式的联合经营"。民营经济作为一种经济形态被确定下来，民营经济的力量得到空前膨胀，股份制、联营等投资多元化的经济形势开始出现。

"九五"初期，伴随着我国经济的"软着陆"，我国经济出现社会有效需求不足，经济增长明显放慢，民营企业在高速发展时期存在的管理漏洞、多元决策失误、人才结构失衡、创新不利、资金浪费等许多问题开始暴露。截至1997年底，私营企业96万户，个体户2 850万户，私营企业和个体企业的工业产值占全国工业总产值的20%，个体私营经济从业人员6 800万人。

自2001年12月11日我国加入世贸组织后，伴随着积极的财政政策和相对宽松的货币政策，中国经济摆脱了东南亚金融危机的影响，进入快速增长的轨道。从国际大环境来看，全球经济也伴随着相对宽松的货币政策（特别是美国）进入较快的发展阶段。外需的增长加上加入世贸组织带来的贸易便利使得我国外向型经济发展迅猛，中国成为世界的加工厂，我国进出口总额由2002年世界排名第六跃居第一。中小企业是出口加工企业的主力军，在这一时期获得了迅猛的发展，已经占据了国民经济的"半壁江山"。

《第二次全国基本单位普查主要数据公报》数据显示，从企业的从业人员规模看，2001年末，在全部企业法人单位中，50人以下的小企业248.5万个，占82.1%，比1996年增加46.1万个，增长22.8%；1 000人及以上的大企业1.9万个，占0.6%，比1996年减少0.2万个，下降10.5%。2008年底，我国中小企业总计4 200多万家，占企业总数的99.4%以上，2012年底，全国中小企业数量已增至5 651万家。仅从数量上就可以看到，我国中小企业正在迅速发展，同样也反映了一个国际性规律，即在国民经济中如"汪洋小船"般的中小企业存在的客观性。

二、中小企业的特点

同大企业相比，中小企业的优势在于经营决策快，成本及综合风险相对较低，同时对市场反应敏锐，行为灵活。并且，中小企业中私人家族经营者较多，内部命令一元化，执行力强，能快速协调企业内部的所有资源，使之效率、效益最大化。但是，同大企业相比，中小企业在技术、资金、人力资源、信息获取等方面的能力较弱，每年在全球倒闭的企业当中，80%以上是中小企业。中小企业的特点有如下几个方面。

(一) 规模小、决策效率高、决策速度快

与大型企业相比较，中小企业的首要特征之一即在于企业规模小、经营决策权高度集中，特别是小企业，基本上都是一家一户自主经营，使资本追求利润的动力完全体现在经营者的积极性上。由于经营者对千变万化的市场反应灵敏，实行所有权与经营管理权合一，既可以节约所有者的监督成本，又有利于企业快速决策。其次，中小企业员工人数较少，组织结构简单，个人在企业中的贡献容易被识别，因而便于对员工进行有效的激励，不像大企业那样在庞大的阶层化组织内容易产生怠惰与无效率的情况。可见，中小企业在经营决策和人员激励上与大企业相比具有更大的弹性和灵活性，因而能对不断变化的市场作出迅速反应，即所谓企业小、动力大、机制灵活且有效率。当有些大公司和跨国企业在世界经济不景气的情况下不得不压缩生产规模的时候，中小企业却在不断调整经营方向和产品结构，从中获得新的发展。

(二) 经营单一、专业化程度高

中小企业由于自身规模小，人、财、物等资源相对有限，既无力经营多种产品以分散风险，也无法在某一产品的大规模生产上与大企业竞争，因而，往往将有限的人力、财力和物力投向那些被大企业所忽略的细小市场，专注于某一细小产品的经营来不断改进产品质量，提高生产效率，以求在市场竞争中站稳脚跟，进而获得更大的发展。从世界各国类似的成功经验来看，通过选择能使企业发挥自身优势的细分市场来进行专业化经营，走以专补缺、以小补大、专精制胜的成长之路，这是众多中小企业在激烈竞争中获得生存与发展的最有效途径之一。此外，随着社会生产的专业化、协作化发展，越来越多的企业摆脱了"大而全"、"小而全"的组织形式。中小企业通过专业化生产与大型企业建立起密切的协作关系，不仅在客观上有力地支持和促进了大企业发展，同时也为自身的生存与发展提供了可靠的基础。

(三) 产品数量少，但品种多

一般来讲，数量庞大、单一化的产品生产才能充分发挥巨额投资的装备技术优势，但大批量的单一品种只能满足社会生产和人们日常生活中一些主要方面的需求，当出现某些数量小的个性化需求时，大企业往往难以满足。因此，面对当今时代人们越来越突出个性的消费需求，消费品生产已从大批量、单一化转向小批量、多样化。虽然中小企业作为个体，普遍存在经营品种单一、生产能力较低的缺点，但从整体上看，由于量大、点多，且

行业和地域分布面广，它们又具有贴近市场、靠近顾客和机制灵活、反应快捷的经营优势，因此，利于适应多种多样、千变万化的消费需求。特别是在零售商业领域，居民日常零星的、多样的消费需求都可以通过千家万户中小企业灵活的服务方式得到满足。

（四）以开发新型小产品为起点，中小企业是成长最快的科技创新力量

现代科技在工业技术装备和产品发展方向上有两方面的影响，一方面是向着大型化、集中化的方向发展；另一方面又向着小型化、分散化方向发展。产品的小型化、分散化生产为中小企业的发展提供了有利条件。特别是在新技术革命条件下，许多中小企业的创始人往往是大企业和研究所的科技人员或者大学教授，他们常常集管理者、所有者和发明者于一身，对新的技术发明创造可以立即付诸实践。正因为如此，20 世纪 70 年代以来，新技术型的中小企业像雨后春笋般出现，它们在微型电脑、信息系统、半导体部件、电子印刷和新材料等方面取得了极大的成功，有许多中小企业仅在短短几年或十几年里，迅速成长为闻名于世的大公司，如惠普、微软、雅虎、索尼、阿里巴巴等。

【知识链接】　　　　　　　　　阿里巴巴集团

阿里巴巴集团由本为英语教师的中国互联网先锋马云于 1999 年带领其他 17 人所创立，投资 50 万元，他希望将互联网发展成为普及使用、安全可靠的工具，让大众受惠。阿里巴巴集团由私人持股，现服务来自超过 240 个国家和地区的互联网用户。阿里巴巴集团及其关联公司在大中华地区、印度、日本、韩国、英国及美国的 70 多个城市共有 24 000 多名员工。阿里巴巴集团在 2012 年的营业收入达到 49 亿美元，净利润达到 11 亿美元，是中国电子商务市场当之无愧的龙头。

阿里巴巴集团经营多元化的互联网业务，致力于为全球所有人创造便捷的网上交易渠道。自成立以来，发展了消费者电子商务、网上支付、B2B 网上交易市场及云计算等领先业务。阿里巴巴集团现有 25 个事业部，其目标是促进一个开放、协同、繁荣的电子商务生态系统。

三、中小企业的作用

不仅在高度发达的市场经济国家，在处于制度变迁的发展中国家，中小企业的重要作用和地位也已经日益显现。中小企业的大量存在是一个不分地区和发展阶段而普遍存在的现象，是经济发展的内在要求和必然结果，是保证正常合理的价格的形成、维护市场竞争活力、确保经济运行稳定、保障充分就业的前提和条件。

（一）中小企业是国民经济的重要增长点

中小企业在我国的国民经济发展中，始终是一支重要力量，是我国国民经济的重要组成部分。中小企业作为市场竞争机制的真正参与者和体现者，在很大程度上可以说是经济发展的基本动力，反映了经济分散化、多样化性质的内在要求，体现出中小企业的先进性、革命性和生命力之所在。中小企业量大面广，分布在国民经济的各个领域，并且日益成为经济增长的主要因素。据国家统计局数据显示，我国"十五"期间国民经济

年均增长 9.5%，而规模以上的工业中小企业的增加值年均增长 28%。这说明中小企业对经济增长的贡献非常大。当前中小企业创造的产值和服务价值已经占了国民生产总值的 60% 左右，中小企业上缴的税收占了我国税收总额的 50% 左右。65% 的发明专利、80% 以上的新产品开发都是中小企业完成的。

（二）中小企业是社会就业的主要渠道

各国都把就业当做宏观经济的主要目标，其原因在于，只有充分就业才能保持社会稳定，为经济发展提供一个安定有序有利的环境，同时也是国家长治久安、社会稳定的根本保障。中小企业是社会就业的主要承担者，表现在三个方面：一是从资产净值人均占有份额上来看，同样的资金投入，小企业可以比大企业多吸收 4 倍的人员就业。据测算，对于相同的固定资产投资，国有中小企业占用国有资产仅 17%，吸纳就业量却达 74%，吸纳的就业容量为大型企业的 14 倍，而对于相同的产值，中小企业吸纳的就业容量为大型企业的 1.43 倍。二是从就业人数的绝对额上来看，目前，我国中小企业就业人员占城镇就业总量的 75% 以上；在工业领域，中小企业全部就业人员 1.1 亿人，占全部工业就业人数的 83%。三是从容纳就业人数的空间上来看，随着大企业技术构成和管理水平的不断提高，加上企业的优化重组，大企业已经很难再提供新的就业岗位，富余人员和下岗、失业人员会越来越多，解决这批人员的就业或再就业问题，主要靠中小企业的发展。中小企业稳定发展，就可以稳定一支庞大的产业队伍。这将对整个社会的政治、经济、文化和民族关系等产生很好的影响和作用，对缓解我国经济增长方式的转变与扩大就业之间的矛盾具有重要意义。

（三）中小企业是科技创新的重要源泉

中小企业也是技术创新的重要力量，这不仅体现在中小企业呈现出以知识和技术密集型取代传统的劳动密集型、资本密集型的发展趋势，而且由于中小企业经营灵活、高效的特点，把科学技术转化为现实生产力所耗费的时间和精力的环节也大为缩短。因为高科技产业是高风险产业，大企业一般注重常规生产，不愿意冒风险。而小企业往往因为船小好掉头，成为科技转化为生产力的"实验田"。我国中小企业中的高新技术企业，在科技创新、技术开发等方面意识强、行动快，成为名副其实的技术创新生力军。典型的如山东青岛海尔集团、江苏春兰集团都是由中小民营企业发展起来的，其科技水平现已处于世界领先地位。

（四）中小企业是地方发展的重要支撑

农业、农村和农民问题是我国经济和社会发展中的重要问题。支援农业，促进农业和农村的发展的一个重要思路就是要走农村工业化道路，这个繁重、艰巨任务的解决还需大力发展农村中的中小企业——乡镇企业，分析其原因有三：一是中小企业是农村城镇化的先锋队。农村工业化、农村城镇化是任何一个现代化国家在其发展过程中不可逾越的历史阶段。从西方发达国家和我国沿海发达地区城市化进程来看，工业化和城镇化过程都离不开中小企业发展的促进。国有中小企业、城乡集体企业、"三资"企业和私营企业大多分布在中小城市和农村城镇，其发展壮大关系着一个地区农村工业化、农村城镇化的发展进程，所以说中小企业是农村城镇化的先锋队。二是中小企业是农民增收的主渠道。增加农民收入必须加快乡镇企业的发展。乡镇企业还是减轻农民负担和扶贫开发的一支重要力量和治本措施，凡是乡镇企业比较发达的地方，农民收入增加就快，负担就相对较轻，贫困人口就相对较少。可见，乡镇企业是实现农民小康生活的有力保证。三是中小企业是地方财政收入的主力军。中小企业的发展，直接为地方财政提供税源。事实上，哪个地区的中小企业效益好，哪里的财政收入就比较宽松，群众的负担就比较轻，干群关系就比较协调，社会稳定也有了牢固的基础。

浙江省是中国最早开放的省份之一，改革开放初期，浙江省的创业主体是洗脚上岸的农民，浙江人勤劳、智慧，具有浓厚的开放意识和创新意识，浙江大地涌起了争相创造财富的经济大潮，形成了一种成熟的发展模式——专业市场+乡镇工业化，以乡镇企业为主体的民营中小企业蓬勃发展，形成了区域经济高速增长的动力机制，比如温州模式、义乌模式，引起全球瞩目和广泛关注。浙江民营经济占70%以上，中小企业占99%，产品主要以出口国际市场为主，为浙江经济创造了80%以上的财富。大企业可以强国，小企业可以富民，浙江发达的中小企业创造了巨大的社会财富。

（五）中小企业是经济体制改革的基本力量

经济体制改革的关键在国企改革。首先，中小企业的发展为国有大型企业的下岗人员提供了大量的就业机会，随着国有中小企业改制为民营企业，实现了体制、机制的转换，释放了巨大的发展活力，为今后的发展奠定了机制基础。其次，中小企业的改革特别是国有中小企业的改革为国有大企业的改革积累了丰富的经验，这样国企改革不仅规避了很多风险，而且提高了改革效率。再次，中小企业特别是民营中小企业是市场力量演变与发展的催化剂。广大中小企业为了生存和发展，积极参与市场竞争，给大企业带来了巨大的竞争压力，迫使大企业为适应市场竞争的要求，不断加快改革的步伐，扩大研究和开发支出，促进产品结构升级，中小企业从而起到了一种类似"鲇鱼效应"的作用，使得整个中国经济朝着社会主义市场经济的方向前进。最后，中小企业在产业结构的调整过程中，不断拓展出适应发展需求的新产业，特别是拓展了服务业的发展空间。目前，我国经济发展迅速的一些地区如上海、广东，把以第二产业占绝对优势的产业格局，逐步调整到以第三产业占绝对优势的产业格局，使第二产业、第一产业在我国经济中的比重分别占第二位、第三位，这就是"三二一"产业发展方针，从这个角度来讲，中小企业对于我国经济的产业结构调整起到了不可替代的作用。

（六）中小企业是出口创汇的主力之一

2001年中国加入世贸组织后，对外开放的进程全面加速，促使中国经济发生重大变化。在巨额贸易顺差的推动下，外汇储备急剧增加，至2011年底，国家外汇储备余额31 811亿美元，比上年末增加3 338亿美元，年末人民币汇率为1美元兑6.3009元人民币，比上年末升值5.1%（见图1-1）。

从引进外资的角度来看，我国外商投资企业和中外合资企业绝大部分是中小企业；从出口创汇的角度来看，我国一些中小企业近年在实现经济增长方式转变中，参与国际市场竞争的能力不断提高，已成为我国出口创汇的一支生力军。中小企业中既有通过向

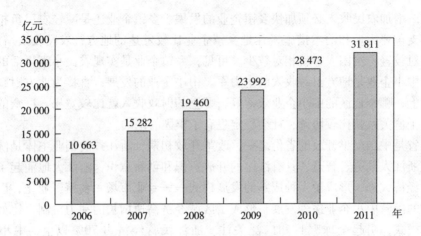

图1-1 2006—2011年我国外汇储备增长情况

大企业提供配件等方式实现间接出口，也有一些通过外贸部门直接出口产品。尤其是我国加入世贸组织后，中小企业更能发挥其灵活的特点，生产适销产品，为国家赚取巨量外汇，增强了我国综合实力和抵御国际经济、金融危机的能力。

四、我国中小企业存在的问题

（一）中小企业内部因素对我国中小企业发展的影响

一是技术的原因。主要表现在产品同质性严重，市场竞争激烈。由于自身资金和技术水平所限，基础薄弱的中小企业只能有选择地进入门槛较低的行业，其产品还主要集中在中低端，而且越是低端的产品，厂商越多。由于进入行业过于集中，行业之间产品同质性明显，且都属于竞争性行业，相互之间竞争异常激烈。由于资金缺乏、融资困难和研究开发费用的昂贵，中小企业只能依靠产品模仿或停留在成型产品的生产与销售上。企业管理的焦点只停留在产品的质量、价格、渠道和广告宣传上，而不能根据市场的状况和消费者的需求开发新产品，造成企业产品单一、样式陈旧，缺少市场竞争力。

二是管理的原因。在迅速壮大发展的中小企业中，企业经营管理者们大部分靠的是抓住了市场的机遇，他们缺少经营管理经验和科学的管理方法，对内部管理和发挥激励机制作用的认识也较肤浅。根据中国社科院2004年中国民营企业竞争力研究课题中调查结果显示：在对736个民营企业进行的调查中，有72.6%的企业为企业业主及家族成员共同拥有90%以上股权，有455家（占样本企业总数的61.82%）承认本企业本质上仍是家族企业。当前大部分的中小企业仍为家族企业，职业经理人难以融入企业管理，管理方式多为家族式管理，随意性很大，规范性不足，造成了管理上的混乱。管理手段原始、混乱和对员工的激励机制、制约机制以及对企业的财政机制的不完善也制约了中小企业进一步发展。

三是经营的原因。目前，我国的许多中小企业都非常希望快速扩大生产经营规模，特别是实行多样化生产和多元化经营。当企业发展到一定的阶段，多元化扩张就成为了很多中小企业的必然选择。在这些中小企业看来，企业的成长就是规模的扩大，结果造成一批中小企业盲目扩大生产经营规模和追求多元化发展道路，从而使企业出现资金短缺、产品质量不高、服务跟不上等困难，陷入产品越来越多而市场越做越小的困境。

（二）国际因素对我国中小企业的影响

自2008年金融危机爆发以来，由金融危机蔓延到实体经济，国外需求急剧下降，2008年出口增幅只有8%，而在此之前多年一直保持20%以上的增幅，2009年我国贸易额比2008年下降13.9%，这对我国中小企业造成了致命冲击。珠三角和长三角的众多中小企业因为出口的萎缩纷纷破产。其中生产玩具、服装、纺织、鞋类、家具、文体用具等人民生活必需品的企业纷纷倒闭。据统计资料，浙江温州2008年破产企业超过2万家。广东东莞也超过万家。2009年中国和世界大多数经济体出台了一系列经济刺激政策，使得这一状况有所好转，但随着刺激政策的逐步退出和投机主义盛行，世界实体经济复苏前景仍不明朗。另外国际贸易保护主义频发和升级，在2008年全国遭遇的来自美国、欧盟等19个国家和地区提起反倾销和反补贴调查的90起案件中，有81起发生在出口大省浙江，约占全国九成，直接涉案金额15亿元，约占总金额的1/4。同时随着全球经济向低碳经济的逐步深入，碳税、碳关税、碳标签等新型贸易壁垒不断涌现，可以说以后国际贸易保护会愈来愈多，我国大部分中小企业一直以来都是忽略环境保护，污染比较严重，因此外贸出口形势非常严峻。

【知识链接】　　　　　　碳标签

碳标签是为了缓解气候变化，减少温室气体排放，推广低碳排放技术，把商品在生产过程中的温室气体排放量在产品标签上用量化的指数标示出来，以标签的形式告知消费者产品的碳信息。也就是说，利用在商品上加注碳足迹标签的方式引导购买者和消费者选择更低碳排放的商品，从而达到减少温室气体的排放、缓解气候变化的目的。

全球最早推出产品碳标签制度的国家是英国，英国Carbon Trust公司于2007年3月试行推出全球第一批标示碳标签的产品，包括洋薯片、奶昔、洗发水等消费类产品。2008年2月，Carbon Trust公司加大了碳标签的应用推广，对象包括Tesco（英国最大连锁百货）、可口可乐、Boots等20家厂商的75种商品。

（三）国内因素对我国中小企业的影响

一是国际市场萎缩直接导致我国中小企业出口下降。这一方面导致企业被迫将出口产品转为内销，带来了过度竞争，从而使内向型中小企业陷入困境；另一方面，导致那些专为出口产品提供原材料与服务的上下游企业开工不足。同时，所有相关企业都会因产量减少而相应减少员工数量和工资数量，工资数量的减少必然影响消费品市场。

二是2010年下半年以来，为缓解国内通胀压力和回收流动性，国家不断提高法定存款准备金率和利息，导致银行惜贷，中小企业资金链绷紧提高了融资难度，转向民间借贷更是提高了融资成本。

三是人民币快速升值。自2005年7月21日起，我国开始实行以市场供求为基础、参考一篮子货币进行调节、有管理的浮动汇率制度。人民币汇率不再盯住单一美元，形成更富弹性的人民币汇率机制。2005 年汇率改革以来人民币累计升值 20% 多，而一般中小企业利润率在 5% ~ 15%，导致外向型的中小企业利润被人民币升值侵吞掉。

四是节能减排。2006 年以来，围绕建设资源节约型和环境友好型社会，我国把节能减排作为调整经济结构、转变发展方式的重要抓手，节能减排有利于经济优化和良性发展，但是提高了企业排污成本，导致部分中小企业面临关停或转型。

五是劳动力。我国是一个典型的二元经济国家，作为一个拥有 13 亿人口的大国，大量丰富的劳动力资源是我们的一大优势。我国成为世界第一出口大国，主要得益于此。随着我国经济社会快速发展，农村剩余劳动力大量外出就业，目前总数已达 2.42 亿人，其中新生代农民工 1 亿多人。现在农村青壮年劳动力已所剩很少，在农村找人干活变得困难，每天工资达到 50 元左右甚至更高。"民工荒"现象已经延续几年，说明我们已经到了一个"刘易斯拐点"，农村劳动力无限供给时代正在走向结束，这一点已经越来越明显地表现出来。另外，新的《劳动法》实施后提高了劳动密集型中小企业劳动力成本，以浙江省为例，2011 年 4 月 1 日起，最低月工资标准调整为 1 310 元、1 160 元、1 060 元、950 元四档，最低工资标准处于全国省区前列。所以在今后相当长时间内，中小企业"用工荒"和工人成本不断提高是必然趋势。

六是资源价格比如煤炭、石油等快速上升，各种原材料价格也处于上升通道，随着土地价格上涨，租用土地和厂房的费用明显提高，这些都提高了中小企业生产成本。

五、支持中小企业健康发展的对策

（一）政府部门

一是要加大税收调控力度。一方面要根据《中华人民共和国中小企业促进法》，制定有利于中小企业发展的税收政策措施，积极发挥税收政策在拉动投资、扩大出口、结构转型、产业升级、克服瓶颈、促进创业等方面对中小企业的发展的正面促进作用，尽量减少税收政策调控的时滞性等负面作用或局限性。另一方面，要积极借鉴国际上税收政策扶持中小企业的相关经验，按照国家宏观调控要求，建立助推中小企业持续健康发展的长效机制。与此同时，妥善推进增值税转型改革以及劳动密集型产品和机电产品的出口退税工作，切实帮助中小企业摆脱生产经营困难。

二是要加大财政支持力度。设立中小企业促进专项基金，鼓励由各级政府财政预算安排，设立专项用于支持各地民营企业和中小企业发展的政府性基金，支持中小企业专业化发展、与大企业协作配套、技术创新、新产品开发及促进中小企业服务体系建设等。继续推进费改税，在清理不合理收费项目的基础上变费为税，使中小企业的负担稳定在合理的水平上。在此基础上，要进一步清理现有行政机关和事业单位收费，除国家法律法规和国务院财政、价格主管部门规定的收费项目外，任何部门和单位无权向中小企业收取任何费用，无权以任何理由要求企业提供各种赞助或接受有偿服务。加强对中小企业收费的监督检查，严肃查处乱收费、乱罚款及各种摊派行为，切实减轻中小企业负担。

三是要加大金融帮扶力度。稳步改善中小企业融资服务。继续发挥各商业银行融资主渠道作用，增加中小企业特别是小企业贷款。稳步推进发展小额贷款公司、村镇银行等小型金融机构，提高中小企业集合债发行规模。推进中小企业信用制度建设，鼓励和规范发展中小企业信用担保服务，建立和完善风险分担和补偿机制。加快完善中小企业板，积极推进创业板市场，健全创业投资机制，鼓励创业投资公司发展。

四是要加大社会服务力度。要根据中小企业发展特点和服务需求，支持中小企业服务中心等各类服务机构提升能力，积极拓展业务，规范服务行为。充分发挥行业协会、商会的作用，鼓励科研院所、企业技术中心加强针对中小企业的共性技术研究，推动"产、学、研、用"结合。在中小企业集中特别是产业集聚地区，重点支持建设一批综合性公共服务平台，建立并完善政府购买服务支持中小企业发展的机制。

（二）企业

一是要加强技术创新。国际上一般认为：技术开发资金占销售额1%的企业难以生存，占2%的可以维持，占5%的才有竞争力。而我国很多中小企业根本没有开发经费，有开发经费的也往往不足其销售额的1%，自我积累能力很弱。中小企业要想增强素质，提高产品质量和档次，增强竞争优势，必须要加强技术创新，培育和增强自己的核心竞争力。

二是要实施差异化产品策略。中小企业要想与大企业在同一市场中竞争，从而生存发展，就必须要有自己的专长，在生产、技术、产品等方面形成自己独有的特色。目前我国的中小企业之间以及中小企业与大企业之间普遍存在生产和经营同质化，恶性竞争屡见不鲜。中小企业必须根据目标市场的容量和中小企业的经营特点，做好产品的定位策略，寻找市场空隙，实施差异化产品策略。在选择进入领域和生产产品时，必须充分做好前期的市场调研工作，将目标市场进一步细分，找到市场空隙并准确定位。

三是要引入职业经理人。对大多数的中小企业来说，企业的性质是民营企业，甚至是家族企业。企业主基于自身利益出发，对企业实行家族式的管理，在选人用人上，侧重从家族内部挑选人才，而轻视从外部招聘人才。对于公司的管理及组织机构、规章的设置还具有很大的随意性，造成企业管理效率低下，组织内部缺乏凝聚力。聘用职业经理人能够使企业更有效地利用社会人才资源，改善企业的人才结构，使企业管理更加专业化和科学化。

四是要坚持专业化发展。专业化发展路径通常被认为可以拥有规模效益、分工效益及技术优势，在单一产品、领域内独占鳌头或拥有相对优势。中小企业要生存和发展，必须定位好自己的细分市场，把做精做强作为长远发展的战略。在发展过程中要耐得住寂寞，抵挡得住多元化扩张的诱惑，按照"专、精、特、新"的发展要求，保持自己的焦点产品，在目标市场上精耕细耘，不断创新，努力增加产品和服务的技术含量及附加值，做精做尖，在单一领域或单一产品上成为行业的领头羊。这样的中小企业才能成为隐形冠军，成为隐形冠军的公司才能保持领先地位。

第三节　中小企业融资难

一、融资方式简介

当前我国中小企业面临的困难主要表现在三个方面：管理水平低、技术水平低、融资困难大。从国家层面来讲，这几个方面都需要进行支持，其中最切实最紧迫的就是融资问题，管理水平和技术水平归根结底可以通过资金解决。

《新帕尔格雷夫经济学大辞典》对融资的定义是"为支付超过现金的购货款而采取的货币交易手段或为取得资产而集资所采取的货币手段"。实际上融资的概念已泛指资金的筹集甚至包括资金的运用。

从资金来源方向划分融资方式可分为内源融资和外源融资。内源融资是企业创办过程中原始资本积累和运行过程中剩余价值的资本化，由初始投资形成的股本、折旧基金以及留存收益构成。外源融资是企业通过一定方式向企业之外的其他经济主体筹集资金，包括发行股票和企业债券、向银行借款等。

内源融资成本低、风险小，对企业稳健经营非常重要。但另一方面，内源融资规模受到企业经营情况的限制，不能满足企业快速扩张的需要，在企业资本回报率大于借款利息的情况下，仅仅依靠内源融资也不符合企业利润最大化的目标。因此，借助资本市场、货币市场获得外部资金在当今金融市场日趋发达的情况下是企业迅速发展的重要手段。

外源融资按资金的获得渠道可分为直接融资和间接融资。直接融资就是企业直接从资金供给者处融通资金，间接融资是指通过银行等金融中介从资金供给方获得资金，且金融中介作为债权人。

二、我国中小企业融资困境

（一）内部融资不能满足企业发展需要

中小企业绝大部分处于竞争激烈的市场领域，没有垄断优势，市场份额很小，属于市场价格的接受者，因此经营中抗击市场波动的能力远远低于大型企业。一旦市场情况波动较大，企业的存货和应收账款占用资金较多，流动资金就会紧张，而相对于中小企业的资产规模来说，这种资金需求是很难从企业内部解决的，因为资金往往都被存货和应收账款等占用，闲置资金很少。

（二）直接融资渠道不畅

1. 风险投资。我国目前资本市场尚处于相对初级阶段，监管体系及法律制度很不完善，金融机构的风险管理能力以及企业的信用水平都比较低，因而风险资本数量极其有限。而在资本市场发达的国家，风险投资是中小企业尤其是科技型中小企业初期发展资金的重要来源。美国一大批优秀的高科技企业在初期都是靠风险投资发展起来的。目前在我国发展风险资本，首先需要完善资本市场以及配套的法律法规。

2. 发行股票。股票是股份公司在筹集资本时向出资人公开或私下发行的、用以证明出资人的股本身份和权利，并根据持有人所持有的股份数享有权益和承担义务的凭证。主板市场对企业规模的要求太高，中小板推出以后得到了迅速的发展，但对绝大多数的中小企业来说，其融资门槛还是很高，只能满足部分高科技企业和规模较大的民营企业的要求，尚需进一步完善。创业板市场刚刚推出，场外股权交易市场不规范，缺乏监督，融资功能不强。

3. 发行债券。债券是政府、金融机构、工商企业等直接向社会借债筹措资金时，向投资者发行，承诺按一定利率支付利息并按约定条件偿还本金的债权债务凭证。目前我国的公司债券市场规模很小，且主要被上市公司和国有大型企业垄断。中小企业资信水平低，目前发行公司债券的困难很大。

4. 民间融资。民间融资是指出资人与受资人之间，在金融机构之外，以取得高额利息与取得资金使用权并支付约定利息为目的而采用民间借贷、民间票据融资、民间有价证券融资和社会集资等形式暂时改变资金使用权的金融行为。民间金融包括所有未经注册、在人民银行控制之外的各种金融形式。其非正式性和自发性，使其在发展过程中缺乏相应的法律约束和有效的社会监督，容易产生一定的负面影响。

（三）间接融资困难

我国中小企业间接融资困难既有国际上普遍的原因，又有中国自身特有的原因。从世界范围看，中小企业由于经营风险较大、信用水平低、融资规模小、周期短，造成交易成本高、信息不对称导致的逆向选择和道德风险问题更加严重，因而在申请贷款时往往受到银行的歧视，尤其是大银行，它们在贷款时往往更倾向于大企业。在我国经济转轨时期，国有商业银行在贷款时仍然存在所有制歧视问题，一方面是仍然存在行政干预，另一方面还因为国有企业往往存在政府信用的支持。国有商业银行改革过程中贷款审批权的上收导致贷款审批流程变长，抵质押要求更严格，贷款的时效性和可得性降低，中小企业贷款更趋困难。研究显示，随着银行业市场化改革的推进，目前我国中小企业在获得银行贷款方面从受到所有制歧视逐步转向受到规模歧视。同时，因为利率市场化程度不高，银行贷款从中小企业得不到相当的风险补偿，也导致了中小企业贷款难。

表 1-1　　　　　　　　　　一般中小企业从银行融资的成本结构

主要项目	基本情况
利率成本	基准利率上浮50%，一年贷款利率为7.95%
担保成本	担保费3%左右，几乎所有的担保公司都要求企业提供反担保，包括个人连带责任担保、股权质押等。银行一般还要求担保公司缴纳15%~20%的保证金，这部分资金通常由担保公司垫付，企业取得贷款后再付给担保公司。综合担保费约在3.5%
抵押评估登记成本	涉及抵押登记的收费项目多达11项，存在收费项目多、标准乱、变相重复收费等问题。抵押综合收费为1.5%
综合融资成本	7.95% +3.5% +1.5% =12.95%，接近13%。如果在民间融资成本更高，通常在20%~30%以上
手续便利性方面	中小企业普遍反映手续烦琐，需要准备多种报表、多套文件。时间成本一般在2~3个月

从表 1-1 可以看出，即使中小企业能从银行获得融资，由于资信相对较差，且没有抵质押的大型不动产，要想通过第三方担保得到贷款其贷款成本高，综合考虑到贷款利率上浮，加上登记费、评估费、公证费、担保费等，中小企业的综合融资总成本接近13%，比大中型企业高出许多。如此大的资金成本意味着企业的资金利润率至少要达到13%以上才不至于亏本，这对于面临着激烈的市场竞争的中小企业来说是非常困难的。

据浙江证监局汇总计算 49 万家企业 2007—2009 年连续三年的资产负债情况，得出浙江省企业的平均融资结构，其中银行贷款占新增资金来源的 39%，民间融资占新增资金来源的47%，上市与债券融资占新增资金来源的10.46%，利润留存占新增资金来源的1.79%，可见民间借贷是中小企业融资的重要组成部分，大部分中小企业难以通过正规渠道获取资金。

【阅读链接】　　　　浙江80%中小企业得不到银行贷款

一份出自浙江省政协专项集体民主监督调研组关于优化民营经济、发展金融环境的报告显示，浙江中小企业中，只有不到20%能沾到银行信贷的光，大多数企业是得不到银行贷款的。

当下，舆论广泛聚焦温州民间借贷危机。温州之痛正是我国中小企业之痛，折射出的是近年来一直困扰我国经济持续、健康发展的重要问题之一。目前中小浙商正经历着2008年金融危机以来最难挨的日子，这一次浙江省又站上潮头，试图为突破中小企业融资难蹚路。

浙江省各项主要指标连续10年位居全国第一，民营经济是浙江省经济最具特色、最具活力的组成部分。统计显示，浙江省占企业总数99.9%的中小企业和个体工商户中，中小企业的产值贡献率达80%以上，就业贡献率达90%以上，税收贡献率和出口贡献率均达60%以上。

尽管如此，据上述调研报告显示，中小企业中，80%是得不到银行贷款的。有的即使贷到了款，银行通常会对小企业实行基准利率上浮30%~50%的政策，加上存款回报、搭购相关理财产品、支付财务中介费用等，实际的贷款成本接近银行基准利率的两倍。

中小企业融资难、直接融资难、体制内融资难等问题不一而足。调研报告指出，目前最大问题是体制创新乏力、金融服务缺失，具体表现包括以下方面：

金融机构组织体系、经营机制与中小企业融资需求不相匹配。相对于全国性大银行，地方的金融机构特别是中小型金融机构过少、太弱，不能满足中小企业的资金需求。

中小企业直接融资渠道十分狭窄。长期以来，浙江省企业主要依靠间接融资，据统计，2009年全省非金融机构融资以贷款、债券、股票三种方式融入资金总额的占比分别为92.6%、4.6%、2.8%，直接融资占比仅为7.4%。这一比例基本反映了中小企业融资结构失衡的状况。

扶持中小企业的融资政策力度较弱。包括小企业贷款风险补偿制度作用弱、配套环境不完善。该报告以中小企业融资抵质押方式创新为例，目前在法律法规方面仍缺乏对土地承包经营权、排污权等抵质押权利的明确界定和法律支撑。动产、股权、知识产权等质押融资方面，缺乏统一高效的登记公示系统和完善的评估流转市场，导致中小企业金融业务创新面临市场风险和政策风险。

调研报告透露，仅温州一地的民间资本就达6 000亿元之多。周期性出现的非法集资大案，包括浙江游资炒房、炒煤、炒股，资本外流、企业外迁等现象都是表征，民间资本缺乏融通渠道、金融服务创新的严重滞后是重要原因。

　　调研报告认为，游走于国有银行之外的民间借贷资本，是中国经济发展转型中不可回避的资金力量。为暗流汹涌的民间资本构建融通渠道，让充满风险的"地下"融资成为充满活力的投资，是浙江省地方金融创新的必然选择，是迫在眉睫之事。

　　为此，调研报告建议从创新制度、健全法律法规、构建合理的金融体系框架等层面，系统规范和引导民间借贷，明确身份、专门监管、提供信用支撑和损失保险等。如推动国家尽快研究制定适合国情的民间融资法律或法规，出台《放贷人条例》，修改完善《贷款通则》；争取国家试点，加大创新力度，逐步放宽金融领域市场准入标准，鼓励民间资本进入城市商业银行、农村合作金融机构、小额贷款公司、村镇银行及私募股权投资基金等中小金融机构和组织，将民间融资纳入法制化轨道。

　　资料来源：姚芃，原载于《法制日报》，2011 - 11 - 01。

三、发达国家支持中小企业融资经验

（一）政策支持

1. 贷款支持。贷款支持以贴息贷款与政府优惠贷款为主。贴息贷款是一种政府对中小企业贷款的利息补贴，能以较少的财政资金带动较多的社会资金参与对中小企业的援助，特别适合资金缺乏的发展中国家。具体做法，一是对中小企业的自由贷款给予高出市场平均利率部分的补贴，二是对中小企业最难获得的长期贷款给予贴息。德国、法国等西欧国家多采用这种方式。政府优惠贷款主要是解决中小企业长期贷款难的问题，贷款利率一般比市场利率低 2 ~ 3 个百分点。具体做法是，政府设立长期低息贷款专项基金，或建立专门的金融机构，按一定的要求选择中小企业发放。如德国的"欧洲复兴计划特殊资产基金"、日本的"中小企业金融公库"等。

2. 专门机构。美国联邦中小企业管理局（SBA）对中小企业的资助措施主要有：（1）发放直接贷款。对于创新能力强，行业前景广阔的小企业，当银行借贷无门之时，则由 SBA 提供直接贷款，最高限额为 15 万美元，利率远低于同期市场利率。（2）提供自然灾害贷款，对象是经受自然灾害，但经营状况良好的中小企业。（3）对小企业的创新研究提供资助。

（二）直接融资

1. 美国。美国资本市场拥有多层次、全方位的证券市场债券评级机制，除了证券交易主市场外，还有为中小企业提供大量投融资机会的 NASDAQ 市场和柜台交易市场。大多新兴和成长的公司选择在 NASDAQ 市场上市是因为其上市标准低于主板市场和柜台交易市场。

　　美国小企业融资的一条重要渠道是金融投资公司，金融投资公司包括两类。一类是小企业投资公司。它是经由 SBA 审查和许可成立的，并且最高可从联邦政府获得9 000万美元的优惠融资。小企业投资公司提供的融资方式包括低息贷款，购买和担保购买小企业的证券。它不能控股所投资的企业，致力于向企业发展和技术改造的小企业投资。另一类是风险投资公司。风险资本正是投资于预期产生高收益的科技型中小企业，资助

企业科研创新资金。当企业稳定发展时，风险投资就在 NASDAQ 退出，继续寻找新投资对象。在美国，每年有上千家科技型企业通过风险投资公司来融资。

2. 日本。在日本主要有三种直接融资形式。（1）民间风险投资公司（类似美国的风险投资基金），由银行、投资公司、证券公司等金融机构共同出资设立。（2）投资培育公司，由政府、地方社团和民间机构共同出资，专门开展中小企业的融资业务。它有多种运作方式，可以为首次公开发行的创业基金提供担保，还可以投资于创业基金或向其提供贷款。（3）二板市场，由柜台交易市场和 JASDAQ 市场（类似美国的 NASDAQ 市场）组成。此外，由于融资成本的相对较低，很多企业还会选择到债券市场融资。

（三）间接融资

1. 贷款担保。政府设立专门的贷款担保基金以减少银行对中小企业还款能力的担心，改善其贷款环境。政府贷款担保基金的行政主管部门根据中小企业信贷担保计划，对符合条件的申请者，按贷款性质、多少和期限的长短，提供一定比例的担保，并签订担保合同。

2. 专门的金融机构。日本素有"中小企业王国"的称号，间接融资模式在日本中小企业融资中占有极其重要的地位，同时也是日本中小企业外源融资的主要形式，日本政府设立了专门的金融机构为中小企业提供优惠贷款。二战后，日本相继建立了由政府控股的 5 个金融机构，包括国民金融金库、中小企业金融公库、商工组合中央金库、环境卫生金融公库以及冲绳振兴开发金融公库。此外，在日本全国还有 2 000 多家民间合作信用系统、经营性中小企业金融机构，主要包括第二地方银行、信用金库及其联合会、信用组合全国联合会等。由此构筑了日本的"官民结合"间接融资体系。

四、我国中小企业融资的政策支持

我国政府部门、监管机构和中央银行高度重视发挥中小企业在稳增长、调结构、惠民生方面的积极作用，也关注到了我国中小企业融资难的问题。2000 年以来，国家将中小企业作为国民经济发展的重要组成部分，出台了一系列扶持中小企业发展的政策和措施，2002 年通过《中华人民共和国中小企业促进法》以立法的形式确定了国家扶持中小企业的政策和制度框架，为以后的相关机构设置和政策设置打下了基础。

2006 年 7 月，财政部、国家发展改革委发布了《财政部 国家发展改革委关于印发〈中小企业发展专项资金管理办法〉的通知》，以规范中小企业发展专项资金的管理，提高专项资金的使用效率。2008 年 8 月，银监会发布《中国银监会关于认真落实"有保有压"政策 进一步改进小企业金融服务的通知》，要求各银行金融机构最大限度地将新增信贷用于支持小企业的发展，改善服务。2008 年 10 月，财政部、工业和信息化部发布《财政部 工业和信息化部关于做好 2008 年度中小企业信用担保业务补助资金项目申报工作的通知》，无偿向符合条件的中小企业贷款担保机构提供不超过担保总额 1% 的补贴。

2009 年我国政府发布了《国务院关于进一步促进中小企业发展的若干意见》，意见中指出要切实缓解中小企业融资困难、加强和改善对中小企业的金融服务。2010 年和 2011 年中国银监会分别颁布了《中国人民银行　银监会　证监会　保监会关于进一步做好中小企业金融服务工作的若干意见》和《中国银监会关于支持商业银行进一步改进小企业金融服务的通知》，提出进一步改进和完善中小企业金融服务，拓宽融资渠道，着力缓解中小企业（尤其是小微企业）的融资困难，实行支持和促进中小企业发展的若干措施，在政策上给予中小企业融资的便利。

在宏观政策的支持下，中小企业融资难的问题在一定程度上得到缓解。近些年来，几乎每年政府都会出台一系列相关政策，促进中小企业金融服务，帮助中小企业解决融资难的困境。近几年来，强化对中小企业的信贷投入已成为中央银行中小企业信贷政策的明显意图。

从构成中小企业发展的政策法律体系上看，目前颁发了《中华人民共和国中小企业促进法》、《国务院办公厅转发国家经贸委关于鼓励和促进中小企业发展若干政策意见的通知》；中国人民银行颁发了《关于进一步改善对中小企业金融服务的意见》、《关于加强和改进对中小企业金融服务的指导意见》、《中国人民银行关于进一步加强对有市场、有效益、有信用的中小企业信贷支持的指导意见》；国家经贸委颁发了《关于建立中小企业信用担保体系试点指导意见》；财政部颁发了《财政部关于印发〈中小企业融资担保机构风险管理暂行办法〉的通知》等。各地政府就中小企业及信用担保体系建设制定了若干政策、指导意见和规定。这些构成了中小企业、担保机构建设的法律政策体系，改变了中小企业长期以来无法可依、无章可循的状况。

随着支持中小企业融资的政策逐步落实，中小企业融资难还出现了一些新的特点：一是随着货币政策取向由宽松转向稳健，银根逐步收紧，融资难由以前主要体现为市场难、订单难转变为主要是资金难；二是随着党中央、国务院对中小企业发展的高度重视，融资难由以前的主要体现为政策难转变为产品难、落地难；三是随着债券市场、证券市场对中小企业的开放和扶持，融资难由以前主要体现为中小企业融资难演变为小微企业融资难；四是随着融资成本的不断上升，以前主要体现为中小企业"融资难"，现在更集中反映为中小企业"融资贵"。

【资料链接】　中国银监会关于整治银行业金融机构不规范经营的通知（节选）

一、银行业金融机构要认真遵守信贷管理各项规定和业务流程，按照国家利率管理相关规定进行贷款定价，并严格遵守下列规定。

（一）不得以贷转存。银行信贷业务要坚持实贷实付和受托支付原则，将贷款资金足额直接支付给借款人的交易对手，不得强制设定条款或协商约定将部分贷款转为存款。

（二）不得存贷挂钩。银行业金融机构贷款业务和存款业务应严格分离，不得以存款作为审批和发放贷款的前提条件。

（三）不得以贷收费。银行业金融机构不得借发放贷款或以其他方式提供融资之机，要求客户接受不合理中间业务或其他金融服务而收取费用。

（四）不得浮利分费。银行业金融机构要遵循利费分离原则，严格区分收息和收费业务，不得将利息分解为费用收取，严禁变相提高利率。

（五）不得借贷搭售。银行业金融机构不得在发放贷款或以其他方式提供融资时强制捆绑、搭售理财、保险、基金等金融产品。

（六）不得一浮到顶。银行业金融机构的贷款定价应充分反映资金成本、风险成本和管理成本，不得笼统将贷款利率上浮至最高限额。

（七）不得转嫁成本。银行业金融机构应依法承担贷款业务及其他服务中产生的尽职调查、押品评估等相关成本，不得将经营成本以费用形式转嫁给客户。

资料来源：《中国银监会关于整治银行业金融机构不规范经营的通知》（银监发〔2012〕3号），中国银监会网站。

第四节　银行中小企业信贷创新

2008年，为了抵御金融危机的影响，我国政府实施了积极的财政政策和适度宽松的货币政策，2009年全国信贷总量激增，达到10万亿元以上，但是在激增的信贷总量中，中小企业的融资贷款仅占25%。2009年底，全国中小企业贷款余额达到14.43万亿元，比上年底增长30%，中小企业贷款占比53.2%，其中的小企业贷款余额则为5.8万亿元，增幅32%，占比22%，中小企业融资难问题虽然有所缓解，但是大部分中小企业的融资需求仍然无法满足。在上海工商部门登记在册的企业约50万户，其中有95%是中小企业，但是能够得到贷款的仅11万户左右，占比只有20%。不难看出目前金融机构对于中小企业的金融服务并不充分，相对于中小企业在国民经济中日渐重要的地位和贡献，其贷款总量只占全国贷款总量的很少一部分。

一、中小企业银行信贷难原因

（一）中小企业规模局限

我国中小企业融资总量中依靠商业银行贷款和民间借贷融资方式的占到了50%以上，但由于中小企业规模偏小，发展前景不明朗，本身的资信水平不高，加之与银行等金融机构的信息不对称，提高了金融机构在向中小企业提供信贷时的交易成本与风险，使得中小企业向银行贷款困难。中小企业借贷期限一般较短且数目普遍不大，主要是用来解决临时性的流动资金短缺，很少用于项目的开发和扩大再生产等方面。国际金融公司（IFC）2000年对我国企业的问卷调查结果也表明申请贷款的成功率与企业规模正相关，中小企业的成功率为77%，而大企业的成功率为88%。考虑到中小企业申请贷款的比例很低以及占比重很大的"知难而退"的情况，可以确定地认为，我国中小企业在取得银行贷款方面面临着严重的困难。

（二）中小企业抵质押物不足

虽然中小企业在我国经济生活中发挥着越来越重要的作用，但银行愿意接受的抵押担保物品有限，是我国中小企业融资难的另一个重要原因。在美国，应收款项或存货占银行接受的抵押资产的2/3，而我国银行对抵押品的要求十分苛刻，除了土地和房地产外，银行很少接受其他形式的抵押品。我国银行之所以偏好房地产作为抵押品，主要是因为我国其他资产交易市场不发达，使得其他抵押品缺乏流动性。另外，对于其他资产如机器设备、存货、应收账款等，银行缺乏鉴别和定价能力，而这在企业信用制度极不发达的情况下，银行接受该类资产抵押无疑会冒极大的风险。在农村地区，由于大部分土地的使用权受到限制，因此银行也不愿意接受土地作为抵押品，这使得乡镇企业面临更多的信贷困难。中国人民银行为鼓励商业银行对中小企业提供贷款，规定中小企业的贷款利率可以上浮30%，然而即使这样还是弥补不了银行的贷款成本。

（三）中小型金融机构整合、发展

从1996年起我国开始对金融部门进行整合，从长远来看，这种整合是非常必要的。但需要看到的是，在整合过程中，中小企业信贷却受到了不利的影响。（1）许多中小金融机构，如城市信用社、信托投资公司、农村信用社等正处于关闭和合并的过程中。从比例上讲，中小金融机构对中小企业的贷款相对较高，这些机构进入整顿，势必会使中小企业贷款有所减少。（2）银行的贷款标准比以前严格。银行出于对资金安全的考虑，不愿向信用水平低、负债率高、经营绩效差的中小企业提供贷款是正常的，但问题在于银行缺乏信贷评价的经验以及评价贷款的风险机制，并推行严格的信贷人员贷款回收负责制，严重地影响了信贷人员收集中小企业信息并提供贷款的积极性。在这种情况下，许多商业银行索性大大增加了国债投资，而紧缩了向企业的信贷规模，这成为一些符合信贷条件的中小企业融资的阻碍因素。

金融机构服务中小企业的意识不强，适用于中小企业的金融产品和创新投入不足，从而无法提供有效的金融供给。比如，现行的银行信贷管理体制不利于中小企业融资，在机构设置、授权授信制度、内部管理等方面往往有利于大型企业，造成信贷向大企业集中，贷款集中度过高。作为银行来说，按照资金效益原则，一定会倾向大企业。虽然商业银行已经做了很多工作，纷纷设置了中小企业贷款部，但实际效果并不理想。

（四）中小企业长期贷款不足

商业银行考虑到中小企业缺乏抵押、经营风险大，一般不愿向中小企业发放长期贷款，对于固定资产投资比例较高的制造业中小企业来说，如果要扩大规模，进行设备和技术投资，就面临资金缺乏的情况，很多情况下中小企业就是靠不断进行短期融资支撑着长期投资项目，这样一旦出现资金不能接续的情况，就会导致企业资金链断裂，企业经营陷入困境。所以中小企业缺乏长期资金支持反过来又加剧了中小企业的经营风险。

二、支持中小企业银行信贷的宏观策略

（一）政府参与

从经济学角度来看，信贷供给总是满足不了有效需求，这是一个非均衡的市场。由于高成本、高风险、无利可图或者只有微利，因此，完全靠市场经济不能解决中小企融资问题,这就需要政府参与,需要政府有更多积极作为,包括资金投入、政策支持,以及在信誉文化建设方面的推进。

(二)金融机构要研究创造高效、普惠、可持续商业化的运作模式

要知晓客户,要有产品的创新、授信决策的创新,还要有新思路进行成本控制、风险控制,以及建立相应的文化和激励机制的保证。要改进银行业资信评价指标体系,重新修订企业资信评价,并区别对待,要分类指导、分类设置。要改进银行业绩的考核制度,推进中小企业独立核算体制建设,放宽中小企业呆坏账的核销条件,要改进银行内部考核制度,明确免责条款,设定合理的中小企业坏账容忍度,要完善中小企业贷款的风险补偿制度,实现转型升级能够风险补偿。

(三)金融机构提高认识

金融机构要解决一个认识问题,不要迷信大机构,不要迷信大贷款,要看到中小企业贷款这个领域的利润空间以及盈利可能性。只要认真去做,广泛存在的中小企业客户对金融机构来说也许就是广种薄收的"金芝麻",只要精心耕作,收获也会不少。

(四)发展民营银行

发展民营银行,形成与国有商业银行协调发展的新格局。要适当放宽民营企业进入民营银行业的条件,继续鼓励支持民营资本参股各类金融机构。在规模方面,要形成中小银行和大银行协调发展的新态势,要发挥民间资金比较优势,适度发展区域性中小金融机构和社区银行,探索建立适合中小企业发展的区域型金融体系。在区域方面,要发展农村银行与城市银行协调发展的新局面,加大发展一大批布局合理、网点健全的村镇银行,大力支持农村合作银行在中心村和欠发达地区农村设立网点。

(五)大力发展其他金融机构

在运行方面,要发展政策性银行,形成与商业银行协调发展的新机制,逐步建立起中小企业政策性的融资体系。在外援方面,要发展非银行金融机构,使其与银行业金融机构协调发展,财务公司、担保公司、融资公司、小额贷款公司等非银行金融机构在一定程度上可以弥补银行业金融机构的不足,开发适合中小企业的服务项目。

截至2009年底,浙江全省共有小额贷款公司105家,当年发放贷款达551.7亿元,惠及全省5万多中小企业与农户,取得了不俗成绩。小额信贷公司是靠自有资金,或者从市场借入资金并主要从事发放贷款业务的个人和机构。由于不吸收公共存款,不会对银行体系造成伤害,不会产生区域性、系统性金融风险,政府的监管相应较为宽松,其经营也远较银行灵活,有更多的创新。

(六)建立和完善中小企业信用担保体系

信用担保制度是许多发达国家对中小企业提供金融支持的有效途径,应进一步完善中小企业担保体系,鼓励建立为中小企业服务的信用担保机构,设立贷款担保基金。有条件的地方,政府要给予必要的财力支持,吸收社会力量、企业群体和其他资金入股。明确担保机构的法律地位、市场准入和监管体系,从制度上确定担保公司、贷款银行、受保企业责权利的相互对称关系,明确担保基金的来源和管理方法、再担保机构的成立、风险补偿和业务奖励政策等,规范担保业发展。

（七）加快中小企业信用体系建设

一方面，针对中小企业实际，合理设置金融信用评级指标，科学推进中小企业信用评级体系，并推动中小企业资信评级机构的发展，完善社会资信体系建设。另一方面，尽快从国家的层面建立统一、集中、全国联网的中小企业信用信息数据库，将分散在政府有关部门的行业信息、监管信息、商业信用信息、银行信用信息、资金需求信息等以平台形式供银行查询利用，解决银行和企业信息不对称问题，为金融机构有针对性地开展金融创新提供信息载体。同时，进一步加强对逃废债企业制裁的法律支持，运用司法综合手段打击恶意逃废银行债务行为，创建良好的金融生态环境。

三、银行创新中小企业融资方式的实践

近几年来，随着资本市场的不断发展，在大型企业和集团客户纷纷获得融资的同时，银行也开始关注中小客户的发展，并逐步培养其为银行发展业务的主要群体。尤其近年来，国家出台了一系列扶持中小企业的相关政策，以及监管部门的积极推动，各个银行采取有效措施，最后确立对中小企业的市场定位和发展策略，设立了专门面向中小企业的部门，改进现代发展流程，提高审批效率，积极推动中小企业信贷工作。

（一）设立专门面向中小企业的专业机构和团队

原来传统的银行单一公司业务，更多为专注大客户，并没有对中小企业提供太多支持。为推动中小企业发展，各商业银行纷纷在机构上设立了专门面向中小企业的营销、审查审批、贷后管理为一体的部门，并作为相对独立的责任中心和运营中心，实施了前台、中台、后台的集中，并配合信贷授权，将人才和资金有效地结合，强化了专营性，也突出了专业化，更加适应了中小企业在融资方面短缺、贫瘠的特点。

（二）实施专业化的产品设计和定价

目前商业银行在流程的设计、产品组合、体制服务方面，更加注重对中小企业的产品创新，更为注重资产抵押以及关注非财务信息。在产品定价方面，抑制投资成本、管理成本等要求，对单个产品和单个项目实施单一化定价，匹配收益与风险。主动优化中小企业信贷服务机制，提高审贷效率，针对一般中小企业财务报表不健全的实际，适时转向对中小企业现金流、法人素质和企业经营等因素的评判，主动完善中小企业授信管理办法。

（三）建立完善的审查审批机制

为了保证审批效率，提高审批的时效性，各家银行都对原有的信用评级体系和信贷操作流程进行优化和整合，经营单位有新的审批权限，建立起了针对中小企业的审查审批机制，在控制风险的前提下，实现了审批的流程化，不断提高审批效率。

（四）建立独立的激励考核机制

对客户经理，审查人员都建立起双向的考核机制，向城市中小企业信贷人员倾斜，给予了中小机构在中小业务上相对宽松的风险容忍度，在宽松风险的前提下发挥主观能动性，并且积极完善中小企业信贷失职问责的理念。

【阅读链接】　　　　天津银行业创新信贷产品支持中小企业发展

天津市各银行的创新信贷产品分为三个类别：

一是创新抵质押方式。主要是从解决中小企业普遍面临的抵押（质押）难入手，拓展质押方式，创新性解决中小企业抵押（质押）难题。例如开展专利权质押贷款、股权质押贷款、商标权质押贷款、保险贷款等业务。

二是创新担保方式。从解决中小企业担保难问题入手，充分运用政府平台担保、行业协会、信用共同体和企业间联保互保等外部信用增级手段，创新担保方式或实行免担保。如研发出"中小企业联保"、"合同贷款"、"贸易链融资"、"小额速贷"等信贷产品，加大对中小企业的金融支持力度。

三是简化贷款流程。从企业贷款的流程入手，在风险可控的原则下，适当简化贷款手续，缩短审批环节，提高贷款效率。如研发出"速贷通"、"快易贷"、"小额速贷"等信贷品种，提高了贷款的使用效率，解决了中小企业缺少营运资金的难题。

资料来源：李瑞，原载于《金融时报》，2009 - 10 - 19。

【推荐阅读】

1. 《中华人民共和国中小企业促进法》，2002 - 06 - 29。

2. 《国务院关于进一步促进中小企业发展的若干意见》（国发〔2009〕36号），2009 - 09 - 22。

3. 陈乃醒、傅贤治、白林：《中国中小企业发展报告（2008—2009）》，北京，中国经济出版社，2009。

4. 李新平：《中小企业融资制度变迁与创新研究》，北京，中国水利水电出版社，2009。

第二章
商业银行信贷及物资保证原理
SHANGYE YINHANG XINDAI JI WUZI BAOZHENG YUANLI

第一节　商业银行信贷的产生、发展及功能

一、银行的产生

货币是顺应商品交换需要的产物，货币作为交换媒介是交换价值的独立表现形式。实物货币在人类社会持续了几千年，由于它的局限性最终被金属铸币所代替。当时金属铸币的铸造权分散在各国统治者和各地富有的商人手中，其铸造的货币质量不一、品种各异，而随着商品经济的发展和国际间贸易不断扩大，各国商人使用各种不同种类及成色的铸币进行相互间的贸易，给商品交换、货币支付带来很大麻烦。在这种情况下，兑换各种不同种类及成色铸币的商人便随之出现。同时各国贸易商为了避免携带与保存货币可能导致的损失与危险，亦将其货币存放在货币兑换商那里，并委托他们办理汇兑与支付业务。

当货币的兑换、保管、收付和结算由货币经营业来进行，由特殊的代理人来代替往来各地的商人服务后，这方面的劳动过程就会缩短，耗费在其中的劳动就能得到节约。这种纯粹技术性的收付货币业务，本身形成一种劳动，它在货币执行支付手段职能的时候，使结算和平衡的工作成为必要。货币流通的各种技术性业务活动由货币经营业来进行，归根到底是社会分工的要求。这里有双重的分工：一重是社会分出一部分人来从事特殊的经营，另一重是在特殊经营业的内部再进行分工，这奠定了银行业产生的基础。

近代商业银行的萌芽可追溯到中世纪意大利的威尼斯和热那亚。在当时，威尼斯和热那亚是国际贸易的中心，各国商人云集，使用各种种类及成色的铸币进行交易。在这

种情况下，经营货币兑换的商人随之出现。同时，各国贸易商为了避免携带与保存货币可能导致的损失和危险，将其货币存放在兑换商那里，委托他们进行办理汇兑和支付业务。这样，在货币兑换商那里就集合了大量的现金货币，大量的货币集聚形成了从事信贷活动的基础。从商业转化为银行业的发展经营遇到一个持久的中间阶段，这个中间阶段的银行业在英格兰原先被称为商人银行业。商人银行家是一个向别人提供信贷的商人，但是多数商人银行家逐渐从一般贸易转化为专门贸易，然后又从专门贸易转向金融。可见，商业银行最初是对"商人银行业"的理论概括，它的商业性主要体现在创造信用流通工具即"汇票"对商人提供贷款上。

二、商业银行信贷的发展历程

在 17 世纪资本主义确立之前，西方经济社会处于商品经济发展的初期阶段，当时商品交换的范围和规模受生产力发展水平和社会分工的限制，处于不发达状态，与此相适应的货币和信用虽然发挥着一定的推动作用，但这种作用终究只能限制在比较狭小的范围内，在这一经济背景下，银行处于比较原始的状态。从 15 世纪到 16 世纪西欧各国的货币经营业来看，其业务大都与商品贸易和货币流通的技术处理有关，主要集中在金银买卖、货币保管、货币兑换、划账结算、汇兑等方面。当时的银行虽然也偶尔利用自有资本和极少量的存款进行放款，但银行服务的主要对象是政府和商人，具有明显的非生产和高利贷的性质。这一时期银行尚不真正具备创造信用和参与社会再生产的功能，还处于萌芽阶段。

商业银行前期，银行信贷表现出短期化和票据化的特点，主要为适应工商业发展的需要，表现为对工商业的适应功能。在 18 世纪末和 19 世纪初，银行经营主要是与国内外贸易结合在一起的，银行主要业务是为贸易活动提供全程资金，其中最重要的方式是对商人开出的承兑汇票贴现。而所谓的真实票据理论就是对具有实际交易活动而发出的票据进行贴现，不能对单纯以融资为目的的融通票据贴现。这样，贷款就能以商业票据为抵押，贷款资金能够随着商业票据反映的经营活动而归流。相当长的时期内，银行流行资金短期运用论，直到 19 世纪中后期，由于工业革命的快速发展，银行开始打破短期资金运用论，并向工业领域贷放资金。之后，商业银行信贷得到了长足的发展，如英国构建了包括票据交换银行、商人银行、储蓄银行、建筑协会在内的银行体系。票据交换银行主要提供基本的商业银行服务，提供短期工商贷款。商人银行（merchant banks）基本功能为吸收定期存款，向工商机构发放长期信贷。储蓄银行提供竞争性的利率，将吸收的资金投放于公共部门的证券及一定限额的短期贷款。建筑协会则相当于美国的储蓄银行与贷款协会和互助储蓄银行，属于非营利性的共同协会，主要从事建筑方面的抵押贷款业务，专门提供分期付款的个人贷款。随着信贷业务的不断成熟，银行可供信贷的品种在不断丰富，信贷的期限也不断拉长，信贷对经济的功能从单一的适应功能转换为适应功能和配置功能并重，信贷成为储蓄转化为投资的主要渠道。

三、商业银行信贷在经济调节中的功能

按是否需要中介，融资可以分为直接融资和间接融资。信贷也分为直接信贷和间接信贷，直接信贷是资金剩余者直接向资金短缺者提供贷款，如熟人、亲戚之间的直接贷

款，这也是原始意义上的信贷。借款人和贷款人之间一般生活在一个社区，彼此非常熟悉，因此贷款可能是需要支付利息的，也可能是无偿的。正因为直接信贷的条件是借贷双方必须比较熟悉，因此，直接信贷的地理半径较小，规模也仅限于资金剩余者的少数资金。随着社会的发展，这种直接的信贷方式已经越来越不能满足资金融通的需要，于是出现了专门将社会闲散资金集中起来，贷款给资金需求方的机构——商业银行，因为信贷中介的出现，信贷的地理半径和规模大大扩充了。

现代意义上的信贷和商业银行是紧密联系在一起的，商业银行从社会公众处吸收闲散资金，并有选择地投放到受财富约束的企业家身上，从中赚取息租。在信息不完全的情况下，拥有闲散资金的人不了解哪些项目值得投资，哪些项目不值得投资，或者即使知道也支付不起监督项目的成本，因为风险过大而只有保持资金的流动性。而对企业家来说，虽有好项目，但不一定能融到资金，一般项目资金需求量较大，企业家若一一说服闲散资金所有者，成本太高。商业银行通过向闲散资金所有者发放存款合约，再向企业家发放贷款合约，从而沟通了双方的信息和资源，促进了经济增长。银行信贷调节经济的作用主要通过以下几个方面体现。

（一）资源配置功能

货币资金是生产经营的要素，社会的再生产过程经常会出现大量的、闲置的货币资金，正在流通中的货币也会出现暂时性的停歇或沉淀。这些闲置、沉淀的货币资金仅仅只是一种潜在的生产经营要素，没有进入生产过程并发挥作用。发挥银行信贷的价值转换作用，可以把这些潜在的生产经营要素汇集起来，转化为现实的生产要素。信贷资金循环周转是储蓄向投资的转化过程，银行运用信用工具把分散、零星、闲置的储蓄资源集中起来，投入社会生产、流通、消费，转化为投资，通过提高储蓄率和资本形成率，加快技术创新，支持经济发展，扩大社会总产出，增进国民福利。

（二）资产转换中介

资产转换包括时态转换、空间转换和规模转换，不同的借款人与贷款人有不同的支出模式和融资期限偏好。由于地区、行业和企业的界限，各个经济实体积累的货币资金往往处于分散状态，因数量、时间或者空间的限制不能很好地发挥效益。银行信贷资金的运动，可以使这些分散的货币资金在流动、组合上打破时间或空间的制约，转化为集中的再生产资金投入运行。

比如，某储蓄者想将其资金进行短期储蓄，而某贷款人却有较长时间的贷款计划，如果没有商业银行的介入，双方的需要都得不到满足。银行通过提供流动性转换，即借短贷长，使借贷双方都得以满足。在现代商业银行体系下，商业银行通过其设在全国各地的营业网点，借助电子信息网络，可以迅速实现不同地区客户的贷款要求。同时，在信贷运行的过程中，商业银行发挥了吸收小额存款、发放大额贷款的规模中介功能，规模中介还表现在通过筹集大规模资金来发放规模较小的贷款。

（三）降低交易成本

新金融中介理论提出金融中介的作用就在于克服资金借贷双方的交易成本，由不确定性产生的交易成本是金融中介存在的主要原因。根据这一理论，商业银行（金融

图 2 − 1　商业银行信贷运行流程图

中介）降低交易成本的主要方法是利用技术上的规模经济和范围经济。因为每一项金融资产交易都存在相关的固定交易成本，与直接融资情况下借贷双方一对一的交易相比，通过银行贷款可以利用规模经济降低交易成本。银行在吸收存款和发放贷款及结算过程中，能够获取每一个经济活动主体的信用历史、现金流量等私人信息，银行还拥有加工和处理信息的专门人才。银行信贷的过程本身就是行业信息集聚的过程，银行在信息生产中具有明显的规模优势，频繁地处理大量贷款申请，平均的信息费用就大大降低了。

（四）受托监管与激励

现代金融中介理论认为，银行与存贷款客户的关系实际上是一种委托代理关系，如银行与借款人之间，银行是委托人，借款人是代理人；银行与储蓄者之间也是一种契约关系，储蓄者是委托人，银行是代理人。由于委托人与代理人的利益与目标不尽一致，并且委托人不能直接观测代理人的行动，委托人必须对代理人进行监控，以激励后者按前者的利益行动。就银行与借款人而言，由于银行与借款人的目标不同，并且信息在两者之间分布得不对称，一旦双方建立借贷关系，银行必须按照贷款契约对借款人进行监控，定期检查借款人的现金流量和担保品情况，要防止贷款挪用及借款人的其他违约行为。如果借款人陷入财务困境，银行还必须根据实际情况作出债务延期、追加贷款或者对借款人进行清算的决定。从信息经济学的角度，信息生产功能强调的是银行在解决贷款前信息不对称中的作用，委托监督功能强调的是解决银行在贷款发放后的信息不对称中的作用。

（五）管理风险

一般的个人或企业都有风险厌恶的倾向，风险厌恶是指在确定性结果或不确定性结果中，人们更愿意选择前者。银行通过贷款的组合，即通过众多的贷款人发放大量的贷款，并对贷款人进行识别和监控，等于为储蓄者提供了高度分散的资产组合，从而降低了信贷风险。

（六）价值管理功能

国家对经济的调节是多方面的，对经济的信用调节，包括国家对货币和信用制度所实行的各种调节措施，其中，银行信贷的管理与调节居于十分重要的位置。信贷的管理与调节，主要是通过银根的松紧交替进行的。在经济高涨时期，采取限制措施紧缩信贷资金供给，用以抑制社会总需求的膨胀，平缓经济发展过热的影响。在经济衰退时期，采取扩张措施适当放松信贷资金供给，以刺激投资，活跃经济。运用信贷的价值管理功能来刺激经济、调节经济，已被实践证明是一种重要的经济管理方式。

第二节　商业银行信贷业务

贷款是银行或其他金融机构按一定利率和必须归还等条件出借货币资金的一种信用活动形式。银行通过贷款的方式将所集中的货币和货币资金投放出去，可以满足社会扩大再生产对补充资金的需要，促进经济的发展；同时，银行也可以由此取得贷款利息收入，增加银行自身的积累。

一、贷款对象和基本条件

（一）贷款对象

1996 年，为了规范贷款行为，维护借贷双方的合法权益，保证信贷资产的安全，提高贷款使用的整体效益，促进社会经济的持续发展，根据《中华人民共和国中国人民银行法》、《中华人民共和国商业银行法》等有关法律规定，中国人民银行发布《贷款通则》。根据《贷款通则》的规定，贷款对象应当是经工商行政管理机关（或主管机关）核准登记的企（事）业法人、其他经济组织、个体工商户或具有中华人民共和国国籍的具有完全民事行为能力的自然人。其中，其他经济组织包括依法登记领取营业执照的独资企业、合伙企业；依法登记领取营业执照的联营企业；依法登记领取营业执照的中外合作经营企业；经民政部门核准登记的社会团体；经核准登记领取营业执照的乡镇、街道、村办企业。

（二）贷款基本条件

贷款银行除了应当遵循贷款原则与政策，及一般贷款制度的规定外，还必须有科学合理的操作程序。一般地，一笔贷款应当遵循以下操作程序：贷款申请—受理申请—贷款调查—对借款人的信用评估—贷款审查—贷款审批—借款合同的签订与担保—贷款发放—贷款检查—贷款收回—总结评价。

借款人申请贷款或办理其他信贷业务，应当具备产品有市场、生产经营有效益、不挤占挪用信贷资金、恪守信用等基本条件，并且符合以下要求：

1. 有按期还本付息的能力，原应付贷款利息和到期贷款已清偿；

2. 除自然人和不需要经工商部门核准登记的事业法人外，应当经工商部门办理年检手续；

3. 已经开立基本账户或一般存款账户；

4. 除国务院规定外，有限责任公司和股份有限公司对外股本性权益投资累计额不超过净资产的 50%；

5. 借款人的资产负债率符合贷款人的要求，借款人行业性质不同，标准也有区别；

6. 申请中长期贷款的，新建项目的企业法人所有者权益与所需总投资的比例不低于国家规定的投资项目的资本金比例。

【知识链接】   **贷款卡**

　　贷款卡是指中国人民银行发给注册地借款人的磁条卡，记录借款人在金融机构的融资情况，是借款人凭以向各金融机构申请办理信贷业务的资格证明。

　　贷款卡要每年年审一次，年审合格的贷款卡才能办理信贷业务。

　　贷款卡年审需提供的资料：

　　1. 领取并正确填写贷款卡年审报告书；

　　2. 贷款卡复印件及出示原件、贷款卡年审登记卡原件；

　　3. 经年审合格的企业法人营业执照或营业执照副本复印件（复印件加盖企业单位公章，下同）并出示副本原件；经年审合格的事业单位登记证副本复印件并出示副本原件；其他经济组织提供有效的证件复印件并出示原件；

　　4. 经年审合格的中华人民共和国组织机构代码证正本复印件并出示正本原件（技术监督局发）；

　　5. 人民币基本账户开户许可证正本复印件并出示正本原件（人民银行发）；

　　6. 法定代表人、负责人或代理人的有效身份证明（身份证、外籍护照、回乡证等）复印件。

　　7. 上年度财务报表（资产负债表、损益表、现金流量表）；

　　8. 企业法人注册资本有变动的须提供最新注册验资报告复印件或有关注册来源的证明材料（由会计师事务所验证）；

　　9. 国税、地税税务登记证正本复印件并出示正本原件（税务部门发）；

　　10. 中国人民银行征信管理部门要求的其他材料。

二、信贷业务的种类

　　（一）按贷款风险承担的主体不同划分

　　按照贷款风险承担的主体不同，《贷款通则》第七条将我国金融机构贷款分为自营贷款、委托贷款和特定贷款。

　　1. 自营贷款。自营贷款系指贷款人以合法方式筹集的资金自主发放的贷款，其风险由贷款人承担，并由贷款人收回本金和利息。自营贷款包括以合法方式筹集的资金作为贷款的资金来源和以盈利为目的、自担风险、自主发放两个基本要素。

　　2. 委托贷款。委托贷款系指由政府部门、企事业单位及个人等委托人提供资金，由贷款人（即受托人）根据委托人确定的贷款对象、用途、金额、期限、利率等代为发放、监督使用并协助收回的贷款。贷款人（即受托人）只收取手续费，不承担贷款风险。

　　委托贷款有以下5个基本条件：（1）委托人提供资金，贷款人（受托人）不代垫资金；（2）贷款人按与委托人签订的委托协议发放贷款，二者之间是委托关系；（3）贷款风险由委托人承担；（4）贷款人有义务按照委托协议对受托发放的贷款监督使用并协助收回；（5）贷款人可以收取一定的手续费，这也符合《中华人民共和国商业银行法》第五十条的规定。

3. 特定贷款。特定贷款系指经国务院批准并对贷款可能造成的损失采取相应补救措施后责成国有独资商业银行发放的贷款。如贴现援助性贷款、扶贫专项贷款等。

（二）按期限划分

按期限划分，我国金融机构贷款可分为短期贷款［期限在一年以内（含一年）的贷款］、中期贷款［期限在一年以上（不含一年）5 年以下（含 5 年）的贷款］、长期贷款［期限在 5 年以上（不含 5 年）的贷款］。

（三）按贷款信用程度划分

1. 信用贷款。信用贷款是指凭借款人的信誉而发放的贷款。信用贷款的最大特点是不需要担保就可以取得，因而风险较大。

2. 担保贷款。以第三人为借款人提供相应的担保为条件发放的贷款，担保可以是人的担保或物的担保。人的担保，是指有偿还能力的经济实体出具担保文件，当借款人不能履约归还贷款本息时，由担保人承担偿还贷款本息的责任。物的担保，是以特定的实物或某种权利作为担保，一旦借款人不能履约，银行可通过行使对该担保物的权利来保证债权不受损失。

3. 票据贴现。票据贴现系指贷款人以购买借款人未到期商业票据的方式发放的贷款。

（四）按贷款的使用质量划分

1. 正常类贷款，是指借款人能够履行合同，有充分把握按时足额偿还本息。

2. 关注类贷款，是指尽管借款人目前有能力偿还贷款本息，但是存在一些可能对偿还产生不利影响的因素。顾名思义，对这类贷款要给予关注，或对其进行监控。这类贷款的损失概率充其量不超过 5%。逾期 90 天至 180 天的贷款，至少要被划分为关注类。

3. 次级类贷款，是指借款人的还款能力出现了明显的问题，依靠其正常经营收入已无法保证足额偿还本息。贷款本息损失的概率在 30%~50%。从期限上考察，逾期在 181 天至 360 天的贷款，至少要被划分为次级类。

4. 可疑类贷款，是指借款人无法足额偿还本贷款，即使执行抵押或担保，也肯定要造成一部分损失。它具备次级类贷款的所有症状，但是程度更加严重。如果是有抵押担保的贷款，即使履行抵押担保，贷款本息也注定要发生损失。一般来说，这类贷款的损失概率在 50%~75%。从期限上考察，逾期在 360 天至 720 天的贷款，至少要被划分为可疑类贷款。

5. 损失类贷款，是指无论采取什么措施和履行什么程序，贷款都注定要损失，或者虽然能够收回极少部分，但其价值已微乎其微，从银行的角度看，已没有意义将其作为银行的资产在账面上保留。不用说，这类贷款的损失概率基本上在 95%~100%。

【知识链接】　　　　　　　贷款五级分类制

从 2004 年起，国有商业银行、股份制商业银行两类银行开始奉行国际标准，取消原来并行的贷款四级分类制度，全面推行五级分类制度。贷款五级分类制度是根据内在风险程度将商业贷款划分为正常、关注、次级、可疑、损失五类。这种分类方法是银行主要依据借款人的还款能力，即最终偿还贷款本金和利息的实际能力，确定贷款遭受损失的风险程度，其中后三类称为不良贷款。此前的贷款四级分类制度是将贷款划分为正常、逾期、呆滞、损失四类。

五级分类是国际金融业对银行贷款质量的公认标准，这种方法是建立在动态监测的基础上，通过对借款人现金流量、财务实力、抵押品价值等因素的连续监测和分析，判断贷款的实际损失程度。也就是说，五级分类不再依据贷款期限来判断贷款质量，能更准确地反映不良贷款的真实情况，从而提高银行抵御风险的能力。以前对银行不良贷款的分类方法是"一逾两呆"（逾期贷款是指借款合同到期未能归还的贷款，呆滞贷款是指逾期超过一年期限仍未归还的贷款，呆账贷款则指不能收回的贷款），这是一种根据贷款期限而进行的事后监督管理方法。"一逾两呆"的不足就是掩盖了银行贷款质量的许多问题，比如根据贷款到期时间来考核贷款质量，就会引发"借新还旧"的现象，这样就很容易将一笔不良贷款变为正常贷款，而实际上并没有降低风险。这种分类法很难甚至根本无法达到提高信贷资产质量的目的，而五级分类法正是克服了它的有关弱点，可以及时反映商业银行的盈亏状况，因此成为改良贷款质量管理方法的选择。以杭州银行为例（见表2-1），其2011年贷款按照五级分类法显示，正常类贷款占比96.45%，贷款质量良好。

表 2-1　　　　　　杭州银行 2011 年贷款五级分类情况　　　单位：千元人民币，%

	期初金额	期末金额	本期变动	占比
正常类	103 038 263	122 349 130	19 310 867	96.45
关注类	2 781 802	3 743 796	961 994	2.95
次级类	379 703	426 732	47 029	0.34
可疑类	217 858	168 423	-49 435	0.13
损失类	90 295	158 406	68 111	0.12
合计	106 507 921	126 846 487	20 338 566	100.00

资料来源：杭州银行 2011 年年报。

三、商业银行担保贷款分类

担保的性质首先在于附属性，合同与担保之间的关系是从属关系，即担保附属于合同；其次在于选择性，我国《合同法》设立了担保制度，但并未规定当事人必须设立担保；最后在于保障性，保障合同的履行是担保的最根本的特征。担保方式主要包括保证、抵押、质押，担保合同包括保证合同、抵押合同、质押合同，担保合同可以是单独订立的书面合同（包括当事人之间具有担保性质的信函、传真等），也可以是主合同的担保条款。

（一）保证贷款

保证贷款是指以第三者承诺在借款人不能偿还贷款时，按约定承担一般保证责任或连带责任而发放的贷款。保证担保范围包括主债权及利息、违约金、损害赔偿金和实现债权的费用，保证合同另有约定的，按照约定。当事人对保证担保的范围没有约定或者约定不明确的，保证人应当对全部债务承担保证责任。具有代为清偿能力的法人、其他经济组织或者公民可以作保证人。任何单位和个人不得强令银行等金融机构或者企业为他人提供担保，银行等金融机构或者企业对于强令其为他人提供保证的行为，有权予以拒绝。但以下组织不得担任保证人：

1. 国家机关不得为保证人，但经国务院批准为使用或者国际经济组织贷款进行转贷的除外；

2. 学校、幼儿园、医院等以公益事业为目的的事业单位、社会团体不得为保证人；

3. 企业法人的分支机构、职能部门不得为保证人，但是企业法人的分支机构若有法人书面授权的，可以在授权范围内提供保证。

同一债务有两个以上保证人的，保证人应当按照保证合同约定的保证份额，承担保证责任。没有约定保证份额的，保证人承担连带责任，债权人可以要求任何一个保证人承担全部保证责任，保证人都负有担保全部债权实现的义务。已经承担保证责任的保证人，有权向债务人追偿，或者要求承担连带责任的其他保证人清偿其应当承担的份额。

（二）抵押贷款

抵押贷款是指以借款人或第三者的财产作为抵押担保而发放的贷款。抵押担保范围包括主债权及利息、违约金、损害赔偿金和实现抵押权的费用，抵押合同另有约定的，按照约定。债务人不履行债务时，债权人有权依照法律规定以抵押物折价或者从变卖抵押物的价款中优先受偿。债务人或者第三人称为抵押人，债权人称为抵押权人，提供担保的财产为抵押物。不得抵押的财产有：（1）土地所有权；（2）耕地、宅基地、自留地、自留山等集体所有的土地使用权；（3）学校、幼儿园、医院等以公益为目的的事业单位、社会团体的教育设施、医疗卫生设施和其他社会公益设施；（4）所有权、使用权不明或者有争议的财产；（5）依法被查封、扣押、监管的财产；（6）依法不得抵押的其他财产。

当事人以土地使用权、城市房地产、林木、航空器、船舶、车辆等财产抵押的，应当办理抵押物登记，抵押合同自登记之日起生效。当事人以其他财产抵押的，可以自愿办理抵押物登记，抵押合同自签订之日起生效。

（三）质押贷款

质押贷款是指以借款人或第三者的动产或权利作为质物发放的贷款。质押担保范围包括主债权及利息、违约金、损害赔偿金、质物保管费用和实现质权的费用，质押合同另有约定的，按照约定。质押后，当债务人不能履行债务时，债权人依法有权就该动产或权利优先得到清偿。债务人或者第三人为出质人，债权人为质权人，移交的动产或权利为质物。

质押可分为动产质押和权利质押。动产质押是指债务人或者第三人将其动产移交债权人占有，将该动产作为债权的担保，能够用做质押的动产没有限制。出质人和质权人应当以书面形式订立质押合同，质押合同自质物移交给质权人占有时生效。权利质押一般是将权利凭证交付质权人的担保，可以质押的权利包括：（1）汇票、支票、本票、债券、存款单、仓单、提单；（2）依法可以转让的股份、股票；（3）依法可以转让的商标专用权、专利权、著作权中的财产权；（4）依法可以质押的其他权利。

以杭州银行为例，2011 年年报显示，保证贷款和抵押贷款占了贷款余额的 81% 左右，信用贷款和质押贷款较少（见表 2 - 3）。当然各家银行由于其竞争优势、资源优势、管理优势有所不同，在动产担保方式的侧重点上也会有所差别。

表 2 - 2　　　　　　　　　**杭州银行 2011 年担保方式分类**　　　　　单位：千元人民币，%

担保方式	余额	比例
信用贷款	12 890 546	10. 16
保证贷款	47 974 853	37. 82
抵押贷款	55 823 261	44. 01
质押贷款	10 157 827	8. 01
合计	126 846 487	100. 00

第三节　银行信贷管理

一、信贷过程管理

根据信贷交易的过程和整个过程中银行面临的不确定因素，可以将信贷交易划分为贷前、贷中、贷后三个阶段。

（一）贷前阶段

银行（贷款人）和企业（借款人）在投资项目的风险上存在严重的信息不对称。企业是资金的使用者，对借入资金的"实际"投资项目（可能不是贷款申请时声称的项目）的收益和风险，以及借入资金的偿还概率具有较多的了解，处于信息的优势。而银行作为资金的提供者，并没有直接参与过项目的实际运作，对投资项目的收益、风险以及资金的偿还概率只能通过企业或其他渠道间接了解，处于信息的劣势。因此，银行在贷前阶段就要进行贷前调查，筛选出有价值的客户。在此阶段，需要调查人员深入企业查阅账簿和凭证，核实相关数据，了解企业的产品、生产经营及管理等各种情况，通过大量的数据资料进行综合的分析研究，形成客观、公正、有决策价值的结论。

（二）贷中阶段

银行在贷中阶段对企业进行监督，保障信贷资金的安全性，防止企业违规使用。企业作为资金的使用者，对资金的实际用途、使用资金的数量和努力程度、资金使用的损益等情况拥有完全的信息。而作为银行，仅仅是资金的提供者，不知道或者不十分清楚有关资金使用的情况，处于资金使用信息的劣势。这样便产生了有关资金使用信息的不对称，企业可能利用自己的信息优势，出于机会主义的动机，从自身利益最大化出发，违反合同规定，隐藏资金使用的真实信息，采取不完全负责的态度，不采取应当采取的规避风险的行为，从而有可能造成银行资金本息不能按期归还，产生信贷风险。在此阶段，需要信贷人员深入企业监控其经济活动和资金流向，认真分析其贷款风险变化情况。从理论上讲，一家企业，如果其出发点在于骗取银行贷款，那么在持续的企业经营过程中，如果银行的信贷经理能够及时动态地跟踪企业的经营状况和现金流动，是不难发现其中可能存在的骗局和陷阱的。要避免企业骗取银行贷款，要求商业银行对日常经营活动中可能产生风险的环境加强监督，充分、及时、全面、有效地反映和披露可能造成损失的风险。

（三）贷后阶段

贷后审查信贷资金的最终使用情况，以及对项目收益和贷款偿还情况进行分析、评价及反馈。其目的是实现银行的合法权益。对于不能归还银行贷款的企业，银行实施制裁、对企业进行破产清算。

二、银行贷款的原则

（一）依法贷款原则

我国社会主义市场经济，需要通过经济的、法律的手段和行政措施对其进行宏观调控，以克服市场经济的自发性、盲目性和滞后性等缺陷，任何经济活动都必须在国家法律、法规规定的范围内进行，贷款的发放和使用也不能例外。目前，我国建设资金的大部分依靠信贷资金，企业负债的绝大部分是银行贷款，信贷资金在资源配置、稳定币值和促进国民经济发展中具有举足轻重的作用。因此，《贷款通则》规定了贷款的发放和使用应当遵循我国宪法、法律、国务院制定的行政法规以及中国人民银行发布的行政规章等。

（二）效益性、安全性、流动性原则

我国《商业银行法》第四条规定："商业银行以安全性、流动性、效益性为经营原则，实行自主经营，自担风险，自负盈亏，自我约束"。《贷款通则》第三条也规定："贷款的发放和使用……应当遵循效益性、安全性和流动性的原则"。简言之，我国商业银行的贷款原则即效益性、安全性、流动性。这是由我国经济金融体制决定的、兼顾市场经济的客观需要，体现商业银行的本质特征的贷款管理基本原则。

效益性既包括商业银行经营中获得利润这种微观经济效益，也包括社会整体的宏观经济效益。这是因为我国金融体系的主体是国有商业银行，银行自身的微观效益与社会整体的宏观效益从本质上是一致的，因此强调效益性而不是单纯的盈利性，是我国贷款原则有别于西方商业银行贷款原则的一个特点。安全性是指银行的资产、收入、信誉及所有生存、发展条件免遭风险及损失的可靠性程度，贷款安全性则是指银行按期收回贷款本息的可靠程度。无论从银行自身保持正常经营，还是从加强宏观经济管理、维护健康的国家经济秩序的角度出发，都要求银行贷款必须遵循安全性原则，力求最大限度地减少和避免各种风险，提高信贷资产质量和运用效益。流动性是指银行资产在无损状态下迅速转换为现金的能力，表现为贷款本息能够按期足额收回，能随时满足客户支取存款的需要及其新的合理的贷款要求。提高银行贷款流动性的途径主要有正确选择贷款投向、优化贷款期限结构、合理确定贷款规模、加强贷款风险管理，使银行在竞争与发展中树立良好的社会形象。

效益性、安全性与流动性从不同的方面共同保证银行贷款活动的有序、高效运行，三者是相辅相成、协调统一的。例如只有在安全经营的前提下，保证贷款本息的安全性，才能获得盈利，否则，不但无利可图，甚至还要亏本；同理，贷款本息收回后获得了盈利，才能发放新的贷款，并为补偿贷款风险损失创造资金来源。但它们之间往往也存在着此消彼长的矛盾性，例如长期贷款的安全性差、风险大、流动性弱，但其盈利水平一般高于流动性强、安全性高的短期贷款。因此，商业银行贷款的组织与管理，实质上就是在经营过程中，通过不同经营环境，不同经营条件下侧重点的不同选择，对"三性"不断进行均衡协调，实现"三性"的动态平衡和最佳组合。

（三）平等、自愿、公平和诚信原则

在借贷活动中，借款人和贷款人都平等地享有民事权利和承担民事义务，在法律地位上是平等的。因此，借贷双方当事人在借贷关系中应当体现平等、自愿和公平的民事法律关系，并相互恪守诚实信用的原则，维护和尊重他人利益，不得损人利己，更不能通过自己的借贷活动损害第三人和社会的公共利益。我国《商业银行法》第五条规定："商业银行与客户的业务往来，应当遵循平等、自愿、公平和诚实信用的原则。"这在我国《贷款通则》中也有明确规定（第四条）："借款人与贷款人的借贷活动应当遵循平等、自愿、公平和诚实信用的原则。"

（四）公平竞争，密切协作原则

社会主义市场经济的健康运行和有序发展，要求各竞争经济主体在公平、平等的基础上开展合理竞争，禁止受自身利益驱动，以非正常的活动谋取利益的不正当竞争。我国《商业银行法》第九条规定："商业银行开展业务，应当遵守公平竞争的原则，不得从事不正当竞争。"《贷款通则》第五条也规定："贷款人开展贷款业务，应当遵循公平竞争、密切协作的原则，不得从事不正当竞争。"我国银行业的竞争主要表现在利率、存款、结算、信息等方面，强调公平竞争，就是要反对擅自提高或变相提高存贷利率，提倡在公平、平等的条件下，开展优质、安全、高效、多品种的金融服务，既竞争又协作，在协作中竞争，在竞争中发展。

三、信贷政策

（一）信贷政策的内涵

信贷政策是宏观经济政策的重要组成部分，是中国人民银行根据国家宏观调控和产业政策的要求，对金融机构信贷总量和投向实施引导、调控和监督，促使信贷投向不断优化，实现信贷资金优化配置并促进经济结构调整的重要手段。制定和实施信贷政策是中国人民银行的重要职责。

中国社会主义市场经济处在初级阶段，间接融资居于主导地位，经济运行中的问题，有总量问题，但突出的是经济结构性问题。中国区域经济发展不平衡，金融市场不够发达，利率没有市场化，单纯依靠财政政策调整经济结构受财力限制较大，信贷政策发挥作用是经济发展的内在要求，在相当长时期内将会存在。金融宏观调控必须努力发挥好信贷政策的作用，加强信贷政策与产业政策、就业政策和金融监管政策的有机协调配合，努力实现总量平衡和结构优化。

（二）信贷政策内容

一是与货币信贷总量扩张有关，政策措施影响货币乘数和货币流动性。比如，规定汽车和住房消费信贷的首付款比例、证券质押贷款比例等。

二是配合国家产业政策，通过贷款贴息等多种手段，引导信贷资金向国家政策需要鼓励和扶持的地区及行业流动，以扶持这些地区和行业的经济发展。

三是限制性的信贷政策。通过"窗口指导"或引导商业银行通过调整授信额度、调整信贷风险评级和风险溢价等方式，限制信贷资金向某些产业、行业及地区过度投放，体现"扶优限劣"原则。

四是制定信贷法律法规，引导、规范和促进金融创新，防范信贷风险。

（三）信贷政策与货币政策的关系

信贷政策和货币政策相辅相成，相互促进。两者既有区别，又有联系。货币政策主要着眼于调控总量，通过运用利率、汇率、公开市场操作等工具，借助市场平台调节货币供应量和信贷总规模，促进社会总供求大体平衡，从而保持币值稳定。信贷政策主要着眼于解决经济结构问题，通过引导信贷投向，调整信贷结构，促进产业结构调整和区域经济协调发展。从调控手段看，货币政策调控工具更市场化一些；而信贷政策的有效贯彻实施，不仅要依靠经济手段和法律手段，必要时还需借助行政性手段和调控措施。信贷政策的有效实施，对于疏通货币政策传导渠道、发展和完善信贷市场、提高货币政策效果发挥着积极的促进作用。

（四）信贷政策现状

1998 年以前，中国人民银行对各金融机构的信贷总量和信贷结构实施贷款规模管理，信贷政策主要是通过中国人民银行向各金融机构分配贷款规模来实现的。信贷政策的贯彻实施依托于金融监管，带有明显的行政干预色彩。近年来，随着社会主义市场经济的不断发展，中国人民银行的信贷政策正在从过去主要依托行政干预逐步向市场化的调控方式转变。依法履行中央银行信贷政策职责，进一步完善金融宏观调控机制，与时俱进，不断改进信贷政策实施方式，提高信贷政策调控效果，还需要在实践中继续探索完善。

【资料链接】　　　　中国银监会关于当前调整部分信贷监管政策
促进经济稳健发展的通知（节选）
（银监发〔2009〕3 号）

各银监局，各政策性银行、国有商业银行、股份制商业银行，中国邮政储蓄银行，银监会直接监管的信托公司、财务公司、金融租赁公司：

为应对国际金融危机的冲击和国内经济下行的风险，认真贯彻落实党中央、国务院关于进一步扩大内需、促进经济增长的十项措施和《国务院办公厅关于当前金融促进经济发展的若干意见》(国办发〔2008〕126号),近期,银监会在认真梳理现行各项信贷政策、法规、办法和指引的基础上,根据当前形势需要,对有关监管规定和监管要求做适当调整,加大信贷监管政策支持力度,促进经济稳健发展。

一、支持发放并购贷款。为满足企业和市场日益增长的合理并购融资需求,规范商业银行并购贷款行为,银监会近日发布了《商业银行并购贷款风险管理指引》,符合条件的商业银行可按指引要求开展并购贷款业务,支持企业兼并重组,促进企业技术进步、产业结构调整和资源优化配置。有关商业银行要按照依法合规、审慎经营、风险可控、商业可持续的原则积极稳妥地开展并购贷款业务,在构建并购贷款全面风险管理框架、有效控制贷款风险的基础上,及时支持合理的并购融资需求。

二、加大对中小企业的信贷支持。各主要银行业金融机构(含政策性银行、国有商业银行、股份制商业银行)要按照《中国银监会关于银行建立小企业金融服务专营机构的指导意见》(银监发〔2008〕82号)要求,设立小企业信贷专营服务机构,对小企业不良贷款、信贷综合成本、责任认定等进行单独考核,形成有特色的激励约束机制,并提高培训专业队伍的能力。各银行业金融机构尤其是大型银行要继续认真落实小企业金融服务"六项机制",在扩大现有小企业信贷服务成果的基础上,增强社会责任意识,加大对中小企业信贷支持力度。推动落实对中小企业融资担保、贴息等扶持政策和多层次担保机构的建立,完善相关体制机制。创新信贷产品,支持科技型中小企业发展。2009年各银行业金融机构小企业贷款增幅应不低于全部贷款增幅。

三、加大涉农信贷投入力度。银行业金融机构要切实提高激活农村市场在拉动内需中重要作用的认识,自觉加大支持"三农"力度。根据当前工作实际需要,对涉农类贷款实行有区别的信贷管理和考核政策,银行业监管部门将对涉农贷款中的不良贷款进行单独考核,并尽快出台相应具体办法。推动落实对涉农贷款的贴息制度以及减免营业税、放宽呆账核销条件等税收政策,健全完善支农信贷投放机制。允许村镇银行在成立五年以内逐步达到存贷比考核要求。结合农户生产经营特点和农业生产实际情况,按照"标杆不变、适度微调、简化程序、区别对待"的原则,对于确因受灾等不可抗力因素导致不能按期还款的,允许展期。对于信用记录良好的,展期贷款可确定为关注类贷款。研究制定支持农民专业合作社、支持发展林权质押贷款业务、加强农村地区银保合作的意见,完善农村融资、结算、信息网络和金融服务功能,明显提高农村金融服务水平。着力加大灾后农民住房重建金融支持力度,确保所有符合条件的灾区农房重建信贷资金需求得到满足,做到应贷尽贷。

四、鼓励实施贷款重组。鼓励银行业金融机构在风险可控的前提下,对基本面较好、信用记录良好、有竞争力、有市场、有订单但暂时因为受国际金融危机影响而出现经营或财务困难的企业予以信贷支持,支持其实施贷款重组。银行业金融机构应根据企业的生产规律、建设周期和进度以及信用记录、违约处罚措施等科学合理确定贷款品种、贷款利率和贷款期限。在严格五级分类准确度、把握好偏离度和严格监管的前提下，允许根据实际对贷款的品种、期限进行科学调整，并落实好相应担保措施，做好合同相应修订工作。对符合下列条件的贷款，鼓励银企双方友好协商，实施贷款重组：投向符合国家产业政策要求和重点扶持的行业；借款人客户评级优良，且未发生实质性的、不可逆转的不利于贷款偿还的变化；借款人以往三年以上或注册经营以来一直有稳定正经营性现金流或危机过后预期收入仍可恢复至或超过正常水平，足以作为还款来源；借款人在所在行业和所面对的市场中有明显的技术、成本或人才优势，主业突出，需要转型或市场转向，但其相应潜在市场巨大；在原贷款期限内未发生恶意拖欠利息、挪用贷款等情况；重组后还贷期限内担保、抵质押权不会丧失或削弱，而通过其他方式处置将导致贷款担保或优先受偿权丧失等。

在坚持五级分类标准不变的前提下，鼓励银行业金融机构完善内部评级体系，对正常贷款（包括正常类和关注类）进行细分，整体分类可从5级扩展为9—12级，以提高贷款分类的科学管理和精细化管理水平。

……

八、支持创新担保融资方式和消费信贷保险保障机制。按照《担保法》、《物权法》有关规定，只要担保机构通过有关监管部门的融资担保资格认定，能够足额、审慎地承担融资担保责任，银行业金融机构都可与之合作。允许对担保机构审慎授信，但本行直接使用其担保服务的除外。在扩大农村有效担保物范围的基础上，积极探索发展农村多种形式的信贷产品，督促指导农村金融机构开展林权质押贷款业务。同时，通过发展农业贷款保证保险、拓展农村保险保单质押范围和品种、对参保农户实施信贷优惠等措施，进一步加强银保合作，积极解决农村"担保难"问题。

要根据消费信贷的具体特点，推动建立科学的保险保障机制，加大对汽车、家电等消费信贷的支持，开发创新保单质押等相关产品，促进拉动内需。

……

中国银监会

2009 年 1 月 10 日

四、商业银行担保贷款风险来源

（一）商业银行自身原因

1. 对整体担保贷款规模把握不佳，盲目放款。在现代市场经济体制下，商业银行作为一个自负盈亏的企业，为了追求其利润最大化，难免通过增加放款来增加利息收入。我国各商业银行为了在激烈的市场竞争中能够占据一定的市场份额，获得较多的贷款利息收入，在借款人申请贷款的情况下，往往容易盲目扩大贷款规模，盲目放款。

2. 疏于对借款人还款能力的审查，片面依赖担保措施。商业银行信贷人员在审查借款申请时，容易只注意贷款的担保措施，而轻视了借款人本身的还款能力，这种意识是错误的。因为，担保措施只是银行向借款人提供贷款时所实施的一项额外保障措施，而担保措施是在借款人已经确定不能履行还款义务时所实施的。如果担保合同中的抵押物、质押物变现处置遇到困难或者保证人不能按时履行偿付义务，那么商业银行的贷款效益就会大打折扣。所以，把审查借款申请的重点放在担保措施而不是借款人本身还款能力上，是一种对担保贷款风险防范意识认识上的错误。

3. 对担保贷款保证人主体资格审查不力。若商业银行没有完全按照《中华人民共和国担保法》（以下简称《担保法》）对担保贷款保证人的主体资格进行审查，易造成担保贷款保证人不符合《担保法》规定，从而造成商业银行与担保人之间签订的担保合同丧失法律效力，由此产生担保贷款风险。这种潜在风险一旦发生，将会对商业银行造成直接的损失。

4. 商业银行对保证人担保能力及其抵押物、质押物价值的评估能力欠缺。商业银行本身往往缺乏自己专门的评估机构，在商业银行发放担保贷款前，一贯是要求借款人自己选择社会中的评估机构进行评估后上交评估报告。由于评估机构在评估过程中会向委托人收取一定的评估费用，评估机构在利益的驱动下，往往会按照委托人的意愿去书写评估报告，其评估结果往往是不符合实际的，在对保证人担保能力或抵押物、质押物的价值进行评估时，其评估结果往往高于保证人的实际担保能力或抵押物、质押物的价值往往比其实际具有的价值高得多。因此，商业银行根据评估机构的评估报告发放贷款后，就会因保证人担保能力不足或抵押物、质押物实际价值低于贷款金额要求的价值而埋下担保贷款风险。

（二）外部原因

1. 政府部门干预。在商业银行审查是否向企业提供担保贷款的过程中，不时出现政府干预商业银行贷款的现象。政府为了实现一定的经济或行政目标，在一些自身经营不善、资金短缺、信用不佳的企业要求商业银行贷款时，政府部门往往出面干预，在《担保法》规定政府部门不得作为保证人的条件下，一般情况则是政府部门向商业银行指定某家企业作为其担保人，要求商业银行给予贷款。在这种情况下，商业银行处于被动地位，在政府部门指定的担保人自身缺乏偿付能力的情况下，造成商业银行担保贷款风险的发生。

2. 外部法律调控缺失。虽然目前构建的法律体系比较健全，但相关的具体执行措施仍然欠缺。在借款人自身不能履行还款义务的情况下，商业银行向保证人要求偿还借款或处置抵押物、质押物的执行仍然具有一定的难度。而且很多情况下，商业银行虽然官司上胜诉，但却仍收不回贷款。

3. 借款人利用一些不正当的担保获取商业银行贷款。如借款企业采取子公司为母公司提供保证、抵押、质押担保，或企业之间相互为对方提供担保。这些担保的存在形同虚设，没有起到实质性的担保作用，因此商业银行往往不能够依靠这些担保的存在收回贷款。

【阅读链接】 多家上市公司深陷互保圈 涉及金额达到 355 亿元

　　统计数据显示，截至 2012 年末，238 家上市公司的非关联担保没有履行完毕，涉及金额合计约 355 亿元，这一数额占其 2012 年净利润的 50%。其中以浙江最巨，为 33 家，广东、山东均为 18 家，上海、北京、江苏、四川等四地也均在 10 家以上。这些担保的资金或流向上市公司的上下游企业，或流向房企、地方融资平台，而这些企业不仅属资金紧张领域，也是违约高危群体。

　　曾经在资本市场存在的"河北互保圈"、"福建担保圈"、"深圳担保圈"和"上海担保圈"，涉及金额之多、牵连面之广让市场胆战心惊，近年的"海龙担保圈"、"郑铝担保圈"也一度掀起了不小波浪。虽在重重监管之下，上市公司的非关联担保仍然是有增无减。截至 2012 年末，238 家上市公司的非关联担保没有履行完毕，涉及金额高达 355 亿元。而浙江、广东、山东等 6 省市共 109 家，几乎占据了半壁江山。其中，浙企占了 33 家，大约每 7 家为非关联企业担保的上市公司里有一家就来自浙江，有不少也是上市公司与上市公司之间的担保。

　　作为民企集中地，浙江成为经济不景气之下的一个突出的写照，非关联委托贷款最多，非关联担保也最普遍。6 日，浙江省高级人民法院召开新闻发布会称，去年全省法院共受理企业破产案件 143 件，同比上升 85.7%，破产企业总额高达 120 多亿元，负债总额 243 亿元。债权债务关系中，除了金融债权外，担保债权较多，资金链、担保链风险爆发成为引发企业危机的导火索。浙江民企比较多，资金紧张，就会找资金充足的上市公司寻求帮助。这些浙企的非关联担保对象主要集中在房企，比较突出的是新湖中宝。去年为新湖中宝提供担保的有 4 家上市公司，分别是美都控股、民丰特纸、华意压缩和四川长虹，涉及金额共计 3.7 亿元，今年第一季度末及去年末，新湖中宝的负债率均超过了 70% 红线。再如海亮股份和仙琚制药给浙江耀江实业提供担保、宋都股份给浙江亚细亚房地产开发公司提供 1.14 亿元的担保。除了本地的上市公司，浙江房企获取担保的触角还伸向了外省上市公司。如 *ST 九龙为浙江宏建建设提供 2 000 万元担保，上海绿新和银亿股份也为浙江的房企提供了数额不等的担保。浙企非关联担保的另外一个明显的特征是上市公司之间的担保。如新湖中宝与华意压缩、民丰特纸、美都控股；再如尖峰集团和凯恩股份；浙江富润和菲达环保；海越股份与千足珍珠、盾安环境等。

　　资料来源：节选自安丽芬：《多家上市公司深陷互保圈 涉及金额达到 355 亿元》，载《21 世纪经济报道》，2013 – 05 – 10。

第四节 动产担保融资

　　金钱只是人们赋予的一种意识形态，而物质才具备使用价值，市场经济在某种意义上就是物流经济，社会动产资源是实体财富中最活跃的成分，动产资源也是社会生产要素的天然富矿。将动产资源抵押融入金融信贷产品从而拓展业务发展空间，成为银行业创造新的效益增长点的一个有力途径。

一、发展中小企业融资对商业银行的意义

（一）培育银行新的利润增长点的需要

现在很多的大企业、好企业都是从小企业开始，一步一步地走过来的，数量众多的中小企业中，必然存在相当比例的极具成长性、盈利能力强的企业。因此，在中小企业业务发展过程中，只要银行将信贷风险控制好，完全可以通过利率上浮来实现风险补偿，有效实现银行适度分散风险、提高资金单位收益率的要求，为银行自身的健康可持续发展打下良好的基础。

（二）履行银行社会责任的要求

中国经济要想真正克服、渡过危机，真正实现持续、健康地发展，真正落实"稳增长、保就业、调结构"，必须要解决中小企业发展问题。而中小企业当前面对的最突出问题之一就是融资困难，资金短缺已对中小企业正常生产经营产生严重影响。帮助中小企业解决困难是银行业履行社会责任的要求。绝不能因为部分中小企业的经营状况较差，而对所有的中小企业关上大门，造成"劣币驱逐良币"。

（三）银行健康发展的需要

根据国外商业银行的发展经验，长期来看，随着我国利率市场化进程的加快，资本市场迅速发展，金融脱媒现象的加剧，银行业同质化竞争日趋激烈以及银行现金管理服务水平的提高，以大企业、大集团作为业务收入主要来源的银行业务经营模式将无以为继，从事中小企业信贷业务将成为银行未来的重要盈利增长点，商业银行对此必须早作筹划。

二、动产融资的必由之路

应该说，中小企业融资难是世界性难题，是诸多方面原因综合而成的。但是，国内中小企业融资的真实瓶颈在于欠缺合法的担保物。动产担保融资已在世界上得到广泛使用，据世界银行统计，美国动产担保融资已经占到美国中小企业融资的70%，中国中小企业只有12%的流动资金来自银行贷款，比例明显偏低。相关调查显示，中国中小企业75%以上的资产是动产，中国中小企业拥有存货约5.5万亿元，拥有应收账款约5.5万亿元，中小企业拥有的存货和应收账款总量占中国所有企业存货和应收账款总额的60%左右，并且这一规模在中国经济发展日益迅速的今天呈快速上升的趋势。如此巨大的动产规模被闲置，这些动产中有很多可以产生预期现金流，是能够用于抵质押贷款的优良担保物，但却没有得到充分的利用。

国内动产担保制度的不完善是首要原因，国内金融机构对动产担保融资业务的不积极，以及中小企业自身融资理念的缺乏都是造成中国动产担保融资发展缓慢的原因。允许存货、应收账款等动产担保融资，对解决中小企业融资难问题意义重大。而且随着科学技术的飞速进步，部分动产价值正不断提高，担保功能日渐凸显，支持动产融资既是我国银行信贷模式转型的方向，也是支持中小企业发展的有效路径。

三、动产的概念

动产是相对于不动产而言的。动产与不动产的区分最早起源于罗马法，目前各国的

分类标准并不完全相同。

1. 法国。按照财产的性质用途、是否附着于不动产等多种标准区分不动产和动产。

2. 德国。一般认为土地及其定着物为不动产；其余为动产。

3. 英国。不包括租赁保有地的土地上的权益均为不动产，包括法定地产权、衡平利益、定期利益、地役权以及对于地契、土地附着物、池鱼乃至房门钥匙的所有权等；可移动的财产以及租赁保有地为动产。

4. 美国。《统一商法典》第九编根据动产担保物的性质或用途不同将其分为四大类别，并在各大类别中进行了细分。第一大类为有体动产，其中包括消费品、存货、农产品以及设备；第二大类为投资财产；第三大类为其他半无体财产权，包括物权凭证、证券、动产契据、信用证权利；第四大类为其他无体财产权，包括应收账款、储蓄账款、商事侵权损害赔偿权、一般无体财产权。美国《统一商法典》第九编"一般规定"，是对担保动产的范围的描述，涵盖广泛，其中将权利凭证界定为可担保动产范围，方便了动产担保融资创新的开展。

5. 中国。根据《中华人民共和国担保法》（以下简称《担保法》）第九十二条的规定，不动产是指土地以及房屋、林木等地上定着物；动产是指不动产以外的物。其实我国关于可以设定担保物权的动产的界定非常宽泛，包括：（1）有形动产——航空器、船舶、车辆、设备及其他动产。（2）各种权利——汇票、支票、本票、债券、存款单、仓单、提单；依法可以转让的股份、股票；依法可以转让的商标专用权，专利权、著作权中的财产权；依法可以质押的其他权利。

在现代经济活动和法律框架下，不动产主要包括土地及建筑物，以及其上人为的可自然附着物及其收益；动产是指不动产以外的物，包括所有可在市场上交换或流通的资产，包括有体动产和无体动产，如各种动产物权凭证，或股权凭证、债权凭证，或其他形式的权利凭证等。确定动产与不动产的根据是法律而非所有权人的意志，但是这种分类的物理性并不妨碍法律允许所有权人按照其意志、通过确定财产的目的而将之不动产化，或人为地将财产动产化。

四、动产实现融资的必备条件

（一）法律允许转让的动产

中小企业可转让动产必须是法律所不禁止的、允许转让的动产。法律不允许转让的动产主要是指禁止流通的动产，它包括淫秽录像带，淫秽录音带，淫秽书刊，毒品枪支武器，易燃、易爆、易渗漏、有毒、有腐蚀性、有放射性等危险物品、化学品等货物。在安全条件得不到保障的情况下同样不得办理转让，以上禁止流通的动产不能依法转让所有权，其上不能设定动产担保权。《担保法》司法解释对此有明确的规定，《最高人民法院关于适用〈中华人民共和国担保法〉若干问题的解释》第五条规定："从法律、法规限制流通的财产设定担保的，在实现债权时，人民法院应当按照有关法律、法规的规定对该财产进行处理。"限制流通的动产可依法转让，很好地发掘了动产的潜在价值，只是担保权人不能就该动产折价受偿。

（二）动产权属明晰

权属明晰要求担保人对动产享有权利，该动产归属于担保人。担保人无权处分的动产、归属不明晰的动产，不能成为动产担保标的物。以下物品不得作为动产标的物。

第一，国家权力控制不得转让的动产。国家依据相关法律采取查封、扣押、监督管理的动产不得作为担保标的物。《中华人民共和国物权法》中明确规定依法被查封、扣押、监管的财产不能成为抵押物。动产所有权人虽然对被依法查封扣押、监督管理的动产享有所有权，但对动产享有的处分权受到法律的限制，因此不能对此类动产设定动产担保权。

第二，权属有争议的动产。当事人对该动产的权属存有争议，应请求有关行政部门予以确认，正处于法院尚未判决诉讼过程之中或当事人之间的争议正处于仲裁程序之中的动产不得作为动产担保标的物。权属明确但担保人不享有处分权的，同样不能设定动产担保权。处分权是指权利主体依法对物进行处置，从而决定物的命运的权利，包括事实上的处分权（对物的实物形态的处分权，将导致物的形体变更或消灭）和法律上的处分权（对物的价值形态的处分权，即变更限制或消灭对物的权利，如转让物的所有权，设定他物权等）。担保行为在性质上属于处分行为，所以，担保人必须对用于担保的动产享有处分权。担保人不享有处分权而处分动产担保标的物的，其动产担保权不能得以实现。

五、动产融资的特点

动产融资就是指借款人以各种动产为担保物从银行获得各种资金支持的行为。信贷业务品种可包括短期流动资金贷款、银行承兑汇票、商业承兑汇票保贴、国际贸易融资等。

（一）担保方式更灵活

传统授信业务的担保方式以有实力的第三方担保和不动产担保为主，但在当前经济活动中，大量中小企业难以达到传统担保方式的要求。动产融资业务以企业正常经营中所产生的动态货物为担保物，从而突破了中小企业在担保方式上的融资瓶颈。同时由于动产融资业务并不影响动产的流动性，经销商和生产商可以随时赎回担保物以满足正常经营需要。这种灵活的担保方式无疑是对传统融资模式的一项较大突破。

（二）业务操作更专业

相对传统融资业务，动产融资业务在产品设计、职责安排、操作流程、人员配置、日常监管等方面要求都更加专业化。由于动产融资业务担保物选择的扩大，往往会涉及很多行业，如大豆、玉米、水稻、成品油、钢铁等，担保物之间的跨度很大，在具体实施业务操作时必然对其专业化的要求提高，不仅要求对相关的担保物属性有所认识与了解，更要有专业的眼光全程监控把握，才能使动产融资业务从始至终顺利开展下来，因而要针对不同行业、不同产品、不同操作模式，制定出不同的营销产品指引和管理办法及操作流程。

（三）还款来源更可靠

在动产融资业务的具体操作中，对于客户的每笔交易背景的真实性提出了更高的要求，要求其贷款用途更加明确化，融资额度的核定需要根据动产相应的资金需求量及自有资金所占比例确定，融资期限与动产生产和销售相匹配，使得贷款资金专项用于该笔动产交易，从而使得销售收入成为动产融资业务的主要还款来源。通过产品的设计安排，构造出封闭的授信环境，强化保证销售回款直接用于归还授信，从而为还款提供了可靠保证。

（四）有利于客户开发

由于动产融资业务真正参加到了企业的日常生产经营中，从而使得银行能够更好地了解客户的上下集群，这极大地加大了对客户的开发力度。客户开发可涵盖交易链中的所有企业，包括处于产业上游的生产企业、产业链中游或下游的贸易企业等，这样操作起来一方面不仅可以把客户与其上下游进行利益捆绑，有效防范风险，另一方面可以通过动产融资业务切入上下游企业，有效地向产业链上下游客户延伸，极大地拓展了银行的客户源。

（五）风险控制更务实

传统的银行授信业务在具体操作时多关注企业的规模、净资产、负债率、盈利能力及担保方式等基本情况，而动产融资业务更加关注于每笔真实的业务交易背景，通过对单笔业务的物流和资金流进行控制来防范风险。这种风险管理理念由传统的额度风险控制和长期的贷款思维转化为单笔授信和短期融资的风险判断和控制，同时将贷前风险控制延伸到对贷款操作环节及货物的控制和判断，由以主体准入为基础的风险控制转变为基于流程控制以及在把握主体的同时控制资金流、物流、信息流的风险控制理念。特别在中国银监会颁布"三个办法一个指引"后，这种风险监管理念恰合其意，较之过去的风险把握更加务实。

六、中小企业动产融资现状

大中型企业因为融资渠道多样，谈判议价能力较强，采取动产担保融资方式较少。而近几年，国内商业银行，尤其是许多股份制商业银行和新兴城市商业银行，出于市场竞争和业务发展需要，把目标瞄向了物流金融这片"蓝海"，将商品融资作为服务中小企业的重要金融手段之一，动产融资成为多家银行贸易融资项下发展最迅速的品种。国内银行实践证明，动产融资在服务中小企业的同时，也给相关银行带来了巨额收益，其不良率仅为0.3%，远低于普通企业信贷业务1.15%的水平。特别是2007年10月开始实施的《中华人民共和国物权法》，明确了动产的担保物权，越来越多的商业银行将动产担保融资视为介入中小企业信贷业务的利器而倍加重视。

表2-3为中国工商银行北京市分行2009年5月末小企业贷款方式情况表，其贷款中89.37%为抵押和质押贷款。目前抵押担保贷款中大部分是不动产担保，2005年我国担保贷款中70%以上是不动产贷款，动产贷款只占到了整个担保贷款的12%。而从国外的经验看，担保贷款中70%~80%是动产贷款，这些都说明动产融资对于解决中小企业融资具有适用性，当然应该将这种模式覆盖到更多的中小企业。

表 2 – 3   中国工商银行北京市分行小企业贷款方式情况（2009 年 5 月）单位：万元，%

贷款方式	贷款余额	占比
抵押	101 931	66. 08
质押	35 921	23. 29
保证	15 615	10. 12
低风险	780	0. 51
合计	154 247	100

资料来源：中国工商银行北京市分行。

当前银行体系结构不适应动产融资的发展需要，主要包括以下三个因素：

首先，从融资体制上来看，银行为了保证担保的有效性，往往需要对其应享有的所担保财产的权益在登记机构备案，以便明确放款人在担保物上的优先受偿权，同时使潜在第三方了解其在担保物上的权益，预先避免可能产生的权益冲突。但是，作为登记备案机构的工商局却只对不动产和小部分的生产设备等物品进行登记，仓单、应收贷款等其他动产不在其管辖范围内，因此无法完成必需的登记手续，从而导致很多融资计划不了了之。

其次，从银行制度和程序来看，我国基层银行所获得的授权有限，办事程序繁杂。中小企业贷款的数目虽然不大，但其银行贷款程序却与大企业贷款的办事程序一样复杂烦琐，少则一两周，多则数月，可能导致错过商机。因此，部分企业一旦借到款项，宁肯接受罚息也不愿意办理续借手续，这种处理方法还可省去动产的评估、公证、登记等贷款的繁杂手续并且节省高昂的费用。

最后，银行开展动产抵质押的内在动力不足。虽然动产抵质押有利于开拓、扩展银行业务，但是由于其抵押物品价值的不确定性和结束前贷款人可自由处分的特点，贷款风险仍然较大。在目前的信用环境下，银行并未对此抱有积极的态度，对动产担保物的确定仍坚持审慎原则。

第五节   中国动产担保融资现行法律制度

一、《中华人民共和国民法通则》相关条款

《中华人民共和国民法通则》（以下简称《民法通则》）第五章"民事权利"第二节"债权"第八十九条中，对保证、抵押、定金、留置这四种担保债务履行的方式进行了规定，其中抵押和留置为物权担保。《民法通则》只是对"财产"这一范畴的概念做了统一描述，并没有具体提及动产的抵押及留置，但是"动产"是包含在"财产"内的，因此《民法通则》对动产担保融资有一定的法律指导意义。但是《民法通则》对动产担保融资的条文表述不明确，缺乏对具体担保物的区分，且缺乏配套的公示制度规定。

二、《中华人民共和国担保法》相关条款

《中华人民共和国担保法》（以下简称《担保法》）规定了 5 种担保方式，分别为保证、抵押、质押、留置、定金，属于物的担保方式包括抵押、质押和留置。《担保法》

第三十四条规定下列财产可以抵押：抵押人所有的房屋和其他地上定着物；抵押人所有的机器、交通运输工具和其他财产；抵押人依法有权处分的国有的土地使用权、房屋和其他地上定着物；抵押人依法有权处分的国有的机器、交通运输工具和其他财产；抵押人依法承包并经发包方同意抵押的荒山、荒沟、荒丘、荒滩等荒地的土地使用权；依法可以抵押的其他财产。这是对抵押范围的确定。在质押方面，《担保法》明确规定除机器等有形动产可用于质押外，与有形动产相关联的权利单据也可用于质押，例如汇票、支票、本票、债券、存款单、仓单、提单等单据，以及包括知识产权在内的权利："依法可以转让的股份、股票"，"依法可以转让的商标专用权，专利权、著作权中的财产权"。此外，《担保法》的突出作用在于明确了之前法律体系中没有明确的具体内容，如担保物范围及公示制度、担保权实现方式、担保关系当事人权利及义务等。《担保法》的颁布实施，是对担保制度的完善，但在实践运作过程中仍存在改进空间。

三、《中华人民共和国物权法》在动产担保物权上的重大突破

《中华人民共和国物权法》（以下简称《物权法》）是规范财产关系的民事基本法律。《物权法》的出台可以帮助国家建立一个统一、开放、竞争、有序的现代市场体系，充分发挥市场机制配置资源的基础性作用，确认物的归属，实行公开、公平、公正竞争，提高效率，创造更多的社会财富，最终提高综合国力。国家通过制定《物权法》明确所有权和用益物权、担保物权的内容，保障所有市场主体的平等法律地位和发展权利，依法保护权利人的物权，对从民法角度保障社会主义市场经济的发展，具有重大深远的意义。更加重要的是对于中小企业而言，《物权法》的颁布极大地完善了我国的物权制度和担保制度，为中小企业融资提供了有力的支持。

（一）扩展了当事人意思自治空间

《物权法》第一百七十条、第二百零三条、第二百零八条规定除债务人不履行到期债务外，当事人可以自由约定违约情形，可自由约定实现担保物权的条件。《物权法》第一百八十五条、第二百一十条仅规定了合同的一般条款，大大减少了法定内容，可供当事人选择的空间大大增加。《物权法》第一百八十八条、第一百八十九条规定抵押权自抵押合同生效时设立，未经登记，不得对抗善意第三人。这样使动产担保由以往的动产生效主义转向动产对抗主义，既尊重了合同，也使得动产担保权的创设更加灵活。

（二）扩大了动产担保物范围

我国《物权法》在《担保法》的基础上，扩大了可担保财产的范围，实现了从"依法可以抵押的其他财产"到"法律、行政法规未禁止抵押的其他财产"均可设定抵押的转变。担保物权的范围扩大，具体增加以下几种可担保财产。

1. 未来动产。《担保法》只规定现实的动产才能抵押，没有将未来动产包括进去。而《物权法》第一百八十条第四款规定生产设备、原材料、半成品、产品等动产均可以抵押。《物权法》第一百八十一条规定："经当事人书面协议，企业、个体工商户、农业生产经营者可以将现有的以及将有的生产设备、原材料、半成品、产品抵押，债务人不履行到期债务或者发生当事人约定的实现抵押权的情形，债权人有权就实现抵押权时的动产优先受偿。"《物权法》所指的未来财产仅包括生产设备、原材料、半成品、产品等

动产，设定未来动产抵押必须采用书面协议的形式，法院一般不会支持动产抵押权在没有书面形式的前提下存在。

2. 正在建造的建筑物、船舶、航空器。《担保法》中没有规定正在建造的机器、交通运输工具和其他财产可以抵押。《物权法》加以明确正在建造并且未来将会存在的财产可以作为抵押物设定抵押。这些具有一定财产价值并且处于建造过程中的建筑物、船舶、航空器可以作为抵押物，可供抵押的标的物的增加提高了中小企业的融资能力，能更好地促进经济发展。

3. 法律、行政法规未禁止抵押的其他财产。该条款起到了很好的总括作用，如此只要是中小企业拥有的财产，法律并未禁止，并且商业银行接受该财产作为抵押物，中小企业就可以借此扩大融资规模以适应国家经济环境的不断发展。只要财产具有可转让性，抵押人有权设定抵押，符合抵押财产的条件，就可以将其视为可以抵押的范围。

4. 明确了动产抵押相应登记规则。《物权法》第一百八十九条规定："企业、个体工商户、农业生产经营者以本法第一百八十一条规定的动产（生产设备、原材料、半成品、产品——作者注）抵押的，应当向抵押人住所地的工商行政管理部门办理登记。抵押权自抵押合同生效时设立，未经登记，不得对抗善意第三人。"由于动产的流动性较强，向抵押人住所地办理登记的规定有利于抵押人方便、快捷的抵押动产。

5. 增加动产浮动抵押制度。动产浮动抵押，指企业以现有的和将来可以取得的全部动产为标的来设定抵押的一种新型担保物权制度。受立法传统影响，《物权法》并未直接使用"浮动抵押"概念，但是《物权法》的相关规定已经充分体现了"浮动抵押"的实质。《物权法》第一百八十条规定："抵押人可以将前款所列财产一并抵押。"《物权法》第一百八十一条规定："经当事人书面协议，企业、个体工商户、农业生产经营者可以将现有的以及将有的生产设备、原材料、半成品、产品抵押。"中小企业可以运用集合的动产财产进行抵押。动产浮动抵押制度之所以有利于中小企业融资，是因为中小企业资产规模要远远小于大型企业，大型企业一般所拥有的不动产担保资源是大多中小企业所不具备的。动产浮动抵押制度融资制度的确立，大大扩展了中小企业动产融资担保物的范围，中小企业可以通过其拥有的生产设备、原材料、半成品、产品以动产浮动抵押的形式获得资金。大多数中小企业的资产结构以动产资源为主，单个动产又难以获得可观的融资，当中小企业把它整个的动产财产作为担保的财产来进行担保的时候，这些财产就可以计入整个企业财产之中，这样就会增加担保财产的整体价值。

四、《物权法》出台后动产融资创新

《物权法》出台后，国内广大商业银行、信用社依托客户资源、经营关系和现金流积极进行担保创新，涌现出许多新的动产/权利担保品种。同时，围绕应收账款、存货等创新各种物权组合担保形式，供应链、产业链融资业务发展比较迅速。在农村地区，针对土地使用权、宅基地等，一些商业银行、农村信用社也尝试进行产品创新。动产信贷产品创新活动正面临前所未有的机遇和发展空间。国内创新品种已有200多种，通过创新实践，银行加大了对中小企业、"三农"的贷款力度，信贷薄弱环节的信贷可获得性逐步增强，形成了"多方共赢"的局面。

但是，在金融创新过程中，也出现了一些问题。例如，一些创新产品无任何法律依据（采矿权担保、渔船捕捞证担保、汽车合格证担保、药号担保等）；一些创新产品与目前法律相冲突（土地承包经营权担保）；一些创新产品不知应归类于抵押还是质押（商铺使用权担保）；动产抵押与动产质押、动产担保与权利质押之间的界限日益模糊；应收账款与存货快速相互转化，较难界分；应收账款与附追索权保理几无二致；存货与仓单有时很难区分商业银行实际上在使用哪一个；供应链/产业链、物流监管等担保方式实际上集合了相当多的担保主体和担保物；等等。与此同时，动产担保登记过程也集中暴露了一些问题，如动产担保登记特别是存货、应收账款担保登记分散在不同部门，担保登记范围、审查形式、登记效力、登记错误赔偿等方面欠缺立法规范，这些都需要在法律层面不断完善。

第六节　动产担保的优先受偿分析

银行向企业授信，企业需要提供担保，其中重要形式之一是物保，银行因此获得担保物权，主要包括抵押权、质押权。当企业不能履行到期债务或违反约定时，银行有权对担保物优先受偿。银行为保证其担保物权的实现，将质押、抵押的动产交由仓储物流公司在仓储物流环节中进行控制。抵押区别于动产质押的显著特征在于，抵押的标的为不动产、不动产物权以及动产，且不转移标的物的占有，而动产质押的标的仅限于动产且必须转移标的物的占有。在现实的监管业务中，同一标的物上存在两个或两个以上同种或者不同种类的担保物权时，存在优先受偿问题及如果融资人违约，作为担保物的动产能否及时变现以获取优先受偿等问题。

一、动产担保优先受偿顺序分析

根据《物权法》、《担保法》及其司法解释的相关规定，担保物权的优先受偿顺序存在以下几种情况。

（一）多个抵押权并存

《物权法》第一百九十九条规定，同一财产向两个以上债权人抵押的，拍卖、变卖抵押财产所得的价款依照下列规定清偿：

1. 抵押权已登记的，按照登记的先后顺序清偿；顺序相同的，按照债权比例清偿；

2. 抵押权已登记的先于未登记的受偿；

3. 抵押权未登记的，按照债权比例清偿。

（二）抵押权、质权并存

1. 抵押权和质权先后设立的情况。

（1）质押在先，抵押在后。质权成立在先，但后成立之动产抵押权已完成登记，由于登记的对抗力仅能向后发生，不能影响成立在前具有完全效力之质权，故先成立之质权优先于后登记的抵押权，质权先于抵押权受偿。若抵押权未完成登记，质押权亦优先受偿。

（2）抵押在先，质押在后。

①抵押权设立在先，但没有办理登记，质权于其后设立时，由于质权的特征是转移占有，那么要确立"谁占有、谁受偿"的原则，抵押权不能对抗质权，质权的效力优先于抵押权；

②抵押权在先并完成抵押登记，则抵押权先于质权受偿；

③质权人明知动产已设定抵押权，没有办理登记的，而与出质人在同一动产上继续设定质押关系的，系出质人与质权人恶意串通，损害抵押权人的合法权益，其设定的质押关系因违反法律规定而无效，抵押权人对抵押动产全部优先受偿。

2. 质权和抵押权同时设立的情况。质权和抵押权同一天设定，无法确定谁先谁后，且质权、抵押权都合法有效。在这种情况下，同时生效的质权和抵押权无强弱之分，同时设定效力相同，其权利受偿，按债权比例清偿。

3. 担保人恶意行为的界定。由于抵押权登记公示的时间是确定的，而质权的设定时间难以认定，担保人有可能在设定抵押后与第三人恶意串通，以质权设定在先为由，对抗抵押权人行使抵押权。对于恶意行为的界定，可以参考质押的过程是否合规，质押业务的开始须签订相关协议，并有质押交付占有相关单证和交付过程，后期也会有质押及解押的相关凭证等资料，均可以提供相关时间上的证明，证明其真实性。由于这种界定的不确定性较大，可能会影响抵押的优先受偿，这是动产抵押业务发展速度慢于质押业务的原因之一。

（三）抵押权、质权及留置权并存

《物权法》第二百三十九条规定："同一动产上已设立抵押权或者质权，该动产又被留置的，留置权人优先受偿。"在质押监管业务中，当出质人无力按期偿还质权人的借款并且也没有支付仓储物流公司的监管费时，质权人有权对质物行使质权，但当仓储物流公司对质物行使留置权时，仓储物流公司相对质权人优先受偿。同样，在抵押监管业务中，留置权优先于抵押权。如果合同中另有约定的，从其约定。

（四）抵押权、质权与所有权并存

1. 抵押权与所有权的相关规定。《物权法》第一百八十四条第四款规定，所有权、使用权不明或者有争议的财产不得抵押。如果抵押人在设定抵押时不享有抵押财产的所有权或处分权，致使抵押权人在行使抵押权时也无权处分抵押财产，从而无法保障债权人自主地处分抵押财产，优先受偿以实现其债权的话，抵押权的设定便变得毫无意义。理论上讲，存在抵押人非法以他人货物抵押的情况，这也是抵押业务发展速度慢于质押业务的原因之一。

2. 质权与所有权并存。《〈中华人民共和国物权法〉条文理解与适用》一书中作如下解释：由于质权设定以占有为公示方式，而无登记或者注册制度，因此，债权人往往无法审查出质人是否具有所有权或处分权。如果质物交付后，真正的权利人可以追夺，则动产质权制度将变得毫无意义。因此，为保护善意取得动产质权的质权人和维护交易安全，各国民商法普遍承认质权的善意取得，即使债务人无权处分质物，质权人仍可取得质权。我国《物权法》对此没有明文规定，鉴于动产物权通常以交付占有设定生效要件，以保护交易安全，但在解释论上，应当承认质权的善意取得，并准用动产所有权的善意取得制度。善意取得的要件包括三方面：

（1）善意取得的标的物限于动产。

（2）须以设定质权为目的，即出质人将动产移交债权人占有，须有设定质权、担保债权的意图和目的。

（3）质权人须为善意。善意是指质权人不知出质人无处分权，且无重大过失。对于过失的判断，以凭借交易经验即可作出的判断作为衡量善意与否的客观标准。

二、影响动产质押优先受偿的因素

动产质押是出质人将动产作为担保物交付给质权人占有、保管，以获取融资。在实际业务操作中，情况非常复杂。

一是银行作为质权人，没有仓储保管资质，于是将质物委托给仓储物流公司占有、监管、保管，而质权银行则间接占有质物，形成动产质押监管；

二是出质人为了节约其物流成本，通常不将质物存放在仓储物流公司的仓库内，大部分情况是将质物存储在仓储物流公司租赁的出质人的仓库内，采取出质人作业库的质押模式，还有部分是存储于第三方仓库；

三是目前操作的质押业务以总量控制模式居多，即出质人可在银行规定的最低控货价值线上，向仓储物流公司申请并按照仓储物流公司指令增加质物和解除质物；

四是货权及品质的确认存在诸多困难，很多供应商的货权及品质证明（例如发票、质检报告等）滞后。

由于银行与仓储物流公司根据业务的特性所设计的各种操作方式，创新了金融与仓储物流结合的新模式，促进了动产质押业务的快速发展，解决了中小企业融资难的问题，但同时也产生了一些不确定性，直接影响到质押动产优先受偿权的实现。抵押业务也存在类似的情况，这里以质押业务为主加以说明。

（一）以虚假货物质押

案例1：武汉地区某客户将带有完整包装的板材作为质押物存入仓储公司仓库，向银行申请质押融资。在板材入库过程中，仓储公司的工作人员在用龙门吊吊装板材时，发现板材包装上所标明的重量明显大于实际重量，随后便实验性地增加龙门吊吊装的拟质押物，当拟质押物所标明的数量总和超过龙门吊的最大负荷后，仍可以轻松吊起。工作人员当即请示公司领导，打开外包装检验，发现包装内物品并非板材，而是砖头，并且用水泥砌得整整齐齐地摆放在里面。该客户花了几十万造假未果，声名狼藉，悄声离开市场，未取得贷款。

这种情况易发生于带有外包装的货物，仓储保管的行业惯例是只按外包装抄牌验收，不对内在质量负责。由于无法看到包装内的状况，使得以虚假货物质押成为可能，一旦出质人违约，质权人则无法变卖相应质物，形成坏账。为规避此风险，银行一般采取开箱抽验或全验的方式来解决，专业的仓储物流公司会用一些经验做法来辅助验证真伪。

（二）质押物以次充好

案例2：山东淄博地区某客户以优特钢作为质物向质权人申请融资。优特钢的市场价格幅度相差很大，质物中价格高的 4 万元/吨，便宜的 2 万元/吨。由于业务模式采用总量控制模式，出质人可在最低控货线上进出质物。质押过程中，出质人将 2 万元/吨的优特钢解押出库，数日后又按 4 万元/吨的优特钢入库。驻库监管员发现，先出库与后入库的两批优特钢为同一批货物，除少部分标识标签未撕毁外，作为暗记的红色油漆依然存在，随即通知质权银行，将质物移库监管。

一旦发生质押物以次充好的情况，则很难变卖出相应债权的价值，形成银行坏账。为此，一方面，银行采取收取保证金与质物打折的办法规避风险；另一方面，委托专业的第三方质检机构以检验的方式加以认定。当然，这样做会相应增加融资人的融资成本。

（三）非法以他人货物质押

案例 3：某客户将一批货物存放于第三方仓库中，该客户在随后的巡库中发现自己的货物被贴上了银行的质押标签，便立即通知了质权银行。银行找到出质人与第三方仓库，双方承认相互串通将该批货物质押给银行，获得融资。出质人将钱还给银行，货物归还客户。

《物权法》规定可以用第三人的动产为借款人出质担保以获取融资授信，第三人为出质人。在现实的动产质押业务中，绝大部分出质人与借款人为同一主体，并要求其对货物所有权进行承诺与保证。个别情况也存在出质人与借款人不是一个主体，但都是合同事先约定的，在货物所有权人同意的情况下，将其货物质押是合法的。然而本案例中的第三人与第三方仓库串通，非法将他人货物质押给银行以获取融资的行为可定性为金融诈骗行为。授信银行在此案例中存在过失，没有对货物的权属进行相应的认定。如果该客户没有及时发现，货物再被串换，第三方与出质人又还不上银行贷款，则会发生法律诉讼，至少银行与客户有一方要受到损失。

（四）重复质押

质押的生效以交付占有为前提。由于同一批货物不能交给不同的质权人，因此理论上不存在同一担保物多次质押（称之为重复质押）的情况。但在现实的业务实践中，质权人并没有直接占有质物，作为受托人的仓储物流公司大部分情况也是在出质人作业库及第三方仓库进行监管。于是出现了出质人及相关利益人为获取更多资金，采用非法重复质押的方式，形成一批货物多个质权人的局面。

案例 4：天津地区某出质人将存放在第三方仓库的货物质押给某银行，并由仓储物流公司进驻监管，所有手续均符合协议要求。后因该出质人欠第三方仓库钱款，无法归还，故又用该批货物质押给第三方仓库抵偿亏欠钱款，也有相应手续。

案例 5：在某钢材市场内，市场方（相当于第三方仓库）以一批货物用不同出质人名义向不同的银行融资，并由不同的仓储物流公司进行监管，经常发现在同一批货物上有不同银行的质押标签。公安经济侦查部门介入后，市场方组织出质人筹集资金还上了银行贷款。

对于重复质押，法律上没有规定其优先受偿顺序，出现重复质押的状况应首先保护真正占有货物的权利人，可以从合同手续、盘点记录、质押单证、解押单证、标牌、标识齐全等方面来证明质物的交付，谁的质押特征能证明货物的真正交付占有，谁才能够享有质物的优先受偿权。

在一个监管地点，由一个仓储物流公司来监管质物可以在相当程度上规避重复质押情况的发生。

（五）综合案例分析

案例6：为了扩大生产，某钢厂欲进行固定资产投资，在建设资金不足的情况下，该钢厂以货物融资，一是贸易上游企业将货物存在其厂区内，由仓储物流公司监管，钢厂付款后通知仓储物流公司付货，货物的权属是上游客户的所有权；二是将第二批货物办理了抵押登记，货物的权属是抵押权；三是将第三批货物质押，货物的权属是质押权，这些都是正常的业务行为，但经过多次换货之后，在同一批货上有了三个权利，形成"一货三主"的局面。

以上案例都是出质人及相关利益人通过对其获取资金的担保物采用不正当或不适当的手段非法或违规融资，甚至构成金融诈骗。在出质人及相关利益人经营正常的状况，能够归还贷款；在出现经营不善的状况，权利人需要以担保物优先受偿时，会因担保物的虚假、品质、价格、权属不清、多重权属等问题而受到影响，而且一旦诉讼，情况都很复杂，影响因素会更多，需要具体情况具体分析来确定其优先权的实现。

由一些专业仓储物流公司来监管，选择资质好的仓储企业作第三方仓库，并在一个场区内只有一家仓储物流公司进行监管会大大减少以上情况的发生，从更大限度上保证质押、抵押优先债权的实现。

【推荐阅读】

1. 黄松有、最高人民法院物权法研究小组：《〈中华人民共和国物权法〉条文理解与适用》，北京，人民法院出版社，2007。

2.《中华人民共和国物权法》，中华人民共和国主席令第六十二号，2007 年 3 月 16 日。

3.《中华人民共和国担保法》，中华人民共和国主席令第五十号，1995 年 6 月 30 日。

4. 薛长斌：《商业银行信贷管理实务》，北京，中国书籍出版社，2004。

5. 中国人民银行研究局、世界银行集团外国投资咨询服务局、国际金融公司中国项目开发中心：《中国动产担保物权与信贷市场发展》北京，中信出版社，2005。

第三章

金融仓储起源

JINRONG CANGCHU QIYUAN

第一节 仓 储

仓储是商品流通的重要环节之一，也是物流活动的重要支柱。在物流系统中，仓储是一个不可或缺的构成要素。它伴随着剩余产品的产生而产生，又伴随着社会大生产的发展而发展。随着经济全球化的发展，以信息技术为引导的现代物流发展迅速，仓储的作用与功能已大大超出原有意义上的存储，具有更广泛、更丰富、更深刻的含义。

一、仓储的概念

"仓"可以称为仓库，是存放物品的建筑物和场地，可以为房屋建筑、大型容器、洞穴或者特定的场地等，具有存放和保护物品的功能。"储"表示收存以备使用，具有收存、保管、交付使用的意思，当适用有形物品时也称为储存。"仓储"就是利用仓库存放、储存未即时使用或将使用物品的行为。概括"仓储"二字，可以说仓储就是在特定的场所储存物品的行为。

二、仓储的产生与发展

仓储的形成是社会产品出现剩余和产品流通的需要。人类社会自从有剩余产品以来，就产生了储存。"积谷防饥"是中国古代的一句警世名言，其简要的意思是将丰年剩余的粮食仓储管理储存起来以防歉年之虞。当产品不能被即时消耗掉，需要专门的场所存放时，就产生了静态的仓储。而将物品存入仓库以及对存放在仓库里的物品进行保管、控制、提供使用等管理，就形成了动态的仓储。

仓储在整个物品流通过程中具有重要作用。马克思在《资本论》中说道："没有商品的储存就没有商品的流通。"有了商品的储存，社会再生产过程中物品的流通过程才能正常进行。随着科学技术的不断进步和生产力水平的提高，仓库已由过去单纯地作为"储存、保管商品的场所"向"商品配送服务中心"发展。商品配送服务中心不只负责储存、保管商品，更担负着商品的分类、计量、入库、分拣、出库及配送等多种功能，并实行计算机化管理，仓储的发展进入了崭新的阶段。仓储的性质可以总结为：仓储是物质产品的生产持续过程，物质的仓储也创造着产品的价值，仓储既包括物品静态的储存，也包括物品动态的存取、保管、控制监督的过程，仓储活动发生在仓库等特定的场所，仓储的对象既可以是生产资料，也可以是生活资料，但必须是实物动产。

三、仓储的分类

由于经营主体、仓储对象、仓储功能等的不同，使得仓储活动具有不同的特性，据此可将仓储进行如下分类。

（一）按仓储经营主体划分

1. 自营仓储。自营仓储包括生产企业和流通企业的自营仓储。生产企业自营仓储是生产企业使用自有的仓库设施对生产使用的原材料、生产的中间产品、最终产品实施储存保管的行为，其储存的对象较为单一，以满足生产为原则。流通企业自营仓储则是流通企业以其拥有的仓储设施对其经营的商品进行仓储保管的行为，仓储对象种类较多，其目的为支持销售。企业自营仓储行为不具有独立性，仅仅是为企业的产品生产或商品经营活动服务，相对来说规模小、数量众多、专用性强，而仓储专业化程度低、设施简单。企业自营仓储为自用仓储，一般不开展商业性仓储经营。

2. 营业仓储。营业仓储是指仓储经营人以其拥有的仓储设施，向社会提供商业性仓储服务的仓储行为。仓储经营人与存货人通过订立仓储合同的方式建立仓储关系，并且依据合同约定提供服务和收取仓储费。商业营业仓储的目的是为了在仓储活动中获得经济回报，实现经营利润最大化，包括提供货物仓储服务和提供仓储场地服务。

3. 公共仓储。公共仓储是公用事业的配套服务设施，为车站、码头提供仓储配套服务。其运作的主要目的是为了保证车站、码头的货物作业，具有内部服务的性质，处于从属地位。但对于存货人而言，公共仓储也适用营业仓储的关系，只是不独立订立仓储合同，而是将仓储关系列在作业合同之中。

4. 战略储备仓储。战略储备仓储是国家根据国防安全、社会稳定的需要，对战略物资实行储备而产生的仓储。战略储备由国家政府进行控制，通过立法、行政命令的方式进行。战略储备特别重视储备品的安全性，且储备时间较长。战略储备物资主要有粮食、油料、能源、有色金属、淡水等。

（二）按仓储对象划分

1. 普通物品仓储。普通物品仓储是不需要特殊保管条件的物品仓储。如一般的生产物资、生活用品、普通工具等杂货类物品，不需要针对货物设置特殊的保管条件，应采取无特殊装备的通用仓库或货场存放货物。

2. 特殊物品仓储。特殊物品仓储是指在保管中有特殊要求和需要满足特殊条件的物品的仓储，如危险物品仓储、冷库仓储、粮食仓储等。特殊物品仓储一般为专用仓储，按照物品的物理、化学、生物特征以及法规规定进行仓库建设和实施管理。

（三）按仓储功能划分

1. 储存仓储。储存仓储是物资较长时期存放的仓储。由于物资存放时间长，存储费用低廉，储存仓储一般在较为偏远的地区进行。储存仓储的物资较为单一，品种少，但存量较大。由于物资存期长，储存仓储特别注重对物资的质量保管。

2. 物流中心仓储。物流中心仓储是以物流管理为目的的仓储活动，是为了实现有效的物流管理，对物流的过程、数量、方向进行控制的环节，能够实现物流的时间价值，一般在一定经济地区的中心、交通较为便利、储存成本较低处进行。物流中心仓储品种较少，批量较大进库，一定批量分批出库，整体上吞吐能力强。

3. 配送仓储。配送仓储也称为配送中心仓储，是商品在配送交付消费者之前所进行的短期仓储，是商品在销售或者供生产使用前的最后储存，并在该环节进行销售或使用的前期处理。配送仓储一般在商品的消费经济区间内进行，物品品种繁多，批量少，需要一定量进库、分批少量出库操作，往往需要进行拆包、分拣、组配等作业，主要目的是为了支持销售，注重对物品存量的控制。

4. 运输转换仓储。运输转换仓储是指衔接不同运输方式的转换的仓储，在不同运输方式的相接处进行，如港口、车站等场所进行的仓储，是为了保证不同运输方式的高效衔接，减少运输工具的装卸和停留时间。运输转换仓储具有小进大出的特性，货物存期短，注重货物的周转作业效率和周转率。

5. 保税仓储。保税仓储是指使用海关核准的保税仓库存放保税货物的仓储行为。保税仓储一般设置在进出境口岸附近。保税仓储受到海关的直接监控，虽然货物也是由存货人委托保管，但保管人要对海关负责，入库或者出库单据均需要由海关签署。

（四）按仓储物的处理方式划分

1. 保管式仓储。保管式仓储是以保管物原样保持不变的方式所进行的仓储。保管式仓储也称为纯仓储，存货人将特定的物品交由保管人进行保管，到期保管人原物交还存货人。保管物除了所发生的自然损耗和自然减量外，数量、质量、件数不发生变化。保管式仓储又分为仓储物独立保管仓储和将同类仓储物混合在一起的混藏式仓储。

2. 加工式仓储。加工式仓储是保管人在仓储期间根据存货人的要求对保管物进行一定加工的仓储方式。保管物在保管期间，保管人根据委托人的要求对保管物的外观、形状、成分构成、尺度等进行加工，使仓储物发生委托人所希望的变化。

3. 消费式仓储。消费式仓储是指保管人在接受保管物时，同时接受保管物的所有权，保管人在仓储期间有权对仓储物行使所有权，在仓储期满时，保管人将相同种类、品种和数量的替代物交还给委托人所进行的仓储。消费式仓储特别适合于保管期较短、市场供应（价格）变化较大的商品的长期存放，具有一定的商品保值和增值功能，是仓储经营人利用仓储物开展经营的增值活动，已成为仓储经营的重要发展方向。

（五）按仓储的集中程度分类

1. 集中仓储。以一定的较大批量集中于一个场所之中的仓储活动，被称为集中仓储。集中仓储是一种大规模储存的方式，可以产生规模效益，有利于仓储时采用机械化、自动化的先进科学技术。从储存的调节作用来看，集中仓储有比较强的调节能力及对需求更大的保证能力，单位仓储费用低，经济效果好。

2. 分散仓储。分散仓储是较小规模的储存方式，往往和生产企业、消费者、流通企业相结合，不是面向社会而是面向某一企业的仓储活动，因此，仓储量取决于企业生产或消费要求的经营规模。分散仓储的主要特点是容易和需求直接密切结合，仓储位置离需求地很近，但是由于数量有限，保证供应的能力一般较小。同样的供应保证能力，集中仓储总量远低于分散仓储总量之和，周转速度高于分散仓储，资金占用量也低于分散仓储占用之和。

四、仓储的功能

（一）储存功能

现代社会生产的重要特征就是专业化和规模化，劳动生产率高，产量巨大，绝大多数产品都不能被及时消费，需要利用仓储手段进行储存，以避免生产过程堵塞，保证生产能够继续进行。另外，对于生产过程来说，适当的原材料、半成品的储存，可以防止因缺货造成的生产停顿。而对于销售过程来说，储存尤其是季节性储存可以为企业的市场营销创造良机。适当的储存是市场营销的一种战略，它为市场营销中特别的商品需求提供了缓冲和有力的支持。

（二）保管功能

生产出的产品在消费之前必须保持其使用价值，否则将会被废弃。这项任务就需要由仓储来承担，在仓储过程中对产品进行保护、管理，防止产品因损坏而丧失价值。如水泥受潮易结块，降低了其使用价值，因此在保管过程中就要选择合适的储存场所，采取合适的养护措施。

（三）加工功能

保管物在保管期间，保管人根据存货人或客户的要求对保管物的外观、形状、成分构成、尺度等进行加工，使仓储物发生所期望的变化。加工形式主要包括如下几类。

一是为保护产品进行的加工，如对保鲜、保质要求较高的水产品、肉产品、蛋产品等食品，可进行冷冻加工、防腐加工、保鲜加工等；对金属材料可进行喷漆、涂防锈油等防锈蚀的加工。

二是为适应多样化进行的加工，如对钢材卷板的舒展、剪切加工；对平板玻璃的开片加工；将木材改制成方材、板材等。

三是为使消费者方便、省力的加工，如将木材直接加工成各种型材，可使消费者直接使用；将水泥制成混凝土拌合料，只需稍加搅拌即可使用等。

四是为提高产品利用率的加工，如对钢材、木材的集中下料，搭配套材，减少边角余料，可节省原材料成本和加工费用。

五是为便于衔接不同的运输方式，使物流更加合理的加工，如散装水泥的中转仓库担负起散装水泥装袋的流通加工及将大规模散装转化为小规模散装的任务，就属于这种形式。

六是为实现配送进行的流通加工。仓储中心为实现配送活动，满足客户对物品的供应数量、供应构成的要求，可对配送的物品进行各种加工活动，如拆整化零，定量备货，把沙子、水泥、石子、水等各种材料按比例要求转入水泥搅拌车可旋转的罐中，在配送的途中进行搅拌，到达施工现场后，混凝土已经搅拌好，可直接投入使用。

（四）整合功能

整合是仓储活动的一个经济功能。通过这种安排，仓库可以将来自多个制造企业的产品或原材料整合成一个单元，进行一票装运。其优点是有可能实现最低的运输成本，也可以减少由多个供应商向同一客户进行供货带来的拥挤和不便。为了能有效地发挥仓储的整合功能，每一个制造企业都必须把仓库作为货运储备地点，或用做产品分类和组装的设施。这是因为，整合装运的最大好处就是能够把来自不同制造商的小批量货物集中起来形成规模运输，使每一个客户都能享受到低于其单独运输成本的服务。

（五）分类和转运功能

分类就是将来自制造商的组合订货分类或分割成个别订货，然后安排适当的运力运送到制造商指定的个别客户。仓库从多个制造商处运来整车的货物，在收到货物后，如果货物有标签，就按客户要求进行分类；如果没有标签，就按地点分类，然后货物不在仓库停留，直接装到运输车辆上，装满后运往指定的零售店。同时，由于货物不需要在仓库内进行储存，因而降低了仓库的搬运费用，最大限度地发挥了仓库装卸设施的功能。

（六）支持企业市场形象的功能

尽管支持市场形象的功能所带来的利益不像前面几个功能带来的利益那样明显，但对于一个企业的营销主管来说，仓储活动依然值得重视。因为从满足需求的角度看，从一个距离较近的仓库供货远比从生产厂商处供货方便得多，同时，仓库也能提供更为快捷的递送服务。这样会在供货的方便性、快捷性以及对市场需求的快速反应性方面，为企业树立一个良好的市场形象。

（七）市场信息的传感器

任何产品的生产都必须满足社会的需要，生产者都需要把握市场需求的动向。社会仓储产品的变化是了解市场需求极为重要的途径。仓储量减少，周转量加大，表明社会需求旺盛，反之则为需求不足。厂家存货增加，表明其产品需求减少或者竞争力降低，或者生产规模不合适。仓储环节所获得的市场信息虽然比销售信息滞后，但更为准确和集中，而且信息成本较低。现代企业生产特别重视仓储环节的信息反馈，将仓储量的变化作为决定产量的依据之一。现代物流管理特别重视仓储信息的收集和反馈。

（八）提供信用的保证

在大批量货物的实物交易中，购买方必须检验货物、确定货物的存在和货物的品质，方可成交。购买方可以到仓库查验货物。由仓库保管人出具的货物仓单是实物交易的凭证，可以作为对购买方提供的保证。仓单本身就可以作为融资工具，可以直接进行质押。

（九）现货交易的场所

存货人要转让已在仓库存放的商品时，购买人可以到仓库查验商品、取样化验，双方可以在仓库进行转让交割。国内一些批发交易市场，就是既有商品存储功能的交易场所，又有商品交易功能的仓储场所。众多具有便利交易条件的仓储场所都提供交易活动服务，甚至有些已形成有影响力的交易市场。近年来，我国大量发展的阁楼式仓储商店，就是仓储功能高度发展、仓储与商业密切结合的结果。

五、仓储的积极作用

（一）仓储是保证社会生产顺利进行的必要过程

现代社会生产的专业化和规模化，使劳动生产率极大提高，大多数产品都不能被即时消费，需要进行储存。储存一方面能避免生产过程被堵塞，保证生产过程能够继续进行。另一方面，生产所使用的原料、材料等需要有合理的储备，保证及时供应，实现连续生产。

（二）仓储具有产品价值保存的作用

生产出的产品在消费之前必须保持其使用价值，否则将会被废弃，因此需要在仓储过程中对产品进行保护、养护、管理，甚至处理、加工，防止因损坏而丧失使用价值。同时仓储可以根据市场对产品消费的偏好，对产品进行最后加工改造和流通加工，提高产品的附加值，以促进产品的销售，甚至增加收益。

（三）仓库是进行商品交易和逆向物流的重要场所

商品交易完成了商品所有权的转移，实物验收与交割可以在仓库完成。商品批发交易市场就是既有存储功能又有商品交易功能的交易场所，也是仓储的一种形式。具有便利交易条件的仓储场所都提供交易活动服务，甚至可以形成具有影响力的商品交易市场。现代物流向着可持续发展方向发展，商品的包装物及其使用后的回收以及售后商品的调换和返回越来越引起人们的注意，商品流通对逆向物流提出了新的要求，仓库是逆向物流必不可少的通道和场所。

（四）仓储可以提供信用保证

在大批量货物的实物交易中，购买方可以到仓库查验货物，由仓库保管人出具的货物仓单是实物交易中卖方所有权的凭证，可以作为对购买方提供的保证。在商品期货交易中，仓单是期货交易的重要单证，是远期合约的信用保证。另外，仓单本身就可作为融资工具，可以直接使用仓单进行质押融资。

六、仓储的消极作用

仓储是物流系统中一种必要的活动，但也经常存在冲减物流系统效益、恶化物流系统运营的趋势。甚至有人明确提出，仓储中的库存是企业的"癌症"。因为仓储会使企业付出巨大代价，这些代价主要包括如下几方面。

1. 固定费用和可变费用支出。仓储要求企业在仓库建设、仓库管理、仓库工作人员工资、福利等方面支出大量的成本，费用开支增高。

2. 机会损失。储存物资占用资金以及资金利息，如果用于另外的项目，可能会有更高的收益。

3. 陈旧与跌价损失。随着储存时间的增加，存货时刻都在发生陈旧变质，严重的更会完全丧失价值及使用价值。同时，一旦错过有利的销售期，又会因为必须低价贱卖，不可避免地出现跌价损失。

4. 保险费支出。为了分担风险,很多企业对储存物采取投保缴纳保险费的方法。保险费支出在仓储物资总值中占了相当大的比例。在信息经济时代,随着社会保障体系和安全体系日益完善,此项费用支出的比例还会呈上升趋势。

上述各项费用支出都是降低企业效益的影响因素,再加上在企业全部运营中,仓储对流动资金的占用达到40%～70%的高比例,有的企业库存在某段时间甚至占用了全部流动资金,使企业无法正常运转。由此可见,仓储既有积极的一面,也有消极的一面。只有考虑到仓储作用的两面性,尽量使仓储合理化,才能有利于物流业务活动的顺利开展。

第二节 金融仓储

一、金融仓储的概念

金融仓储是指为金融机构相关业务提供第三方动产抵质押管理的专业仓储服务活动。金融仓储与仓储金融相对应,是对金融、仓储交叉融合业务的不同角度的表述。从金融业务来看,是动产抵质押贷款及其相关增值金融服务的总称,即仓储金融,大的范畴属于金融服务;从仓储业务来看,是专业服务于金融的第三方仓储管理及相关服务的总称,即金融仓储,大的范畴属于物流业。

金融仓储具体来说,即由金融仓储公司对中小企业抵质押给银行的动产进行第三方仓储管理和动态保值监管。这样,信贷资金安全有了保障,银行开展动产抵质押贷款就有了积极性,中小企业融资难问题将得到有效化解。

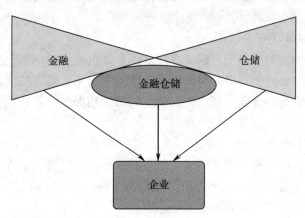

图3-1 金融仓储结构图

金融仓储不同于一般仓储,一般的仓储具备存放、配送、保管、维护等功能,而金融仓储是专业服务于金融业务的仓储活动,是金融业与仓储业交叉创新的结果,是现代产业融合与创新的产物。金融仓储除了一般仓储的基本功能外,还具有贷款抵质押品发现、抵质押品价值维持与价值变现等功能。

金融仓储的具体服务包括：一是动产抵质押存放、保管与价值评估。二是动产抵质押价值标准设计，即标准仓单设计，为银行开展动产抵质押贷款业务做好基础服务。三是动产抵质押品价值动态监控与风险提示，包括对金融仓储企业专用仓库中抵质押品价值监控和借款企业自身仓库中的远程抵质押品价值监控，结合相关大宗商品的国际、国内价格走势，向贷款银行及借款企业出具抵质押品价值动态监控报告，并对相应的风险进行揭示。同时，可根据三方协议，对抵质押品实施最低价值动态"补差"管理。四是受银行及借款企业委托，开展动产抵质押品变现操作，或辅助提供动产抵质押品变现信息和操作建议。

二、仓储与金融的关系

仓储与金融在性质、业务上，既有共同之处，又各有特点；既有区别，又存在着密切的联系。

（一）仓储与金融的共同点

第一，无论是仓储还是金融，都属于经济活动中的流通领域，都属于交换活动，交换作为流通过程，是把生产、分配和消费联系起来的中间环节。其目的都是为了增加经济效益，获得利润，发展经济。资源的区位优势导致了仓储的必然产生，而同一地区或者不同地区之间货币资金的清算促成了银行业的诞生。商品流和资金流在整个社会商品经济交换中，扮演着十分重要的角色。

第二，在仓储与金融中，价值规律都起着调节作用，不仅如此，二者都受商品和货币流通领域中固有的其他规律如自愿让渡规律、供求规律、竞争规律和利润规律的制约。

第三，仓储与金融同时具有服务特性。从产业划分，二者都属于第三产业——服务业。金融是因为解决社会资金融通问题而产生。16世纪末至17世纪初，随着荷兰贸易的迅猛发展，荷兰的经济血脉开始变得拥堵起来。当大量的金银货币以空前的速度进入流通环节时，建立银行成为了荷兰人解决问题的探索和手段，阿姆斯特丹银行成立于1609年，大约比英国银行早100年，它是一个城市银行、财政银行和兑换银行，吸收存款，发放贷款。当时，荷兰所有一定数量的支付款都要经过银行，因此，阿姆斯特丹银行对于荷兰的经济稳定起到了重要作用。更重要的是，阿姆斯特丹银行发明了信用，那时叫做"想象中的货币"。同属于服务行业的仓储业和金融业在贸易中的作用相辅相成，从商品的仓储到货币的流通，两者的结合使仓储和贸易的效率急剧提高。

第四，运动结果一样。两者的流动结果都导致了资源的最佳配置，最大限度地发挥商品和资金的作用。

（二）仓储与金融的不同点

两者流动的形态不一样。仓储以商品形态存在，资源在以仓储的形式进行配置时，是以具体的实物形态运动的，并且，仓储的参与工具主要是仓库。而金融参与流通的形态是以一般等价物的货币形态存在的，其流通方式是我们平常直接接触的信用载体，如各国货币、支票、本票、银行及商业汇票、信用证等结算工具（或称为信用工具）。

（三）金融和仓储的融合

1. 金融的核心是等价物的融会贯通。随着交换的发展，价值形式演变成了货币形式，货币作为商品价值的体现，其本质是替代商品价值的一般等价物。金融的核心是跨时间、跨空间的价值交换，所有涉及价值或者收入在不同时间、不同空间之间进行配置的交易都是金融交易。而由价值理论可知货币只是一般等价物的特殊形式，代表的是商品的价值。所以从本质上来说，金融意指商品价值的融会贯通，或者是可以代替商品价值的等价物的融会贯通。

随着市场制度的完善，越来越多的活动被纳入到金融范畴之中，而不再仅局限于货币交易。例如在国际贸易远洋运输中起着重要作用的海运提单，虽然它不是货币，但同样具有金融属性。海运提单是代表在途货物价值的等价物，转让提单便转让了货物的所有权。正因如此，海运提单能够在市场上进行交易流通，发生价值的交换。

2. 仓储是物流整合的基础。物流管理的本质是整合，在货物流通过程中，有效整合其移动、储存等物流作业以及叠加在其上的商流、资金流，可以使物流的价值最大化。位于物流中的企业，通过对物流、信息流、资金流的控制，组成一个整体结构，这其中仓储是整个结构的基础或是载体。通过物流整合，进行金融工具的创新，使仓储产生新的金融属性。仓储物流企业在金融机构的协助下，可以有效地组织和调剂物流过程中货币资金的流动，为企业提供融资、结算、保险等服务，为物流的运营提供有效的资金占用转移，实现新的价值交换和流通。

三、金融仓储参与的主体

金融仓储业作为一种连接中小企业和金融机构，解决中小企业"想借借不到"、金融机构"想贷不敢贷"的问题的桥梁，参与的主体主要有以下几种。

（一）企业融资者

企业融资者，这里说的企业融资者主要是一些没有大型的不动产，而是有一些原材料、半成品、产成品等库存的急需融资的企业，特别是一些中小企业，它们由于信誉程度相对较低，又没有太多的不动产，要想得到发展所需要的资金甚至是生存所需要的资金，选择金融仓储公司合作几乎成了唯一的选择。只有有了这些企业的存在和参与，才有了金融仓储业的产生并发展。

（二）金融机构

除了企业融资者之外，投资公司和商业银行等金融机构也是金融仓储中不可或缺的参与主体，投资银行和商业银行等金融机构为了增加其利润来源，也很想把手中的资金贷给一些有资金需求的中小企业，但是由于动产的监管成本高、价格不稳等不易保值增值，从而使得金融机构的风险加大。金融机构为了减少其风险，便会参与到金融仓储这个新兴的行业中来。

（三）金融仓储企业

除了中小企业和金融机构以外，还有一个最主要的主体是专业性金融仓储企业，金融仓储企业作为金融仓储的核心，起到承上启下的作用，是连接中小企业和金融机构之间的桥梁，对金融仓储的发展起到了很大的推动作用。

【阅读链接】 杭州成立全国首家金融仓储企业

企业价值来自于客户流程的深化。作为全国首家金融仓储企业的浙江涌金仓储股份有限公司将涉及金融信贷服务的几个非核心业务流程深化、整合成一个高度专业的企业流程，为客户提供精细化、专业化、界面简单、低风险、手续简明的金融贷款服务方案，由此构成企业独特的商业模式。

一、中小企业贷款现状

中国中小企业由于经营规模小、品牌信誉差、占有不动产等社会资源少，无法取得信用贷款或不动产抵押贷款，贷款难的问题一直没有得到很好的解决。而中小企业唯一拥有可资信赖的就是原材料、半成品、产品、应收账款等动产资源。因此，中小企业原则上可以利用动产向银行获得贷款。但是，银行在开展动产抵押质押授信等仓储业务中，除对借款主体作一般授信审查外，对第二还款来源的抵质押物还要作严格的评估、审查和监管，而这一过程需要耗费大量的人力、物力。

二、新的服务方案的提出

公司总部在杭州的浙江涌金仓储股份有限公司是国内第一家专业从事金融仓储业务的民营企业，公司职工大部分来自银行、保险公司、证券公司，本着"激活动产资源，促进诚信文明"的社会理念，为银行、企业之间架起一座信息和信任的桥梁。公司主要经营的业务有以下三方面。

1. 三方动产监管。涌金仓储作为独立的第三方，接受货主或关系人（债权人）委托，负责对特定货物的动态监督、控制、管理。权利义务由监管协议约定，一案一议，个案管理。涌金仓储可以依约提供动产货物的流量控制管理、存量控制管理、货值控制管理。

2. 金储仓单业务。涌金仓储开发了标准金储仓单。金储仓单是货主委托公司保管货物，经验收合格办妥入库手续后，由公司仓单管理系统签发给货主提取货物的唯一合法的权利凭证。金储仓单集货物存储、仓单交易、仓单抵质押功能于一体，可以背书转让。对仓单的合法持有人见单付货，并免费向仓单持有人提供仓单咨询、仓单转让、抵质押备案服务，确保每个交易环节的安全。

3. 金融企业档案管理、会计账务档案专业保管及其检索服务。提供专门的存储场所，为银行等金融企业的会计账务等档案提供专业化的存储、保管、检索和提取服务。

三、服务方案的优点和障碍分析

（一）优点

1. 客户需求。涌金仓储的客户流程覆盖了两方面客户的需求。银行要求仓储金融业务中的抵质押物具有安全性和流动性，保值、保质、变现、可控。

借款企业要求仓储融资手续简便、快捷，解决企业流动资金需求，保证企业正常生产经营活动；抵质押物估价客观、公允、合理，低成本控制。

2. 业务流程。

（1）全面审查客户真实性。以"充分了解你的客户"为原则，对其诚信度、真实经营状况、融资真实意图等方面展开调查。

（2）建立科学的业务流程。涌金建立了货物接管、货物出入管理、提货/换货、核/巡、信息监管等一系列科学的业务操作流程，理顺银、企、储三方关系。该流程与各种客户信息相结合使企业能够得到及时便利的服务，并极大地降低了公司的管理成本。

（3）制定严格严密的操作规范。明确相关岗位职责、操作规范、安全措施、账务核算体系，形成一整套严密的内部控制体系，制定日常仓管操作规程、三方监管业务管理制度、监管仓库盘查制度。

（4）形成高度规范化的合同协议。形成高度规范化的合同协议文本，对责权利进行详细规定，清晰界定各方法律责任，并且明确货物质量、技术标准、数量、品质、货值等关键内容。在监管过程中，确保抵质押合同、抵质押物、清单始终保持三点成一线。

（5）抵质押物监管以就地封存或现场监管为主。公司提供的动产监管业务主要以就地封存或现场监管为主，这样做不影响贷款企业的正常生产经营活动，不增加出质物二次短驳运输。

（6）创新性地提供个性化的全程服务。在公司所有负责的仓库中配备监控设施，在杭州总部设立24小时监控室，对所有仓库进行远程监控。

（二）主要障碍

银行是公司的主要客户，它选择外包合作伙伴的主要诉求是降低风险、减少成本。因此公司能否创立自己的服务品牌，成为银行的外包合作伙伴，关键是能否提供安全、低成本的高效外包服务。现阶段公司发展遇到的主要问题是如何通过流程的完善进一步减少风险。

四、杭州可推动该商业模式发展的优势条件

1. 企业核心业务契合杭州市的战略定位。杭州是中国商务部首批认定的"中国服务外包基地城市"，主攻金融服务外包，目标是成为国际金融服务外包交付中心。

2. 杭州的金融总量在全国名列前茅。杭州的金融总量位列北京、上海、深圳、广州之后，排全国城市第五位。目前，在杭州开展业务的银行机构已达35家，其中外资银行7家，另有保险公司47家。

3. 杭州地区的加工制造业企业众多。杭州地区有着众多的加工制造业企业，充分利用这一项新的金融服务，将极大地促进这些企业乃至行业的发展。

总结：

对于企业而言，金融仓储帮助它们盘活企业的有效资产，为企业融资提供了一条新途径；对银行来说，金融仓储同时也为银行贷款提供了一个新的现实的增长点。它将银行的非核心业务重新组合、深化，通过专业化分工带来了价值的增长。

　　"金融仓储"概念的提出意味着服务外包业务已经由工业企业向门槛较高的金融银行业延伸，它作为新的领域的服务提供商是值得关注和研究的。

　　资料来源：杭州市政府研究室，http://www.hangzhou.gov.cn，2008 - 11 - 11。

第三节　金融仓储的理论依据

　　金融仓储的产生和发展是有其理论依据的，很显然，金融仓储主要是用来解决中小企业融资难问题的，站在投资者的角度，也就是金融机构的角度，当金融机构贷款给融资企业的时候考虑的最主要的两个问题是，资金的安全性也就是交易的风险和交易成本，而往往在考虑了这两个问题后作出的反应是要么提高贷款利息率要么放弃这笔贷款，而这两者对于中小企业来说是最不想看到的，造成了中小企业融资困难的问题。可以用信息不对称理论、交易成本理论和博弈论理论对金融仓储进行分析。

一、信息不对称理论

　　中小企业之所以贷款难其中的原因之一就是信息不对称，在信贷过程中，中小企业由于对本企业的盈利水平、发展前景、负债情况等方面有更全面的更真实的了解，在信息上处于优势地位，企业为了贷到所需的资金，会隐瞒对自己不利的信息，而只说对自己有利的信息，甚至制造虚假的信息来获取金融机构的贷款或者违约不归还贷款。金融机构为了获得融资企业的真实的信息或者监管融资企业的资金流向，势必会花费大量的人力、物力，从而使得金融机构的利益减少甚至无利可图。在这样的情况下，金融机构又很难对不同信誉、不同资信的中小企业或者说融资企业制定不同的贷款利率，而只能制定折中的利率来进行贷款，这样一来就会使得很多信誉好、对金融机构来说风险小的融资企业退出了借贷市场，而留下那些信誉差、对金融机构来说风险大的融资企业，这就形成了逆向选择。另一方面，有些融资企业并没有将所贷到的资金用于企业的经营发展，或者说并没有按照贷款时所说的用途来使用，而是将资金投入到一些利润高、风险高的地方，从而形成了道德风险。

　　由于信息不对称在很多需要向金融机构贷款的中小企业中存在，从而使得金融机构贷向中小企业的资金很少，也就造成了中小企业融资难，但是在金融仓储业务中，仓储公司作为第三方与金融机构合作，从而避开了金融机构与中小企业信息不对称的问题，有利于中小企业的融资。

　　在金融仓储模式中，仓储企业与金融机构相比较，具有更多的信息优势，从而减少了融资企业的逆向选择。仓储企业的信息优势主要表现在两个方面：其一，由于金融仓储企业是专为金融机构的动产抵质押物进行第三方监管、增值保值的，是货物流通的机构，因此，金融仓储企业相对容易获得产品的市场供需情况和价格变动情况；其二，由于仓储企业和许多融资企业保持着良好的合作关系，而且还建立了公司的客户资料数据库，因此对融资企业的总体情况（如库存情况、库存变动情况等）相对掌握得比较充分。

二、交易成本理论

金融机构在放贷的过程中，考虑的最主要两个问题是贷款的安全性和放贷的成本。在放贷的成本中主要有放贷前调查成本、贷中审核的成本和贷后监督的成本，由于中小企业所贷资金相对较少，而对于金融机构来说发放一笔大的资金和发放一笔小的资金所产生的贷前调查、贷中审核和贷后监督的成本基本相差不大，也就造成了金融机构贷给中小企业的单位资金成本相对较高，也就是说在相同利率下一笔大额的贷款给金融机构带来的收益远远大于几笔小额贷款（几笔小额贷款的总金额等于一笔大额的金额）所带来的收益，因此金融机构往往不愿意将资金贷给中小企业。而在金融仓储的业务过程中，仓储公司作为第三方机构减少了金融机构的负担，降低了金融机构的成本，从而增加了金融机构将资金贷向中小企业的积极性。

三、博弈论理论

金融机构之所以不愿意将资金贷给中小企业，是因为中小企业没有大型的不动产而且一般中小企业所贷金额相对较小，这样就造成了金融机构贷款成本相对较高，因此使得金融机构对将资金贷给中小企业没有积极性。站在博弈论的角度上考虑，在利率相同的情况下，假设一家大型企业所贷资金是一家中小企业所贷资金的3倍，假设金融机构每贷给大型企业的利息收入是9，贷款损失为2，贷后监督成本为1，那么每贷给一家大型企业的收益为9 - 2 - 1 = 6；假设贷给一家中小企业的利息收入为3，贷款损失仍然是2，贷后监督成本依然是1，那么贷给一家中小企业的收益为3 - 2 - 1 = 0（这里只是假设一些数据来说明问题，并非贷给中小企业一点利益都没有）。很显然金融机构对于将资金贷给大型企业比贷给中小企业更有兴趣。当金融仓储出现以后，金融机构不完全承担贷款损失，也不完全承担监督的成本。在这里假设贷款损失只有25%由金融机构来承担，其他75%由仓储公司来承担，监督的成本只有50%由金融机构承担，另一部分由仓储公司承担，这样金融机构给中小企业贷款的收益则变成了3 - 2 × 25% - 1 × 50% = 2。尽管单个中小企业给金融机构带来的利润远远小于单个大中型企业给金融机构带来的利润，但是由于中小企业的数量远远大于大中型企业，因此金融机构便对放贷给中小企业具有了积极性。

由于开展了金融仓储业务，金融机构所承担的费用降低了很多，至于具体降低多少并不是一个固定的比例，而是经过金融机构、仓储企业和融资企业三者相互博弈后决定的。仓储企业为金融机构分散的风险越多，金融机构对于金融仓储业务就越积极，从而对于展开中小企业融资也相应越积极。在上面假设的基础上可以看到，金融机构发放和不发放贷款给中小企业有以下几种情况：如果金融机构直接发放贷款给中小企业，自己承担全部风险，或者说金融机构直接不给中小企业贷款，收益为0；发放贷款，不承担风险，其收益为3；发放贷款，承担四分之一的风险，其收益为2；如果换成承担二分之一的风险，其收益为1。根据经济人假设，仓储企业只关心本身的利益。假设仓储企业为中小企业融资进行第三方监管服务，假设其收入为3，调查和监督成本分别是2和1，对于仓储企业同样有几种情况：不进行第三方监管服务，没有风险，其收益为0；进行第三方监管服务，承担全部风险，其收益为 $3-2-1=0$；进行第三方监管，承担四分之三的成本，其收益为 $3-2\times75\%-1=0.5$；进行第三方监管，承担二分之一的风险，其收益为 $3-2\times50\%-1=1$。

因此，金融机构和仓储企业博弈的四种结果为 $(0,0)$，$(3,0)$，$(2,0.5)$，$(1,1)$。

表 3 - 1   金融机构和仓储企业博弈产生的几种组合

金融机构 0	仓储企业 0	金融机构 3	仓储企业 0
金融机构 2	仓储企业 0.5	金融机构 1	仓储企业 1

根据博弈论理论，第一种组合对于金融机构和仓储企业均是劣势，所以这两者都不会选择这种情况，而第二种组合对于金融机构是最理想的选择，但是仓储企业是不会选择的，只有在第三种组合和第四种组合的情况下，金融机构和仓储企业均可以获得一定的收益，因此这两种选择才符合金融机构和仓储企业的利益。但是这两种组合的不同之处在于，第三种组合金融机构和仓储企业的收益不同，而第四种组合金融机构和仓储企业的收益相同，因此，第三种组合是金融机构的第一选择，而第四种组合是仓储企业的最优选择，至于最终选择哪种组合是由金融机构和仓储企业之间的博弈决定的。

第四节　国外金融仓储的实践

金融仓储的概念由国内学者提出，国外没有直接对应的概念，但国外对金融仓储的核心业务即动产抵质押和仓单质押的研究开展已久，在供应链管理、存货质押融资、银行金融服务、仓单质押等各分支都有描述。

一、西方发达国家金融仓储的实践

目前金融仓储中的核心业务即仓单质押，在国外已经有多年的实践经验，形成了一定的规范体系。这主要得益于相关法律法规体系的建立和完善、行业的壮大和规范以及相关金融业务的发展与创新等。

（一）制度保障

发展到现在，以美国为代表的西方发达国家关于存货和应收账款融资业务的相关法规已经相当成熟，几乎所有在存货和应收账款融资业务中能够涉及的业务行为，都能够找到对应的具体法律法规来清晰地对其进行约定和规范。

《美国仓库储藏法案》（*US Warehousing Act of* 1916）的颁布标志着仓单质押开始在美国规范化运作，随着后续的一系列配套措施的跟进，美国最终建立了仓单质押的运作体系。

另一个具有里程碑意义的法律文件是美国于 1952 年颁布的《统一商法典》，这一法典提供了一套简明而连贯的法律架构，打破了传统上对不同担保形式的僵化分类，有效地明晰了存货和应收账款融资中涉及的担保物权归属问题，因此使统一的担保物权公示性备案系统和登记制度得以建立，从而帮助了债权人在提供贷款之前就能确定担保品的价值及其优先权效力，有力地保证了存货和应收账款融资业务中的责权关系，抑制了恶性欺诈行为的发生，同时为风险发生时的处理提供了明确的法律依据，形成了快捷、有效、低廉的执行机制，减轻了债权人的事后讼累，强化了实现债权人权益的执行效果。

（二）行业规范

早在 20 世纪初，存货质押融资和应收账款融资业务就随着经验的积累形成了一定的行业规范，其中美国还颁布了统一的仓单法案，明确了仓单标准，建立了社会化的仓单系统，增强了存货的流通性。

随着物流业、存货和应收账款融资业务的进一步发展，基于供应链关系的订单融资也大量出现，对担保品进行产权认证、价值评估和监督控制的第三方机构和为存货和应收账款融资提供评估、仓储和监控服务的物流仓储企业已相当的规范和发达，并且行业还加强了担保品处置的配套设施建设，减少了处置环节，缩短了处置时间，降低了处置成本，例如建立担保品资产池，将贷款业务证券化，有效地分散贷款风险。再如建立规范的担保品拍卖和转让市场等。

（三）金融创新

由于西方政府开始允许混业经营，鼓励金融创新，最近 20 多年来，专门从事存货和应收账款融资业务的机构越来越多，业务操作流程变得更加规范，业务模式也变得更加灵活。

由于允许混业经营，西方发达经济体中开展存货质押融资业务的主体变得多元化，银行、保险公司、基金和专业信贷公司借款给中小企业并委托专业的第三方机构和物流仓储公司对质押存货和借款人进行评估和管理控制，使得中小企业的融资渠道更加广阔。而由于有了丰富的经验、规范的操作和先进的风险控制技术，西方的存货和应收账款融资业务允许的担保品种已比较丰富，应收账款融资、订单融资和存货质押融资业务都发展得较为成熟，其中存货品种的涵盖面包括农产品、原材料、产成品、半成品甚至在制品。至于融资对象，也从最原始阶段的农户，扩展到了批发零售型的流通型企业，并进而扩展到了供应商和生产型的企业，形成了针对供应链上中小企业的全方位的融资体系。

（四）业务监管

早期对质押存货的保管方式是必须将质押的存货运输到第三方物流仓储企业的指定仓库里储存，即公共仓储模式，比较适合于流通型企业。但是在 21 世纪初，质押存货的保管方式发展到了就地仓储，即质押存货可以储存在借款企业自己的仓库中，而且借款企业可在支付回款、交换新的仓单和根据其他合约条款的情况下随时方便地拿走质押存货进行生产运作，并进而根据借款企业的情况进行量身定做，因此较适合于生产型企业。

相应地，监控方式已从最初的静态质押形式，即所谓冻结，发展到了根据客户需要量身定做的动态质押形式。这样借款企业就可以在保持质押存货总量平衡的情况下通过交纳保证金、补充新的存货或根据银行的授权等方式取回质押存货用于企业的生产和运营，而且已能够实现与应收账款等融资方式的有机结合。

总之，发达国家金融仓储法律制度建设相对完善，相关业务的发展已经比较成熟，监管和风险控制手段也比较全面，同时又有金融创新的推动，发展势头良好。

二、新兴国家和发展中国家金融仓储的探索

新兴国家和发展中国家也对金融仓储相关业务进行了积极的探索和实践，目前的发展并不平衡，但是有些做法值得进行比较和借鉴。

（一）印度

印度的金融体制呈现鲜明的二元化特征。一方面，组织比较完善的现代化金融体系遍及全国各地，但是印度的银行大部分集中在孟买、新德里和加尔各答等中心城市；另一方面，印度农村金融服务体系健全完善，结构较为合理，政策性金融、商业金融和合作金融之间既有明确分工，又相互竞争与合作，各自为营的当铺、钱庄和大大小小的高利贷者同时并存。

在印度，仓单融资有着巨大的增长潜力。印度农业贷款占比大约在18%，为农业部门服务的仓单融资前景广阔。在印度第十一个五年计划中，印度政府急于打破低水平生产和生产力的僵局，加强对农业部门的基础设施建设。在不久的将来，农产品的流通更加稳步上升，对商品的管理而言是新的挑战，对银行和仓储公司而言则是新的机会。

印度国家散货装卸有限公司（NBHC）是一家通过 ISO 9001：2000 和 ISO 22000：2005 认证的公司和一个国家一级的终端到终端的仓储、散货装卸、采购、分级及检验解决方案提供商，业务还包括审计、认证及商品估价、担保品管理和商品的处置。NBHC 于 2007 年 5 月宣布了一项与印度银行（BOI）合作的仓单融资方案备忘录，并将其作为一项开拓性的业务，帮助农民和商人得到信贷支持。NBHC 1 400 多家仓库和专业仓储机构与印度银行超过 3 000 家分行将合作成为最佳组合。在此前的 6 个月中，印度银行已经对 NBHC 仓单贷出了 1 000 亿卢比的贷款。

遵照全球基准的做法和标准，NBHC 提供低成本、低风险和增值的抵押品管理服务，建立了管理全国仓库商品的周密制度，增加了银行的信任程度。目前，此类贷款中约有97% 的款项用于收获之前的农业投入，如种子融资、化肥融资、拖拉机融资。

（二）乌干达

乌干达是横跨赤道的东非内陆国家，是世界上最不发达的国家之一。1986 年开始执政的乌干达政府采取了一系列经济发展措施，近年来乌干达经济持续增长。农牧业在乌干达国民经济中占据着主导地位，农牧业产值占国内生产总值的70%，农牧业出口额占乌干达出口总额的95%。

近年来，乌干达政府已经开始了其仓单系统（WRS）升级计划，计划到 2011 年全国建造 21 家设备齐全的公共仓库。WRS 使农民以存到经认证的仓库的农产品作抵押，获得银行贷款和更好的议价能力。对生产者的好处包括提高存储质量、简化贸易、依据国际标准和更灵活的期权交易。WRS 源于 2006 年 5 月后公共仓库仓单流通和转让的合法化。当年有四个公共仓库已领取牌照，可签发电子仓单。5 种已领取牌照的商品必须为监管机构所接受，包括玉米、大豆、水稻、棉花和咖啡。

（三）迪拜

迪拜酋长国是阿拉伯联合酋长国的第二大酋长国，阿联酋 70% 左右的非石油贸易集中在迪拜，所以习惯上迪拜被称为阿联酋的"贸易之都"，它也是整个中东地区的转口贸易中心。

迪拜商品收据系统（DCRs）是一个基于 Web 的仓单管理系统，由迪拜金属和商品中心所有和管理。符合财务状况和经营历史标准的个人和企业可获取会员资格。在迪拜酋长国境内拥有、管理或安排商品存储的参与者可能成为 DCRs 的发行会员。DCR 是可转让票据。如果发生违约，发行会员只可将 DCR 交付给货物的合法所有人或保险受益人。DCR 可背书转让给另一 DCRs 成员。

（四）赞比亚

赞比亚共和国是中部非洲的一个内陆国家。自然资源丰富，采矿业较发达，是赞国民经济三大支柱之一。农业是赞国民经济的重要部门，位居三大支柱产业之首，全国约半数人口从事农业。

赞比亚是在仓单融资方面做得比较成功的发展中国家。在赞比亚，一个利益相关方控制的机构——赞比亚农业商品代理有限公司（ZACA）已由政府设立，并建立了认证和监督制度。该认证制度的目的是鼓励规模较小的农村仓储服务投资。

与发达国家相比，新兴国家和发展中国家金融仓储业务的一个鲜明特点是与农业和农民的关系比较密切，业务发展水平尚处于较低层次。但是相关部门牵头管理和规范行业发展的做法是值得借鉴的。

三、仓单经营模式选择

在大多数发展中国家，仓单的发展都是从发掘其融资功能开始起步的。从各国的经验来看，仓储企业或机构经营主要有以下几种模式。

1. 由专业仓储运营商集中进行仓储管理，这些仓储运营商并不对仓储标的物进行交易，只是将仓储标的物作为银行信贷的安全保障。

2. 由专业仓储运营商集中进行仓储管理，这些仓储运营商除了仓储职能之外，还充当对部分个人客户进行银行信贷的媒介。在政策许可的情况下，银行也可直接进行仓储营运或者通过子公司进行仓储营运。

3. 由本身就是标的商品交易商的店主充当仓储商进行集中性仓储管理。

4. 由个人借款者在专业监管机构的监督下自主进行仓储管理。

5. 由贷款人和银行在一个双边合约安排下联合进行仓储运营。

由迄今为止的有限经验表明，在首次建立仓单系统的国家，采用第一种模式可能具有最好的前景。该模式最主要的好处是：（1）通过保证仓储管理者对于借款人的独立性，可以给予借款人和贷款人最高限度的安全保障；（2）该模式对于交易体系的透明度方面具有明显的优势；（3）它可以有效避免第五种模式中双边合约安排所带来的管理上的复杂性。

第三种模式被欧洲和北美的一些大型贸易公司所广泛采用。这种店主兼仓储运营商的身份给农民两种选择机会，他们可以选择将标的物出售给仓储商，也可以仅仅将其存放在店主的仓库中。当然，当店主的存货不足时，他们可能仅承诺买入，这样可以给店主带来更大的获利空间。这种制度安排在仓单系统发展得较为成熟的时候通常得到更为广泛的应用。比如在巴西，仓储法在 20 世纪 90 年代得到了修改，以允许仓储商用自己的账户直接进行交易。

在仓单系统的规模太小，对店主或仓储商而言不具有经济性的情况下，第四种模式就很有吸收力。在这种情况下，如果借款人自己持有存货，并定期接受监管机构的监督，银行也可能会认为这种抵押模式具有较高的安全性，因而可以接受。如果借款人在没有得到银行授权的情况下就处置仓储标的物，则银行可采用法律武器。这种模式在菲律宾得到了应用，并且取得了成功。

在商业仓储业发展经验不足并缺乏对仓储业进行监管的有效法律的国家，银行更倾向于接受第一种模式。这是因为该模式可以避免仓储运营商因为自身的交易活动而破产的风险，从而也就降低了整个借贷运作的风险。在第一种模式中，银行对抵押物的信心建立在仓储管理者高度专业化的基础上，而在菲律宾模式中，银行的信心通过另外一种方式得到保障：由一个政府所有的公司协作签署银行贷款。但大多数专家认为，第一种模式比菲律宾模式更为恰当，特别是对仓单系统缺乏经验的国家。

【推荐阅读】

1. 沙梅：《供应链管理与物流》，上海，上海交通大学出版社，2010。
2. 梅艺华、吴辉、李海波：《仓储管理实务》，北京，北京理工大学出版社，2010。
3. 李严锋：《物流金融》，北京，科学出版社，2008。
4. 陈雪松：《商品融资与物流监管实务》，北京，中国经济出版社，2008。

第四章

金融仓储创新及发展环境

JINRONG CANGCHU CHUANGXIN
JI FAZHAN HUANJING

第一节　金融创新

与传统金融相比，现代金融最为重要的特征就是金融创新。金融创新对社会经济生活的各个方面都产生了巨大的影响。金融仓储创新进一步推动仓储业朝着多样化、综合化、个性化的方向发展。

一、金融创新的概念

经济学意义上的"创新"，较早地出现在哈佛大学经济学家熊彼特 1912 年出版的《经济发展理论》一书中，熊彼特对创新做了如下的经典定义：创新就是建立一种新的生产函数，是企业家对生产要素加以新的搭配，把一种从未有过的关于生产要素和生产条件的"新组合"引入生产过程当中。熊彼特认为，如果用均衡的含义来解释，创新实质上是对循环流转均衡的突破。熊彼特把创新概括为五种表现方式：（1）新产品的出现；（2）新生产方法的采用；（3）新市场的开拓；（4）新的原材料供应来源的发现；（5）新的企业管理方法或组织形式的推行。现行金融创新基本上是熊彼特创新学说在金融领域的拓展，但对于其含义的界定仍存在争议，目前尚无统一的解释，大多数定义是由熊彼特创新观点派生出来的。

从具体包含的内容来看，金融创新又有广义和狭义之分。狭义的金融创新仅指金融产品的创新。而广义的金融创新除金融产品创新以外，还包括其他金融业务创新（例如金融技术、金融交易和服务方式等）、金融组织创新（包括组织机构与组织形式的变换）、金融市场创新和金融制度创新，甚至还包括金融经营理念和经营文化的转变。广义的金融创新是一个历史的范畴，其伴随着金融业发展的始终，整个金融业发展的历史就是一个不断建立新的组织机构、采用新的方法、推出新的工具、提高货币和信用运营效率、创造新的利润来源的过程。

二、金融创新的内涵

1. 根据金融创新的内容不同，金融创新的主体既可能是金融机构也可能是金融管理当局。一般意义的创新主体主要指的是金融创新市场竞争中较活跃的金融机构。

2. 金融创新的目的包括微观和宏观两个方面。从微观金融机构看，无论是逃避管制的创新、转移风险的创新，还是制造信用的创新，其最终目的都是为了自身盈利或寻找新的利润增长点。从金融管理当局看，金融创新是为了促进金融机构积极稳定地发展，加强金融监管的力度，确保金融秩序稳定运行，提高整个金融业的宏观效益和资源在全社会的有效配置。

3. 金融创新必须依靠新技术与新需求的有效结合。金融创新是创新主体根据新的市场需求，因时而动，因势而变，对金融领域各种要素进行新的开发变革，创造性地开拓突破，推陈出新。同时，金融创新对技术创新有很强的依存性，尽管少数金融创新产品与技术无直接关系，但是，所有的金融创新产品背后都可以找到技术因素的支撑。

4. 金融创新的本质就是创造新的金融要素或对金融要素进行重新配置和组合。金融机构、金融市场和金融工具等是主要的金融要素，金融创新通过对这些要素的改造或重新组合，提供新的金融功能，使金融资产的流动性、盈利性和安全性达到高度统一，从而提高金融效率。

5. 金融创新是一个动态的过程，具有明显的历史阶段性和现实性，在不同历史时期金融创新的环境特征不同，对经济的影响也不同。

三、金融创新的类别

按照金融创新的表现形式不同，可以分为金融产品创新、金融服务创新、金融技术创新、金融组织创新、金融组织管理创新、金融市场创新和金融制度创新。

1. 金融产品创新是以已有的金融产品为基础，通过将基本的金融功能特征进行重新组合或者创造新的功能属性而生产出新的金融产品。

2. 金融服务创新就是借助金融交易技术创新出的新的服务方式、服务工具、服务渠道和服务方法。

3. 金融技术创新就是通过现代信息技术、管理技术在银行业的普及和运用，创新出的新的支付工具、交易手段、操作系统和管理信息系统。

4. 金融组织创新是指金融机构组织形式的创新。主要表现在以投资基金、保险公司、养老基金、邮政金融机构等为代表的非银行金融机构的大量涌现，银行经营的国际化以及金融机构同质化和融合等。

5. 金融组织管理创新是指金融组织在管理文化、管理手段、管理技术和管理体制等方面的创新。

6. 金融市场创新是指通过对金融交易方法进行技术改进、更新或创设，从而形成新的市场架构的金融创新。

7. 金融制度创新一般是指涉及金融体制、金融监管政策、金融法律法规等层面的创新。金融制度创新常常是一种带有突破性的金融改革。在当今金融自由化、经济全球化的大背景下，金融制度的创新尤其引人注目，主要表现在金融管制的放松以及金融监管的完善。

总体上看，金融产品创新和金融服务创新是现代金融创新的基础，也是金融创新之中内容最为丰富的一部分。金融产品创新是金融机构创新行为的直接目标，也是金融创新的主要表现形式，其他金融创新都是围绕着金融产品创新进行的。金融组织创新为金融产品创新提供更好的主体基础。金融组织创新就是创新主体为了提供新的金融产品或降低提供金融产品的成本而进行的自我完善。

【阅读链接】　　　　　　　金融仓储服务外包模式

一、模式简介

浙江涌金仓储股份有限公司是浙江省第一家专业从事金融仓储业务的民营企业，于 2008 年 3 月注册成立，注册资本 5 000 万元。主营业务为第三方动产监管、金储仓单和金融档案保管。公司拥有金融从业经历的专业团队，精心开发标准仓单综合业务系统，构建严密的动产监管流程，专心致力于金融仓储服务业务。公司积极探索银（行）、企（业）、（仓）储三者之间互相支持协作机制，努力以金融仓储服务激活企业动产资源，拓宽自偿性仓储融资领域，促进区域经济发展。

二、创新亮点

"金融仓储"是属于金融和物流交叉的新行业。公司提供的是金融延伸服务。中国银行杭州市分行周业稞行长评价："浙江金储作为一个全新的金融延伸服务业态，一年的实践已经展示了其最具有原创性的金融创新服务，具有旺盛的生命力，改变了企业动产资源难以质押、银行对质押产品难以监管的局面，真正实现了企业动起来的目标"。特色体现在：（1）严密的监管体系。现场派驻专人监管，24 小时全天候远程监控。（2）严格的货物进出库流程。物资入库时，先进货、后记账；物资出库时，先记账、后出货；公司按银行的指令进出货，仓库按总部的指令进出货；货物进出和记账双人负责，相互制约。（3）定期报送监管信息。每天记载货物进出及存量，每天跟踪货物价格变化，每天计算物资的价值总额，确保库存价值不低于监管限额，每周向银行报送市场和库存监测报告，每月向银行报送监管报告。（4）特殊风险管理。对风险有针对性地预防、发现和处理对策；通过成立应急预案委员会，建立详细的应急预案来控制各类风险。

三、主要成效

公司成立至今，已与恒丰银行、杭州银行、上海银行、稠州银行等多家银行开展动产监管业务合作。目前共计有 18 个项目实现监管并顺利进行，授信额度达 5 亿元，监管货值最高达 8 亿多元。2008 年 11 月，杭州市市长蔡奇的批示充分肯定了金储公司的商业模式创新，浙江卫视、杭州市电视台和杭州日报等新闻媒体对公司业务进行了广泛报道。

专家点评：

　　金融仓储服务外包模式是金融和物流监管相结合的金融延伸服务的新业态，属于具有创新性的现代服务业。金融仓储服务对金融机构加强动产监管和金融档案保管具有积极作用。金融仓储服务外包模式具有良好的市场开发潜力。——点评人：程惠芳（浙江工业大学经贸管理学院院长、教授）

　　资料来源：蔡奇：《商业模式创新理论与实践——以杭州市为例》，297页，北京，中国科学技术出版社，2009。

四、银行服务创新的内容

作为现代服务业的重要成员，银行业最根本的属性就是服务。在当前金融同质化竞争加剧、金融消费需求逐步提高的新形势下，商业银行的竞争转变为服务内容和服务品质之间的竞争，提升商业银行服务水平的最根本出路在于加快银行的金融服务创新。随着科技、经济、信息全球化的发展，商业银行通过优化金融服务流程、拓宽服务渠道、创新服务产品等途径不断满足各类客户日益增长的金融需求，为客户提供优质金融服务，提升银行服务价值，提高商业银行综合效益。金融服务创新的内容非常丰富，涉及服务的形式、服务的环境、服务的手段、服务的载体等。

（一）服务形式的创新

1. 形象服务向效能服务转变。形象服务主要是指银行传统的文明优质服务，即所谓的微笑服务，讲求环境整洁、态度和蔼、礼貌热情。但这已不能满足现代企业发展的需要，必须要向内涵深化，即要求向服务的质量、服务的效率方面发展、出新。

2. 坐堂服务向上门服务转变。银行办业务历来都是"柜台朝南摆，等客走进来"，这种几十年一贯制的坐堂方式不能适应现代经济发展的需要，不能满足客户对全方位金融服务的需求。上门服务就是要求金融从业人员走出高楼大厦，走出营业大堂，深入市场、研究市场、服务市场；深入客户、研究客户、服务客户。

3. 传统服务向智能服务转变。存、放、汇是银行的传统业务，已不能满足现代经济发展的需要，也不能满足企业经营和竞争的需要，智能服务就是利用银行的网络、信息等手段，向客户提供保值增值的理财服务。

4. 手工服务向技术服务转变。算盘、账本已经成为银行的历史，计算机、自动取款机（ATM）、存折补登机、客户终端（POS）、电子货币（银行卡）等已经替代了传统的手工工具和手工用品。集团客户可以借助银行的计算机网络，掌握和调度分布在各地的子公司、销售网点的成品及资金，从而加速内部资金循环，提高资金使用效益。

（二）服务载体的创新

金融服务需要通过一定的载体才能向客户提供服务，实现资金的清算、保值和增值的目的。金融服务的载体主要是金融工具、金融产品、网络及各种电子设备。

1. 金融工具及金融产品创新。金融工具和金融产品同社会上其他工具和产品一样，也存在着生命周期和市场饱和，也有一个从卖方市场到买方市场的转变问题。根据经济全球化条件下不断变化的市场供求关系，以及加入世贸组织后外资银行以其先进的金融工具、优良的金融品牌参与竞争的形势，我国银行业传统的金融工具和产品既无竞争优势，也无品牌优势，必须借鉴和引进当今国际上先进的金融工具，并结合我国企业结构调整、产品结构升级和经济结构转型的实际，研究和设计出新的金融工具和产品。

2. 运用网络和各种电子设备，不断创新金融服务。银行利用计算机技术在因特网上建立站点，就可以替代原来需要在柜台上或办公室里办理的业务，用户可以不受时空的限制，只要配备一台电脑，接入因特网，就能享受全天候的网上金融服务。网上金融服务具有三大功能：一是为公司和个人理财及清算服务；二是财经信息服务；三是客户对账和查询服务。由于网络技术的发展和日益完善，股民可以借助网络坐在家中享受券商提供的高质量的服务，实现网上炒股。随着电子商务、网络银行、电话银行和手机银行的迅猛发展，网上办理保险、报关、纳税等已成为可能。

（三）服务主体的创新

服务主体主要是指金融企业及从业人员。服务主体的创新首先表现为观念的创新，认识必须跟上时代进步，一种新观念的产生，不仅拓宽了人们的视野，而且为实践创新增添了无比动力。其次是金融从业人员的知识更新和素质的提高，创新需要有扎实的业务知识、科技知识，还要有爱岗敬业的崇高职业道德。这就要求银行员工加强学习，根据我国国情，进行满足市场需要的金融服务创新。特别是要把金融服务创新从被动适应转为主动进行，进而变为先导型的金融服务创新，从而带动企业的创新，促进先进生产力的发展。

第二节　金融仓储服务模式的创新

货之仓储早于币之仓储。而金融仓储，其作为金融外围服务业和物流仓储业的独立分支，通过货之仓储实现币之融通，却是全新概念的领域。

一、金融仓储产生的现实需求

金融仓储的诞生，可以减少中小企业和银行之间的信息不对称程度，重建中小企业的信用体系，打通动产抵押的"任督二脉"，从而降低中小企业在融资过程中的逆向选择和道德风险，提高银行对中小企业贷款的积极性，有效化解中小企业"融资难"问题。

（一）源于减少信息不对称程度的需求

在企业的生产运作过程中，企业由于自有资金的限制可能难以根据市场需求实现自身最优数量资金，进而导致企业不能实现最优收益，因此企业具有寻求融资服务、摆脱资金约束的动机。在传统的融资模式下，具有资金约束的企业向银行提出融资需求，银行根据企业的信用状况及其偿债能力为其提供相应利率的贷款。与大企业相比，中小企业利用信贷途径融资的难度更大，资金短缺已经成为制约中小企业发展的瓶颈。当银行面临信息不对称问题时，银行要求中小企业提供担保、抵押等方式来降低逆向选择和道德风险的影响，由于中小企业受处置成本和资产专用性程度等多种因素的影响，在清算时其价值损失相对较大，所以在贷款中所面临的抵质押要求也更加严格，从而导致银行对中小企业信贷量不足。在银行、中小企业和金融仓储公司三方关系中，作为银行委托方的金融仓储公司对中小企业的物流信息有着详细、动态的了解，因此银行能及时获取中小企业内部的准确信息，并且能够在这些信息的基础上对中小企业的盈利能力和还款能力进行科学判断，从而保证资金的安全性和收益性；同时，金融仓储公司获取的物流信息是其物流业务的副产品，因此银行获取中小企业信息的成本较低，双方交易成本大大降低，中小企业获得银行贷款的可行性增强。

（二）源于重建中小企业信用体系的需求

金融仓储公司既是银行的委托方，又是中小企业的物流业务伙伴，通过金融仓储的"桥梁"作用，银行和中小企业将建立长期固定的合作关系，从而双方利益关系也由短期、临时转向长期、固定。在长期利益关系下，中小企业的信用缺失成本增加，从而促使中小企业加强信用机制、重建信用体系。

（三）源于打通动产抵质押"任督二脉"的需求

中小企业经营规模小、品牌信誉差，占有不动产等社会资源少，无法取得信用贷款和不动产抵押贷款。中小企业唯一拥有可以信赖的就是原材料、半成品、产品和应收账款等动产资源。但鉴于银行场地、设备、人员、管理水平等条件的限制，动产抵押业务难以普及。金融仓储公司对中小企业抵质押给银行的动产进行第三方保管和监管，解除了银行对动产抵质押品风险的后顾之忧，保障了信贷资金的安全，增强了银行开展动产抵质押业务的积极性，打通了动产抵质押这一"任督二脉"，有效化解了中小企业"融资难"问题。

二、金融仓储供给

目前，我国第三方仓储企业发展十分迅猛，但就服务内容而言，仍然存在功能单一、增值服务薄弱等问题。主要表现为收益大部分来自仓储管理服务，而来自增值服务、仓储信息服务及支持仓储的财务服务的收益只占15%。对于仓储企业而言，如何跳出原有的单一客户服务理念，站在金融的高度去审视市场未来的发展，寻找商机，并结合企业的行业和自身优势设计出满足市场需求的产品和服务，是仓储企业未来发展的关键因素，也是其核心竞争力的充分体现。

金融仓储使仓储企业的业务领域向金融领域延伸，也带来了金融业和仓储业互补发展的良机，为仓储企业开创了新的发展空间和业务方向。第三方仓储企业作为仓储渠道的中介是专业化的中介服务机构，由于熟悉仓储运作，有专门的仓储设施和信息手段，可以根据中小企业的不同需求，为其提供量身定做的多功能甚至全方位的金融仓储服务。同时，通过外包仓储服务，中小企业能够把时间和精力专注于核心业务，提高了管理的整体运作效率。

【阅读链接】　　　　库底存货有"监管"　银行贷款不再难

中小企业没什么值钱的"家当"，抵抗市场风浪的能力又弱，银行把钱贷给这些企业，万一打了水漂就很难挽回损失。怎样才能分散银行的风险，降低小企业贷款门槛？

12 月 7 日，走进浙江涌金仓储公司的监控室，电子大屏幕上一格格的画面清晰可见：一排排汽车、一堆堆钢管、一垛垛粮仓，甚至还有满圈的生猪……

"这些货物我们叫'金融仓储'，都是各家企业抵押给银行用来贷款的，包括这些生猪。我们的服务就是看管好这些货物，企业一旦还不上银行贷款，就要保证把这些货物交到银行手里。"涌金仓储公司副总裁张根法说，涌金仓储提供的这项服务在全国是首创。

公司派驻人员到企业，并通过电子监控系统进行实时监控，被抵押的货物出库销售情况全都一清二楚。东湾养殖公司是萧山区的一家养猪企业，去年涌金仓储帮助他们用 7 000 头生猪作抵押，得到了银行 1 000 万元的贷款。企业用这笔钱购饲料、买仔猪，扩大了养殖规模。

"不是说货物抵押给银行了，就不许企业再卖。就拿这 7 000 头生猪来说，猪长大了肯定要出栏卖掉，但同时又会有小猪进来。只要保证企业抵押的货物的总价值不变，银行对风险和损失就是可控的。"张根法说，目前公司已经与 30 多家银行开展了业务合作，监管的抵押物品包括粮食、苗木、钢材、汽车、纸张等，累计帮助 300 多家企业获得了近 90 亿元的贷款。

以前企业的动产很难在银行进行抵押，主要是因为货物虽然抵押给了银行，但还是放在企业那里，很容易被企业"抽走"处理掉。现在，有了第三方的"保管员"的介入，银行的风险降低了许多。而对企业来说，原材料、库底存货都可以用来抵押质押，等于"一个钱当两个钱用"。

资料来源：王慧敏、李丽辉，原载于《人民日报》，2012 - 12 - 17。

三、金融仓储服务模式的特点

（一）金融仓储与一般动产质押

金融仓储服务是一般动产质押业务的升华，与一般的动产质押业务的业务特征相比，具有以下几个特征。

第一，标准化。标准化是指动产标的的质量和包装标准都以国家标准和协议约定的标准由仓储企业验收。

第二，规范化。规范化则指所有动产质押品都按统一、规范的质押程序由仓储企业看管，确保质押的有效性。

第三，信息化。信息化的特点主要指所有的质押品看管，都借助仓储企业的信息管理系统进行，有关业务管理人员都可通过互联网检查质押品的情况。

第四，广泛性。广泛性是指该业务服务客户可是各类企业，既可以是制造业，也可以是流通业，总之只要这些企业具有符合条件的仓储产品，银行都可以提供此项服务。

（二）金融仓储服务与物流金融

金融仓储服务与物流金融业务相比之下更有其优点和特色，主要表现在：金融仓储服务是金融与仓储的交叉创新，由于中小企业存在融资的困难，金融仓储业务就为它们通过抵押质物取得贷款资金提供了便利，并且能够以比较简单的手续程序满足融资企业的需求。此外，业务流程清晰、科学，业务内部风险比较低也是这种新型业务的特色和优点。一般物流金融是通过应用和开发各种金融产品，有效地组织和调剂物流内的货币资金的运动。这些资金运动包括发生在物流过程中的各种存款、贷款、投资、信托、租赁、抵押、贴现、保险、有价证券发行与交易以及金融机构所办理的各类涉及物流业的中间业务等。物流金融业务实质上是将金融业务通过物流的形式进行管理，保证金融业务有条不紊地进行，因此，也可将其称为金融管理。然而，中小企业要想在这种物流金融业务中融资是比较困难的，因为其要求比较苛刻一点，例如要有金融产品作为抵押，而这是中小企业所缺乏的。

（三）金融仓储融资模式与传统信贷模式的比较

金融仓储融资模式和传统信贷模式都是为企业融通资金，并收取一定利息，帮助企业达到融通资金、扩大生产经营规模的目的。与传统银行贷款集中在不动产抵押或第三方信誉担保的模式不同，在金融仓储融资模式中，融资企业若在申请银行贷款时，出现没有足够的不动产或者有价证券或者第三人提供担保的情况，可以在银行、借方企业和仓储企业三方签订相关协议的条件下，将其所拥有的生产资料、存货、商品等动产作为质押物，由仓储企业保管，银行依据该动产的价值或财产权利判断贷款敞口。此项业务中，仓储企业除提供仓储服务外，还负责监管货物流动状况，并及时向银行提供有关信息，并从中获取监管费及相关费用。金融仓储融资是仓储企业服务功能的拓展和升级，它具有使资金流这一环节不断增值的功能。由于两者所提供的融资形式不同，因而性质也不同（见表4-1）。

表4-1　　　　　　　　　金融仓储融资业务与银行贷款的区别

	金融仓储融资业务	银行贷款
融资形式	既融资又融物，同时进行	融通资金
合同标的	货权、动产	资金
业务交往中涉及的关系	质权人，出质人，监管人的监管关系。买卖关系，租赁关系	贷款人和借款人的借款关系

（四）金融仓储融资模式与信用担保机构的比较

在"中小企业—信用担保机构—商业银行"的信用担保贷款活动中，虽然开展信用担保可以增强商业银行对中小企业贷款的信心，为中小企业融资提供更多的机遇，但随着商业银行利率和信用担保机构信息费用及担保费率的上升，中小企业选择投资项目的成功概率会呈下降趋势，中小企业在筛选投资项目时有机会主义冲动，仍会发生不同程度的逆向选择。

在"中小企业—仓储企业—商业银行"的金融仓储担保贷款活动中，中小企业在提供质押品价值不足的情况下，仍然存在某种程度的逆向选择；但是，相较于"中小企业—信用担保机构—商业银行"的担保方式，仓储企业由于同时身兼商业银行代理人和中小企业担保人的双重身份，可以更加有效地减少商业银行和中小企业之间的信息不对称，可以更加有效地减弱中小企业的逆向选择，且在质押品价值足额的情况下可消除中小企业的逆向选择。这表明：金融仓储担保相较于信用担保，可以更加有效地缓解商业银行与中小企业的借贷矛盾，降低信贷风险。

四、金融仓储产品的核心

在金融仓储模式下，由于动产的强流动性特征以及我国法律对抵质押生效条件的规定，银行在抵质押物的物流跟踪、仓储监管、抵质押手续办理、价格监控乃至变现清偿等方面面临着越来越多的挑战，这一矛盾限制了银行此类业务的进一步发展。因此，在尽量避免对物的流动性损害的前提下，对流动性的物实施有效监控，是金融仓储产品设计的核心思想。由于掌握着大量的历史和实时的物流信息，仓储企业在抵质押物监管及价值保全、资产变现、市场动态方面具备良好优势。仓储企业深度参与物流金融，分担物流金融中的"物控"职能，在降低银行风险的同时，为中小企业赢得银行授信提供了便利。金融机构与仓储企业的合作关系在不断加强和深化，有仓储企业参与的、新型的中小企业投资机构和信用担保及服务体系正在建立。在协助银行拓展物流金融服务时，仓储企业也给自身带来了价值增值。通过参与金融仓储服务，物流管理已从物的处理提升到物的附加值方案管理，使仓储物流企业在客户心中的地位大幅度提高，金融仓储服务模式有助于仓储企业赢得更多客户和拓展业务范围。

五、金融仓储可以形成一个独立的行业

金融仓储不同于典当。金融仓储的保管、监管功能加上银行的信贷功能，两者结合类似于货物典当。

金融仓储不同于担保。金融仓储通过对抵质押物的掌控，降低了实质风险，较担保具有更强的安全性。

金融仓储不同于企业互保。互保实际放大企业虚假贷款需求，形成风险的积累，金融仓储作为独立的第三方，只对监管过失承担相应赔偿责任，可以从根本上改善银行信贷风险。

金融仓储不同于物流仓储。物流仓储就是利用自建或租赁库房、场地，储存、保管、装卸、搬运货物，而金融仓储作为专业提供动产抵质押物监管的仓储，能帮助中小企业融资，明显不同于传统仓储单一的储存、看管功能。

金融仓储不同于银行自备仓库。银行自备仓库没有独立性，在分业经营的要求下，难以普遍推广，金融仓储可实施产业化发展。

金融仓储不同于金融物流。两者相当于纬线和经线的关系，金融物流业务模式多种多样，粗放有余，精细不足，金融仓储是对金融物流精细化的创新发展。

可见，金融仓储不同于上述金融服务，金融仓储业自然也不同于其他金融服务行业，将成为一个独立的行业。

【阅读链接】

目前国内（在动产担保物权方面）创新模式有三个方面，第一是客户资源的创新，第二是客户经营关系的创新，第三是现金流的创新。其中客户资源创新包括了仓单质押、存货质押担保以及相关联的供应链融资等。当初我们研究存货能不能抵质押的条款时，最大的一个问题就是动产易动、价值易失，如何锁定其风险，这是立法者非常关心的问题。今天看到金融仓储将动产担保当中的很多疑点都解决了，以金融化的理念来挑战传统仓储业，这是大胆有益的创新之举。

资料来源：中国人民银行研究局副局长刘萍在中国金融仓储高峰论坛的讲话，杭州，2010 - 03 - 12。

六、金融仓储的争议

随着专业性的金融仓储企业的发展与复制，业内对金融仓储的产业属性及其可持续性也存在不同的看法。一部分专家认为，"仓单质押"与"动产融资"、"定向采购"是市场经济条件下国际通行的商业模式，但以动产监管为主业的"金融仓储"只是中国当前市场信用体系不健全环境下的产物，其作为仓储业的一种业态没有可持续性，也缺乏法律依据与保障。一部分专家认为，金融仓储已经形成成熟的商业模式，也可以复制，它既是金融业的衍生品，也是仓储业的新业态，在中国还有较大的发展潜力，已经有一批探索者，其他企业也可以借鉴，国外可能没有这种业态，但在我国现有市场环境下，在相当长一段时期内，金融仓储的需求依然较大。

第三节　金融仓储发展的有利环境

对金融仓储发展来说，环境是非常重要的，金融仓储的发展离不开环境的推动，在某种情况下环境如果不好的话也可能约束金融仓储的发展。

一、宏观经济

2008 年宏观环境复杂多变，上半年从紧的货币政策导致银行信贷紧缩，仓储金融业务总量上受到限制，下半年美国金融危机导致实体经济受损，出现了仓储融资业务供需两方同时萎缩，对发展仓储金融业务非常不利。随着国家积极财政政策和宽松或稳健货币政策的实施，2009 年中国经济企稳向好，投资快速增长，消费市场活跃，进出口在下半年快速回升，工业生产明显恢复。随着全球经济的平稳复苏、国内民间投资的意愿增强、企业效益的好转，国民经济企稳回升的势头进一步得到巩固和加强。中国经济经过多年的持续、快速发展，经初步核算，2012 年我国全年国内生产总值 519 322 亿元（见图 4 - 1），比上年增长 7.8%，增长速度明显快于世界主要经济体，对世界经济增长的贡献率继续上升。根据国际货币基金组织公布的预测数据，2012 年世界经济增速预计为 3.2%。我国 7.8% 的增长速度比美国快 5.5 个百分点，比欧元区快 8.2 个百分点，比其他金砖国家最高快 6.8 个百分点，最低也要快出 3.3 个百分点。我国已经连续 4 年新增

GDP 达到世界经济增量的 20% 左右，居全球第一。在整体经济持续走强的同时，中小企业融资需求将快速提升，银行对中小企业的贷款积极性也会提高，宏观经济支撑着金融仓储业的发展。

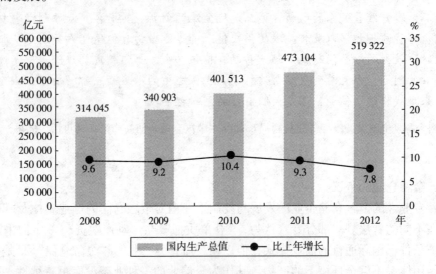

图 4-1　2008—2012 年国内生产总值及其增长速度

二、积极的政策支持

经济兴则金融兴，政策好则百业健。促进中小企业发展，是保持国民经济平稳较快发展的重要基础，是关系民生和社会稳定的重大战略任务。中小企业的健康发展一直是国家关心的重点问题。胡锦涛在十七大报告中明确提出"推进公平准入，改善融资条件，破除体制障碍，促进个体、私营经济和中小企业发展"。2009 年 9 月 19 日，国务院出台了《国务院关于进一步促进中小企业发展的若干意见》，要求切实缓解中小企业融资困难，要求国有商业银行和股份制银行都要建立小企业金融服务专营机构，完善中小企业授信业务制度，逐步提高中小企业中长期贷款的规模和比重。提高贷款审批效率，创新金融产品和服务方式。完善财产抵押制度和贷款抵押物认定办法，采取动产、应收账款、仓单、股权和知识产权质押等方式，缓解中小企业贷款抵质押不足的矛盾。金融仓储业作为为中小企业提供融资服务的行业，恰恰符合当前国家政策，势必会受到国家和地方政府的大力支持和鼓励发展，金融仓储业拥有良好的政策环境。

三、有力的法律保障

在《中华人民共和国物权法》（以下简称《物权法》）之前，只有《中华人民共和国合同法》和《中华人民共和国担保法》中的某些条款能够作为法律上的依据来判定动产抵质押相关业务纠纷的法律属性，处理业务纠纷多采取法庭程序，存在着许多不可预见因素，执行过程低效率、高成本，使得债务人违约时造成的债权人损失很大，普遍认为动产抵质押贷款市场风险高。2007 年 10 月 1 日起施行的《物权法》对担保、抵质押物权进行了明确规定，明确了动产物权抵质押的法律关系，扩大了可使用于担保的财产范围，为金融仓储业的发展提供了有力的法律保障。

四、理性的银行经营策略

2009 年下半年以来，银行投放过量信贷，银行存贷比快接近75%的警戒线，部分贷款违规进入股市、楼市，已引起监管部门和银行高度重视，对于贷款的数量、流向已经有严格的监控和约束。目前国内银行过分依赖大客户，贷款授信额度过于集中，贷款结构不合理。若银行此时大力发展中小企业贷款，必能有效缓解贷款流向和结构问题，从而降低系统性风险。2010 年国内非金融部门在股市和债市上的直接融资已经占到融资总量的 1/4，融资结构多元化发展大势所趋。随着直接融资市场的快速发展，大型优质企业融资将与信贷资金渐行渐远。商业银行必须从"傍大款"、"垒大户"的传统发展模式中走出来。近年来，商业银行已经开始了这方面的探索，并取得初步成效，不少做得较好的银行 2010 年零售贷款已占到 30% ~ 40%。这些银行的实践充分表明，支持中小企业可以给银行带来风险分散和边际效益的增加，特别是灵活的风险定价往往使服务小企业能力较强的银行在竞争中更胜一筹。

我国银监会要求大型商业银行从 2010 年底开始实施《巴塞尔新资本协议》，其他商业银行 2011 年以后在自愿的基础上申请实施《巴塞尔新资本协议》，《巴塞尔新资本协议》要求银行采用风险敏感度高的资本计量方法，银行迫切需要控制风险过高的业务，目前有效途径之一就是切实提高贷款质量、控制贷款风险。2011 年 5 月 25 日，银监会网站发布了《关于支持商业银行进一步改进小企业金融服务的通知》，规定满足审慎监管要求的条件下，优先支持其发行专项用于小企业贷款的金融债，其发行金融债所对应的单户 500 万元（含）以下的小企业贷款可不纳入存贷比考核范围。同时，在《巴塞尔新资本协议》的基础上，对于运用内部评级法计算资本充足率的商业银行，允许其将单户 500 万元（含）以下的小企业贷款视同零售贷款处理，500 万元以下的小企业贷款风险权重一下子降低了一半，让银行释放出资本金。当前商业银行对一般企业债权的风险权重为 100%，但是对符合一定条件的微型和小型企业债权的风险权重为 75%，国家也会依据中小企业融资实际情况，及时下调小微企业贷款的风险权重，降低银行风险资产总额。因此，银行在经营策略上选择风险较低的中小企业动产抵质押贷款业务，使之成为目前银行利润增长方向，是理性和准确的选择，可以提高商业银行资本充足率，对银行达到《巴塞尔新资本协议》要求起到一定帮助，这对于金融仓储业非常有利，会得到更多银行的支持和认同。

五、良好的信用文化环境

金融仓储业务在很大程度上是以信用和自律为基础的。金融仓储企业承担信用监管的职责，中小企业承担信用还贷的职责，银行承担信用放贷的职责，因此，金融仓储的发展离不开良好的社会信用文化环境。民营经济发展到今天，已经基本实现市场经济运作，商业银行经过不断改革，基本摆脱行政束缚，实现市场化运作，为了稳健发展、开拓市场，商业银行正在实现精细化分工，积极改造授信审批流程，授信文化也变得更加灵活机动，更加务实。整个社会信用环境已极大改善，为金融仓储业务的开展，营造了良好的信用文化环境。

以中小企业大省浙江省为例，信用市场、信贷市场、信用社会、信用经济，良好的信用有利于提升浙江经济社会发展的整体形象，有利于浙江中小企业"走出去"和"引进来"，信用对于浙江中小企业发展意义重大。2002年7月3日，省政府召开全省"信用浙江"建设工作电视电话会议，对"信用浙江"建设进行专题动员和全面部署。同年，浙江省人民政府《关于建设"信用浙江"的若干意见》发布，通过政府、企业、个人三大信用主体的互促共进，法规、道德、监管三大体系建设的相辅相成，使"诚实、守信"成为浙江人民共同的价值取向和行为规范，使浙江省成为诚信社会的典范。2005年8月1日，浙江省信用建设的首部立法《浙江省企业信用信息征集和发布管理办法》正式出台。

【资料链接】　"十一五"时期浙江省社会信用体系建设成效明显

"十一五"时期，我省按照市场经济规律，兼顾地区实际，围绕"建设两大平台、培育三大主体、构建五大体系，推进十大任务"，政府推动与监督，市场规范运作，社会广泛参与，有计划、有步骤、分层次构建社会信用体系，取得明显成效。

（一）三大主体信用水平明显提升。"十一五"时期，全省信用状况明显提升，经济信用化程度达到2.17，比2006年初增加0.59。政府行政公信力提高，政务信息公开力度加大，政策透明度、可预见性和连续性增强，政府信用形象得到明显改善。全省企业信用意识进一步增强，信用管理制度逐步健全，信用交易迅速发展，在国内外树立了具有一定影响力的"诚信浙商"形象。个人信用素质继续增强，个人信用记录逐渐得到关注，个人信用报告在信贷、信用卡、保险等领域普遍应用，"守信光荣、失信可耻"的社会氛围基本形成。

（二）公共联合征信平台的基础性作用进一步显现。"十一五"时期，我省基本建成企业、个人信用公共基础数据库。省企业公共联合征信平台征集信用信息的部门和系统达35家，入库企业110余万家，企业信用报告查询次数突破650万次。省个人公共联合征信平台汇集12个部门的个人信用信息，覆盖全省4 574万户籍人口。人民银行及工商、质监、交通、食药监管等部门建立了行业信用监管数据库，公共联合征信平台和行业征信平台共享程度提高，警示功能进一步发挥。

（三）信用监管与奖惩体系建设初见成效。"十一五"时期，我省信用政策法规体系逐步完善，信用信息披露机制、信用奖惩机制不断健全，实施了《浙江省企业信用信息查询办法》、《浙江省信用服务机构管理暂行办法》等近十项规章制度。地方信用立法已被省人大列入五年立法规划。此外，人民银行杭州中心支行也出台了《浙江省中小企业信用担保机构信用评级管理暂行办法》、《关于加强浙江省农村信用体系建设工作的指导意见》等。法院、政府部门结合各自职责，以案件执行、产品质量、纳税、信贷、劳动用工等为重点，严厉查处各类失信行为，信用联建共享机制和社会信用联防体系初步形成。

（四）信用服务体系初具规模。"十一五"时期，我省组织开展信用服务机构备案工作，备案的信用服务机构达30家，业务范围涉及商业征信、信用评级、信用管理等，我省已发展成为国内信用服务市场的重要组成部分。率先在省重点建设工程项目招投标领域使用信用报告制度，向信用服务机构开放企业公共联合征信平台，在"信用浙江"网公示第三方企业信用报告，取得了良好成效。

（五）区域信用合作联动进一步深化。"十一五"时期，长三角地区健全了区域社会信用体系专题组例会制度，建成了"信用长三角"网络共享平台，联合举办了"信用长三角"高层研讨会，组织开展江、浙、沪、皖四地信用服务机构备案互认工作，共同推动区域信用一体化进程。我省还与深圳市实现企业信用信息网上互查，迈出了区域信用合作联动的新步伐。人民银行上海总部、南京分行、杭州中心支行拟定了《推进长三角征信服务一体化建设实施方案》，连续3年召开"长三角信用评级一体化联合评审会"，有效推进了长三角征信服务一体化建设。

人民银行征信体系在推进我省社会信用体系建设中成效显著。"十一五"期间，人民银行组织商业银行建成了全国统一的企业和个人征信系统，信息服务网络已覆盖全国及我省所有银行类金融机构的信贷营业网点，为我省48.7万户企业、3 310万自然人建立了信用档案，开通了5万多个查询用户，2010年全省查询量达2 765.8万次。人民银行征信系统在提升我省银行信贷资产质量、加大金融对经济支持等方面发挥了极其重要的作用，同时随着企业环境违法、欠薪、社保、法院判决等信息的纳入，系统在"失信联合惩戒"方面发挥了不可替代的积极作用。人民银行杭州中心支行积极探索并组织开展了浙江省中小企业和农村信用体系建设，成效显著。

"十一五"社会信用体系建设实践表明，我省社会信用体系建设模式和发展道路，与我省经济社会发展阶段相吻合、与体制改革相承接、与基本省情相适应。一是坚持走中国特色的社会信用体系建设道路，做到公共联合征信平台建设和信用服务市场发展有机结合；二是坚持走与现代市场经济制度相适应的社会信用体系建设的道路，实现规范市场竞争秩序与加强信用制度建设有机结合；三是坚持走"在建设中应用、在应用中完善"的发展道路，实现信用体系的基础设施建设和社会联防机制建设有机结合；四是坚持走合作共赢、联建共享的区域信用合作的道路，做到地方社会信用体系建设和行业信用体系建设有机结合；五是坚持走舆论引导、营造良好信用环境的建设道路，努力把提升全社会信用意识与构建信用监管制度有机结合。

建设比较完备的社会信用体系是一项长期的任务，任重而道远。"十一五"时期，我省各部门、各地方在社会信用体系建设方面进行了积极有益的探索，但总的来说，"信用浙江"建设还处于起步阶段。如何加快完善我省社会信用体系建设，使之成为现代市场经济制度的一个有机组成部分；如何实现区域联动，与国家社会信用体系建设的联动，仍需要我们不断探索，不断创新。

资料来源：摘自浙江省发展改革委《关于印发浙江省社会信用体系建设"十二五"规划的通知》（浙发改规划〔2012〕529号），2011 – 05 – 14。

六、信息技术迅速发展

进入 21 世纪，以计算机技术和网络技术为代表的信息技术，已逐步渗透到社会的各个领域，正在改变着人们的生产与生活方式、工作与学习方式。仓储与现代信息技术之间联系越来越紧密。一方面，仓储运作中一系列的信息是由仓储活动产生的。仓储企业的进一步发展中产生的创新和改革需求也在一定程度上刺激了仓储信息技术的研发和应用。另一方面，现代信息技术的发展和应用为仓储信息的获取、传播、加工、处理创造了便利的条件。同时，现代信息技术使得仓储行业组织管理模式得到改善，仓储运作的效率得到有效的提升，仓储服务的范围扩大，服务水平提高。现代信息技术的应用优化了仓储行业和企业的发展，比如为金融仓储远程账务和监控系统的建立提供了良好的技术环境。

第四节　我国金融仓储业发展的不利环境

金融仓储在国内仍是一个新生事物，对于金融仓储企业、银行、中小企业来说都处于摸索阶段，距离形成规模、产业化还有很长的路要走。在金融仓储业发展过程中，还存在一些制约金融仓储发展的宏微观环境。

一、认识不足

一方面，在现阶段无论是新兴的民营金融仓储公司还是传统的物流公司都需要得到银行的准入资格和授信额度才能开展业务，因此如何得到银行的信任，打入现有市场是金融仓储行业面临的主要问题。银行传统上认为开展动产抵质押物贷款比较麻烦、风险较高，因此开展仓储金融业务的积极性不高，导致目前开展仓储金融业务以中小银行和分支机构为主，大型商业银行参与不够，金融仓储公司由于没有足够的贷款额度，往往需要引入担保公司合作作业，但这样就造成了贷款成本的提升，最终导致项目流产，金融仓储业务资金供给能力和市场吸引力不足。另一方面，部分中小企业不愿意自身货物被第三方监管，或是因为感觉仓储融资过程复杂、不熟悉等因素，往往采取互保或民间借贷等融资方式，主观上不愿开展仓储融资业务。

当提到中小企业融资难的时候，很多银行都把原因归结为企业太小了、财务不健全、账目不规范、缺乏抵押担保，因此正规金融机构难以支持。可当我们的中小企业反过来问，如果我有规范健全的财务制度、有完整的抵押品，还是"中小"企业吗？所以这是一个认识上的误区。银行应该充分认识到中小企业的特点，这是开展中小企业信贷业务的第一步。

二、缺乏相应准入机制

金融仓储业不是简单的仓储企业从事信贷服务，而是一个专业性强的行业。金融仓储企业必须是能专业从事仓储金融业务、有科学的业务操作流程和严格的操作规程、具有较高的管理水平、有一定资金实力、能独立承担相应连带赔偿责任的独立法人。然而，目前我国尚未建立金融仓储业的准入机制，对于金融仓储企业也没有明确的设立门槛，更没有相应的行业标准，缺少监管部门，仅需在工商部门注册即可。这不利于金融仓储业的规范、稳定、持续发展，需要对金融仓储准入机制进行调研分析，最终确定可以执行的准入标准。

【阅读链接】 上海红旗仓储老板负债3亿元失踪 多家银行卷入

上海青浦工业园区嘉松中路1099号,以往车水马龙的红旗仓储钢材市场,如今几乎见不到几个人影,只有堆积在场地上的稀疏钢材,多已锈迹斑斑。上海红旗仓储钢材交易市场,工商注册名为上海红旗电缆集团实业有限公司,近期法院网上公开显示其涉及十几起官司,多为被告,也有作为原告的两桩案子。老板谢郑成将集中在10月面对这一系列的诉讼,但公司员工告知,谢郑成已消失两个月,没有人能联系上他。据了解,目前红旗仓储同时被银行、公司、个人追债,涉及金额保守估计为3亿元左右。其中,中信银行上海分行卷入最深,已向浦东区人民法院提交了6份起诉书。《理财周报》记者从接近中信银行的知情人士处得知,"全部是中信银行闵行支行贷的款,金额有1.5亿元。"除此之外华夏、兴业、光大、民生也涉及其中,华夏银行有一亿多元,由于还未到期便未公开起诉。

仓储企业做金融,"市场授信"把盘子做大

上海红旗电缆集团实业有限公司,2004年在工商局注册,注册资金7 000万元。谢郑成2008年将其买下,虽有"电缆"二字,但并不做电缆业务,而是在青浦工业园区租场地、建房、买设备,办起一个大型钢材现货交易中心,也就是上述红旗仓储钢材市场。提供仓储服务、金融服务、货物运输和交易支持等,收取中间服务费用,自己也做一些钢材生意,下设富歆、昊旺等四家分公司。刚开始谢郑成召集一批周宁老乡过来入户,他给不少商户提供启动资金,帮商户作担保向银行借款,给商户放款。

"这是比较流行的'市场授信'模式。"上海一名信贷经理告诉《理财周报》记者,"一个仓储市场银行整体给你一个授信额度,然后这个市场自己去组织下面的商户来分配。"也就是说,仓储市场实际上充当了金融掮客和金融担保的多重角色。"刚开始这种模式很好,银行很愿意借钱给这种企业,它的抵押物还是比较足的。"红旗仓储员工告诉《理财周报》记者,"中信银行、华夏银行、兴业银行和我们都是这种合作模式,以仓储市场去做贷款,贷给下面的商户。而光大、民生都是老板下面的几家分公司自己的小额贷款,数额比较小。"以前公司这种经营一直不错,2009年贷款数额就达到了5亿元。谢郑成急于把盘子再做大,便在青浦买了块地要建商务楼,投资2.7亿元,又在杨浦买了好几个商铺。很快房地产市场不景气,建材、钢材都做不下去,下面的商户基本上都在亏钱。另一方面,银行信贷收紧,开始抽贷。

"银行让商户先还再续贷。开始是借高利贷还给银行,等着放钱下来还,但银行把钱收进后就不贷了。后来商户要么就不还钱,要么就直接跑。这些都是我们市场作的担保,商户跑了,钱得我们去还。"红旗仓储员工告诉记者,"兴业银行的钱我们已经帮下面的商户还完了。现在是商户欠我们的钱,所以也有我们起诉下面商户的案子。"红旗仓储由于前期扩张快,资金本来就周转困难,当越来越多的商户欠债需要去还时,谢郑成被逼上了大量借高利贷的路。

"银行其实是最亏的",而上海法院网的公开信息显示,近期中信银行上海分行涉及的仓储企业还不少,包括上海蓄坤仓储管理有限公司、南储仓储管理有限公司上海分公司、上海磊银物资有限公司、上海钧合仓储有限公司、上海中远物流配送有限公司。

据了解,这种物流、仓储、贸易市场做金融实质都是一个模式。

很多被起诉的案子,几乎都是以某个贸易市场为中心的集群。比如8月15日光大银行起诉的6宗案件,均为以弘诚钢贸市场为核心,而贸易市场的形成,由贸易导向,越来越滑入融资导向。其中,被起诉的上海银元实业,是一家钢铁仓储(银元白鹤仓储)、网络信息服务(银元网)、餐饮酒店(银元大酒店)、市政桥梁工程等综合产业的企业。据一名前员工透露,"我们有仓储,有几十家的入住户,把货放进来,我们就可以去抵押融资,其中一二十家跟银元有融资往来。这种融资方式有两种,一种是我们牵头联合贷款,作担保,一种是我们融过来,然后放给入住户。银元钢贸做得不大,融资规模很大,一年贷款数额加起来6亿元以上。"

高达6亿元的贷款如何获得?该员工称,一般不是找一家贷款6亿元,而是找五六家去贷款,同一批仓,重复质押,5 000万元货就贷款一亿元。

"也不是一个月一亿元,一般一个月一两千万元,几个银行之间轮流滚动,拆东墙补西墙,只要资金这个雪球不停放大,就永远不会死。但是后来突然收紧了,就去找高利贷,资金链就崩了。"

资料来源:陈虹霖,原载于《理财周报》,2012-09-24。

三、缺乏实现仓储金融业务退出的经验

金融仓储企业作为银行和中小企业信任的第三方,在仓储金融业务中扮演着至关重要的角色,是银行防范风险的最后一道屏障,主要体现在金融仓储业务退出机制上。也就是当抵质押物市场价格下降导致抵质押物价值不足值,或者是贷款到期,出质人无法偿还贷款本息时,金融仓储企业需要按照银行委托,对仓储的商品实现销售处理,直到收回贷款本息。目前,我国金融仓储业尚没有真正涉及具体业务退出事件,缺乏处理业务退出经验。然而,业务退出时,抵质押物能否及时有效处置,受抵质押物的种类以及市场价格变化影响较大,需要积累实践经验,方可有效控制损失。业务刚开始可能不会涉及复杂案例,随着市场的不断扩展,问题也会不断涌现,比如在企业仓库监管时,如果碰到企业出现问题,员工哄抢抵质押物时如何处置,这些必须做好预案,做好防范措施。如何有效实施仓储金融业务退出,是值得重点关注和深入探讨的,只有这样才能实现金融仓储业可持续发展。

四、金融仓储企业固有风险

由于仓储融资使中小企业融资过程中主体由两方增加到三方,在原有的银行和中小企业的信息不对称基础上,增加了银行和金融仓储企业的信息不对称以及中小企业和金融仓储企业的信息不对称。客观地说,信息不对称变得更加多样化,会产生更多道德风

险和逆向选择问题。金融仓储企业代替银行监管货物，银行虽可控制货权，但无法真正转移和占有货物，若出现借款企业与金融仓储企业合谋串通，无视抵押物不足或伪造仓单，将严重危害贷款人利益。或者，仓单质押业务中金融仓储企业保管货物，若非法侵占或恶意变卖货物，会使中小企业雪上加霜。因此，对金融仓储企业固有风险的有效防范和控制是提高仓储金融业务市场认同度的一大关键。

五、金融仓储业务市场竞争加剧，良莠不齐

作为新兴行业的金融仓储，相当于金融业和物流行业的交叉点，在基础物流服务竞争愈发激烈的环境下，不少传统物流公司也已经盯上了这块肥肉，加剧了市场竞争。作为银行与贷款企业之间的中间人，物流公司或金融仓储公司发挥着担保人的作用，这就要求其自身首先必须具备良好的信誉和品牌，所以运营时间长、信誉度有保障的大型物流企业可以说是各个银行的首选。这也是大型物流企业的质押监管业务能迅速提升，占领现有市场大部分份额的根本原因。资料显示，最早的动产质押业务就是由国内最大的仓储企业——中国物资储运总公司展开。对于刚刚起步的专业性金融仓储公司来说，怎样突破行业壁垒及寻找多元化收入模式将成为未来发展的重点。毕竟与物流公司相比，金融仓储公司的优势在于它们的金融背景能提供更精准的产品服务，对抵质押物的评估更为专业，因此更容易获得金融机构的业务外包。

六、动产抵质押业务处于起步阶段

银行的动产抵质押业务正处于起步阶段，对质押物的审查非常严格，承认的质押物必须具备可变现渠道，价格可跟踪，并且稳定透明。目前已成交的业务中质押品大部分为金属及资源类的大宗商品、纺织原料及纺织物、纸、粮油及农副产品、机电及电子设备等，业务对大部分服务型的中小企业并不适用。这也在一定程度上解释了金融仓储公司大部分集中在大宗商品交易集中的长江三角洲地区，分支机构也多向沈阳等重工业城市发展的原因。

【推荐阅读】

1. 蔡奇：《商业模式创新理论与实践：以杭州市为例》，北京，中国科学技术出版社，2009。

2. 满玉华：《金融创新》，北京，中国人民大学出版社，2009。

3. 徐绍峰：《动产融资实践：中小企业融资新模式》，北京，中国金融出版社，2010。

第五章

金融仓储的经济
效应和社会评价

JINRONG CANGCHU DE JINGJI
XIAOYING HE SHEHUI PINGJIA

第一节　金融仓储的宏观经济效应

　　从国外发达经济体的金融仓储业发展以及国内一些企业开展金融仓储业的成功经验来看，金融仓储业务的开展，在宏观层面会对经济产生积极效应。

一、促进货币流通的稳定，提高社会资源配置效率

　　一国或地区货币流通是否稳定，要看其货币供给所满足的货币需求结构。若货币供给是用以满足真实交易性货币需求，则货币流通通常是稳定的；在现代经济中，投机性需求常常能引起货币供给的过度扩张或萎缩，引起货币流通异常。金融仓储业的发展，帮助企业申请动产抵质押贷款，既在一定程度上保证信贷资金流入实体经济市场中，减少信贷资金违规流入股市、楼市；又有利于信贷资金及时进入生产流通领域，防止信贷资金长期化。发展金融仓储产业，提高仓储金融在整个金融业务中的比重，有利于加速社会资金周转，提高社会资源配置效率。

二、优化社会信贷结构

　　当前，我国信贷结构的失衡现象越来越严重，已引起政策层的高度重视。自2007年下半年起，美国次贷危机逐渐引发全球性金融危机，并导致全球性的经济衰退。为应对经济衰退，我国启动了4万亿元的经济刺激计划，引起信贷规模剧增，2009年全年新增贷款9.59万亿元，其中约76%的新增贷款为中长期贷款，我国贷款"长期化"现象十分严重。

表5－1		1999—2009年我国金融机构信贷结构				单位：亿元，%	
年份		1999	2001	2003	2005	2007	2009
贷款余额		93 734	112 315	158 996	194 690	261 691	399 684
短期贷款	余额	63 888	67 327	83 661	87 449	114 478	146 611
	占比	68.16	59.94	52.62	44.92	43.75	36.68
中长期贷款	余额	23 968	39 238	63 401	87 460	131 539	222 417
	占比	25.57	34.94	39.88	44.92	50.27	55.65
中长期贷款/短期贷款		37.52	58.28	75.78	100.01	114.90	151.71

资料来源：中国人民银行网站，www.pbc.gov.cn/。

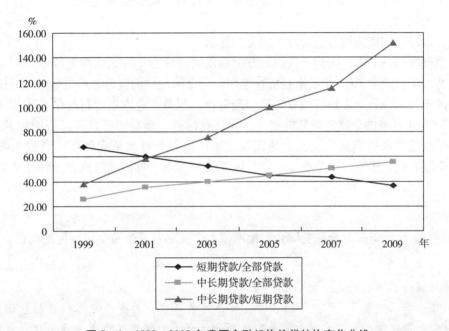

图5－1　1999—2009年我国金融机构信贷结构变化曲线

贷款"长期化"表明，越来越多的信贷资金流向基础建设和个人住房按揭项目，企业直接用于生产经营的流动资金需求却难以满足。我国央行工作会议提出，2010年要着力优化信贷结构。优化信贷结构就要提高直接满足生产经营需要的短期贷款的比重。发展金融仓储有利于促进工商企业获得更多的流动资金贷款，属于短期贷款，宏观上有利于优化信贷结构。

三、可以为国家宏观产业政策提供基础信息

发展金融仓储并促进动产抵质押贷款达到较大的业务规模后，动产抵质押贷款的业务信息就可以为国家的宏观产业政策提供决策基础。由于银行信贷都有详细的记录，通过对动产抵质押贷款的产业分布、抵质押动产结构组成等进行统计分析，就可以在一定程度上掌握不同产业的存货水平，掌握不同产业的"冷热"发展程度及变化趋势，以便于国家实施或调整产业政策。

四、促进金融和仓储两大产业的互动发展

金融仓储是金融业和仓储业协作发展的结果，是金融业务与仓储业务共同创新的交叉业务。因此，金融仓储业的发展，既促进银行信贷以及与之相对应的结算、保险等金融业务的创新与发展；又促进仓储业开拓新的服务领域，提升业务经营管理能力，提高仓储企业效益。

五、创新与完善物流金融

物流金融是整个供应链各环节的金融服务，仓储金融是其中不可或缺的组成部分。发展专业化的金融仓储业务，既可为仓储金融业务的开展提供仓单支持，有利于银行确定担保物品价值，并及时准确地作出信贷决策；同时又提供专业化的担保物品管理，锁定担保价值，降低担保风险。因此，金融仓储支持着仓储金融的发展，促进整个物流金融产业链的完善。

六、金融仓储成为地方金融改革的先锋部队

自 20 世纪末到 21 世纪初，我国地方金融发展的核心一度是围绕处理好局部金融风险引发的困境。随着 2003 年以来经济快速增长与金融地位的提升，地方金融开始受到前所未有的重视，而且更多地与地方集聚金融资源、服务产业发展等目标结合了起来。可以说，2008 年以来的全球金融危机演变，促使我国进一步看清了自身经济结构的缺陷，也看到了金融体系的不足以及蕴含的风险。加快地方金融改革和创新逐渐成为各界共识，而金融仓储由于支持中小企业融资、风险低等特点，可以成为地方金融改革的先锋部队。

【阅读链接】　第三方金融仓储企业批准成立　义乌将诞生首个金融创新项目

2011 年 3 月 18 日，"金融仓储"项目正式启动。据了解，这是义乌国际贸易综合改革试点获得批准后的首个金融创新项目。

所谓"金融仓储"，是指金融仓储企业作为第三方，为企业与银行开展仓储金融业务提供仓储保管、监管、咨询等系列服务的活动，它架起了中小企业与银行之间一座新的融资桥梁，是解决中小企业贷款难的新渠道。

当日，在"金融仓储"项目启动仪式上，浙江华统集团正式与负责实施该项目的义乌市涌金仓储有限公司签订战略合作协议。华统集团从意大利引进现代化火腿生产线，开展火腿生产经营，由于火腿生产周期较长，大约有两三亿元资金"沉淀"在了车间里。而"金融仓储"这项金融创新业务，可以让暂时沉睡的钱苏醒过来，并加入到企业发展的队伍中。该公司董事长朱俭勇说，"'金融仓储'将为我的企业盘活大量资产"。

跟华统集团一样幸运的是义乌"丹溪酒业"和"安冬电器"两家知名企业以"金融仓储"方式，分别获得了银行 1 000 多万元的资金。

义乌市涌金仓储有限公司总经理黄勇调查认为："义乌有许多生产型企业没有土地、没有自己产权的工厂，还有许多流通型企业，也没有土地、没有自己产权的工

厂，它们渴求银行信贷支持。它们有原材料、半成品、成品等动产，以'金融仓储'方式，可以盘活这些动产，获得银行信贷，支持企业发展。"对此，金融界、企业界都寄予厚望。

此外，"金融仓储"与物流业发展也密不可分。业内人士认为，"金融仓储"的出现，是对现代物流业中运输仓储功能的一个重大创新，也是传统工业与现代物流业、银行业相结合的产物，是近年来金融业与仓储业交叉、融合与创新的产物。

资料来源：方星梁，原载于《每日商报》，2011-03-28。

七、金融仓储与产业集群良性互动

金融仓储在支持区域经济发展方面亦有所贡献，以浙江省为例，块状经济曾经是支撑浙江省区域经济发展的重要产业组织形态，但是支撑浙江块状经济的大多是劳动密集型、低附加值的传统产业，产业层次低下、创新能力不强、规划引导缺失、转型升级缓慢。2009年浙江省政府决定推动传统块状经济向现代产业集群提升，产业集群是产业发展演化过程中的一种地缘现象，即某个领域内相互关联（互补、竞争）的企业与机构在一定的地域内集中连片，形成上中下游结构完整（从原材料供应到销售渠道甚至最终用户）、外围支持产业体系健全、具有灵活机动等特性的有机体系，其核心是企业之间及企业与其他机构之间的密切联系以及互补性，依据各区域经济特点，浙江首批选择了杭州装备制造业、宁波服装、绍兴纺织、嵊州领带等20个现代产业集群示范点。金融是经济的核心，在浙江现代产业集群发展过程中，金融支持战略的选择无疑是至关重要的核心环节，金融仓储作为优化信贷资源配置、缓解中小企业资金缺口、降低信用风险的重要方式和手段，可充分发挥金融仓储与产业集群的良性互动。

首先，产业集群内每个企业既要在经济活动中保留关键环节、提升核心竞争力，又要与自己的生产活动相互关联的其他企业建立稳定密切的联系，通过产业集群的价值链联系和企业间技术传递的整合，实现企业间关系的高度合作与协同，在现代产业集群内开展仓储金融业务，克服中小企业地理分布缺陷，方便对动产实行集中监管，进一步开展动产质押贷款，通过完善的信息技术平台，实现企业之间物资流通，真正将动产转动起来，减少了中小企业动产运输成本，有利于供应链上的企业物流、资金流和信息流的统一。

其次，集群内的中小企业大多是围绕同一产品系列或上下游系列发展，一方面关于抵质押品的价格、属性比较透明，减少了抵质押双方信息不对称的影响，另一方面可以形成一个抵质押物流动性较强的流通市场，一旦借款企业无力偿还贷款时，金融仓储企业可以很方便地把抵押物变现，并且还可免去很多中间交易环节，节省交易成本，有效降低银行开展仓储金融业务的风险。

再次，产业集群内仓储融资极易形成规模效应，会降低中小企业仓储成本和融资成本，吸引金融机构扩展产业集群企业信贷业务，提高集群内金融服务水平，通过金融的支持提高产业集群的集聚能力和生产效率。

最后，通过金融仓储企业完善的信息平台，构筑集群内产品价格、数量等方面最新的信息，发挥金融仓储企业中介作用，为集群内企业开展业务决策、投融资决策提供参考，详细的业务记录有利于银行了解抵押动产的系统性风险，也可以掌握各个产业集群发展各阶段的特征以及出现的问题，了解各产业集群发展的动态信息，便于及时采取解决措施，促进产业集群的健康发展。

【阅读链接】　　安徽宁国：产业集群动产质押融资新模式

2012 年 7 月 12 日，工商银行宁国市支行向金六星耐磨材料有限公司发放了 140 万元贷款。这笔贷款并无担保公司参与，也没有不动产抵押，而是由金六星耐磨材料有限公司提供动产交由第三方物流企业——中财物流公司托管，由中财物流评估动产价值，工商银行宁国市支行据评估情况对金六星发放贷款，中财物流对金六星的质押物负有监管责任。

动产质押监管，是指企业以其拥有所有权且银行认可的产品或原材料作为质押物，向银行申请融资的贷款方式。质押物需交付银行认定的仓储监管公司监管，不转移所有权。企业既可以取得贷款，又不影响正常经营周转。动产质押融资在中国起步较晚，只有部分地区在商贸领域开展过一对一的动产质押融资。安徽省宁国市在工业领域开展一对多动产质押融资的模式，为产业集群中希望解决融资贷款难题的小微企业，提供了一种新型的融资方式。

一、依托产业集群的融资创新

安徽宁国被称为中国的"耐磨铸件之都"，核心产品是耐磨球。截至 2011 年底，宁国耐磨材料企业共有 160 家。其中，生产企业 120 家，年产量约 70 万吨，全年实现工业产值 48.8 亿元，占全国市场的 21％以上。近年来，宁国市耐磨材料行业的产值基本占产能的 42％左右，其原因主要是流动资金不足，行业信贷资金缺口达 2 亿元。

动产质押贷款是解决资金缺口的一个思路。但获得动产质押贷款的条件比较"苛刻"：一是借款人是规模较大、经营规范、财务状况良好、客户资源比较稳定的商贸或生产企业；二是产品或原材料必须不易损耗、贬值，易于长期保管，有较强的变现能力；三是货物规格明确，便于计算且市场价格稳定、波动小；四是产品质量合格并符合国家有关标准。

对于一般的小微企业，很难符合银行对动产质押"借款人"设定的条件，但对于相当一部分同质性产业集群，企业产品或原料是具备条件的。其变现能力甚至更强，区域内企业间即可变现。基于动产质押产品的优越性，宁国市采取了一种创新的方法——质押期间转移各小微企业质押物的所有权，进行集中仓储，为集群内小微企业解决融资贷款难题提供了思路。

宁国耐磨球生产企业集群中的小微企业，基本都有各自稳定的客户群体，产品同质性高，价格计算简单，可以互相销售，变现能力强，且产品易于长期保存，具备质押物的要求。安徽中财物流公司作为第三方物流企业，将小微企业耐磨球产品集中仓储，即可满足银行对"借款人"的规模要求。

二、模式推广及问题

"产业集群小微企业动产质押贷款融资"实践正在宁国市耐磨球产业集群中陆续展开，并向其他产业集群延伸。据中财物流公司董事长王尚桃估计，安徽省适合做这项业务的产业集群有 100 个，在全国范围内，则有约 1 万个。

该模式有效化解了银行面临的小企业数量多、授信工作量大、投入产出小等诸多矛盾，但在运行过程中，也发现了一些问题。一是贷款审批流程多，周期长。二是企业开具增值税发票的困扰。该模式中，企业需开具增值税发票来明确质押物的产权归属，然而由于开票金额小于质押物的实际价值（市场价的 70%），企业担心成为真实交易，而且在开具增值税发票的当月，如 200 万元的贷款，需要缴纳 29.06 万元的增值税，企业实际仅获得 170.94 万元贷款。三是放款流程存在风险。该模式中，中财物流需要与"过桥企业"签订虚拟的采购合同，"过桥企业"可能拖延甚至扣款以及还存在中财财务逃税嫌疑等。

此外，在动产质押融资模式中，银行利率要在传统的中小企业贷款基础上上浮 30%。银行要求中财物流按产品市场价的 70% 计值，然后在此基础上再按 70% 放款。这些都是企业希望引起重视的问题。

资料来源：丁靖园，原载于《博鳌观察》，2013（2）。

第二节　金融仓储与中小企业融资

一、动产融资市场测算

中国人民银行的一项统计显示，这些年我国企业的原材料、半成品、成品以及应收账款等价值每年累计都达 16 万亿元以上，其中常备存货的价值近 6 万亿元，目前通过这些动产质押取得的银行贷款规模非常小。西方发达国家的短期贷款中 30% 为动产抵押贷款，按照我国 2009 年短期贷款 24% 的占比推算，类比于发达国家，我国动产担保贷款占贷款总额比例可以到 7.2%，依据 2010 年贷款 7.5 万亿元测算，我国 2010 年动产抵押贷款可以达到 0.54 万亿元，占常备存货比例为 9%，可以看出有非常充足的常备存货作担保，动产担保市场存在广阔的发展空间。

二、金融仓储的发展对推进中小企业融资的效应尤为明显

实践证明，金融仓储的创新与发展开辟了中小企业融资新途径，一方面盘活了中小企业动产资源，如原材料、产成品等，有效解决抵押难问题；另一方面减少了银企信息不对称现象，加大了银行放贷积极性。然而，我国金融仓储业务规模还很小，对于庞大的中小企业融资需求来说，只是杯水车薪。但是可以预见，我国庞大的中小企业群体为金融仓储产业化发展提供了广阔的空间，一旦金融仓储实现产业化、规模化，将能满足很大部分中小企业的动产质押融资需求。

金融仓储业务能够使企业节支增收。以广汉市蜀峰化工有限责任公司为例，公司生产磷肥和复合肥，所用的原料之一是尿素，价格高时每吨达 2 500 元左右，低时每吨 2 100 元左右。如在价格低位时将全年的原料订回来，成品价格就相应可以降低许多，产

品价格就可降低，农民就可少花钱，而企业利润却可增加。但尿素价格低位时大量购进原材料，需要大量资金，而通过固定资产抵押所能取得的贷款可谓杯水车薪，根本无法满足实际需求，通过金融仓储方式，将存货进行动产质押融资，就可以及时得到采购原材料所需要的资金。从 2008 年的 500 万元金融仓储模式融资开始，到 2012 年 4 月，公司融资余额达到 2 050 万元，公司的产值也由 2 亿元增加到 4 亿元。

三、资金成本优势

在中小企业融资过程中，由于中小企业资信差，且没有银行可接受的可质抵押的资产，也没有足够资信等级的第三方企业愿意提供担保，造成中小企业资金需求和信贷供给之间的巨大差距，从而使中小企业贷款效率低下，信用监督和评估体系缺乏，贷款成本高。综合考虑到贷款利率上浮，加上登记费、评估费、公证费、担保费等，当前中小企业的综合融资总成本高达 13%，比大中型优势企业的贷款成本高出许多。如此大的资金成本意味着企业的资金利润率至少要达到 13% 以上才不致亏本，这对面临激烈市场竞争的中小企业来说是非常难的。

金融仓储为银行、担保、典当、大型贸易企业等开展基于动产的金融或资金结算业务提供专业服务。主要业务收入为监管/保管费、融资咨询费等。金融仓储相对于传统担保公司，融资企业承担的费用大大降低，平均费用约为担保收费的 30% ~ 50%，降低了企业的财务成本。通过原材料等存货质押获得贷款，企业可以把"一个钱当两个钱用"，增强再生产能力，提高资本收益率，盘活企业的存货，释放存量资金，取得优惠利率，节约财务成本，提高经济效益。

四、提高工作效率

金融仓储的运行加快了企业的生产销售率，提高了资金的周转率。我国一般的产品在装卸、储存、运输、销售等环节产生的流通费用约占商品价格的 50%，物流过程占用的时间约占整个生产过程的 90%，而且经销商用于采购和库存的占压资金也无法迅速回收，大大影响了企业生产经营的周转效率。通过金融仓储服务，能将仓储企业、厂房、银行和经销商有效地结合起来，通过先进的信息管理手段对企业提供金融支持，在原材料买回来后，企业通过银行融资就能立即获得资金，监管的货物仍可以保持其流动性，对企业的正常生产经营活动不产生影响，从而使产品和资金的转换环节最少、时间最短、费用最省。中小企业利用自身动产抵质押贷款，可以降低企业过度膨胀的融资意识，有利于促进中小企业诚信和自律意识。

五、有利于帮助企业开展合理的存货管理

一方面，金融仓储能促进企业保持合理的存货水平。对于中小企业而言，由于银行贷款难，企业资金紧张，其存货量（主要指原材料）常常未能达到最优理论存货水平。存货量少，使得企业的生产成本更容易受市场价格波动的影响，增加企业经营风险。金融仓储业务帮助企业获得存货抵质押贷款，有助于企业在不明显增加资金占用的前提下提高存货水平，降低经营风险。同时，作为专业性的第三方仓储企业，能提供相对全面的存货价格信息，以利于借款企业作出合理的存货决策。

另一方面，金融仓储也有助于企业提高动产风险管理能力。金融仓储业务是第三方专业仓储活动，能为贷款企业提供动产价格信息，及时揭示动产贮存风险，有助于企业提高动产风险管理能力。

第三节　金融仓储与商业银行信贷

我国信贷实践中存在"两个矛盾，一个不匹配"的现象。其中，"两个矛盾"是指大量闲置的动产资金与中小企业融资普遍困难、不动产资源枯竭趋势与信贷担保过分依赖不动产两个矛盾并存；"一个不匹配"是指商业银行接受的信贷担保物70%左右是土地和建筑等不动产，而广大中小企业却普遍欠缺不动产担保资源，其资产价值的70%左右是应收账款和存货。

一、有利于商业银行拓展盈利空间和延伸服务领域

第一，动产抵质押贷款扩大了商业银行业务范畴，增加商业银行信贷规模，从而使商业银行获取更多主营业务，通过差异化竞争，增加银行利润。

第二，商业银行与金融仓储企业建立战略性合作关系，可使双方利益关系由短期、临时转向长期、固定，充分发挥金融仓储公司服务职能。

第三，金融仓储业务群是多元化的，可能是整条供应链，银行可以把服务拓展到与金融仓储企业相联系的上下游优质中小企业，有效降低中小企业开发、维护成本。

第四，进一步拓宽业务模式，比如业务可以拓展到额度限额贷款、票据业务、中长期贷款等信贷业务，支持金融仓储企业、融资企业采用汇兑、银行托收、汇票承兑、信用证等结算工具，向融资企业提供财务顾问、信息和账务管理等中间业务服务，为金融仓储企业提供现金管理方案以及理财财务规划方案，无形中增加银行中间业务收入。

二、有利于商业银行控制风险

借助专业性的金融仓储服务，动产抵质押贷款转变了传统上商业银行贷款时银行与融资企业的责权利关系，形成了银行—金融仓储企业—融资企业三方紧密协作机制，增加了银行向中小企业放贷的风险控制能力，进一步履行支持中小企业发展的社会责任。

第一，银行委托金融仓储企业对融资企业动产合规情况、库存情况、价格变动等进行监督管理，及时了解业务风险，根据生产和销售需要，融资企业会主动归还相应贷款，因而动产抵质押贷款具有较强的优先偿还属性。

第二，银行的资金结算系统与金融仓储企业的信息系统相联结，建立与动产抵质押贷款相关的业务数据库，收集最新的产业政策法规、企业数据和资信水平、动产动态信息等，提高信息化水平，有效利用资金流、物流和信息流，简化业务环节、提高工作效率。

第三，金融仓储公司的引入，革新了银行贷后管理流程，利用金融仓储公司专业评估、业务监控以及处置抵质押物的水平，减轻贷后管理的工作量，通过对客户动产的监控，基本上掌握了融资企业的现金流量，降低贷后管理难度，丰富贷后管理内容，增加贷后管理举措。

第四，当前动产抵质押贷款一般是短期贷款，这有利于优化银行信贷结构，在一定程度上保证信贷资金支持实体经济发展，从而整体降低银行风险水平，达到监管当局要求。对于中小型银行，开展如此有特色的业务，可以实现差异化营销，增加银行的吸引

力和综合竞争力，而且使银行在金融仓储业务中具有一定的议价能力，提高风险覆盖力度。动产抵质押贷款相对而言单笔金额小，且分散于不同行业、企业之间，发展动产抵质押贷款可以"将鸡蛋放在不同的篮子里"，降低信贷集中度，分散信贷风险。

第五，银行发展动产抵质押贷款，相对减少中小企业互保贷款，有利于优化银行信贷方式，降低信贷风险。当前大量缺乏不动产抵押的企业，以互保形式取得银行贷款，不仅降低担保效果，还在一定程度上产生银行风险的传递与扩散。

第六，金融仓储企业提供标准化的动产价值合同设计和专业的动产管理，能较好地保证抵质押动产的安全，并通过市场价格监控及时反馈动产价值信息，及时采用"保价"机制，以稳定抵质押品价值，降低因抵质押品价值波动所带来的风险。

第七，便捷的质物处置服务。在金融仓储服务模式下，动产抵押货物处置的特征是仅转移标的物的占有，而不转移标的物的所有。因而，通常情况下不宜单方面任意处置质押标的物。在金融仓储服务模式运作中，若企业到期不能偿还债务时，仓储企业可以根据质押物相关的资料信息，协助商业银行制定相应的处理办法，如何确定合理折价的比例和幅度是处置质押品的关键。质押物的处置通常有两种情况，第一种是贷款还未到期，由于质押物的市场价格大幅下跌，质押物总价值低于商业银行风险下限，此时商业银行会通知借款人追加风险保证金，若贷款企业不履行追加义务，仓储企业可接受银行委托对质押物加以平仓销售，收回贷款本金；第二种是贷款到期，但监管账户内销售回笼款不足以偿还贷款本息且无其他资金来源作为补充，仓储企业可接受银行委托对仓储的相应数量货物进行销售处理，直到收回贷款本息。以上两种处置方式和有关要求均需在质押前以书面的形式与借款人作出明确的约定。一般大型仓储企业具备现货市场的功能，可以提供拍卖等协助处理质押物的服务，对质押物的处置更加透明和便捷。

第八，定期报送监管信息，银行实时控制风险。在金融仓储模式下，由于商业银行更关注的是动产交易的风险，因此，对风险的评估不再只对主体进行评估，而是更多地对交易本身进行评估，这种评估方式真正评估了业务的真实风险。仓储企业定期地向银行报送监管信息，实时监管贷款企业的动产交易、质押品价格、进出库数量及总价值变动等信息，银行根据仓储企业的监管报告，给贷款企业提供的利率可以随其生产阶段而变动，并随着授信风险变化加以调整。例如，银行可以在生产的不同行情阶段提供不同利率的贷款，订单阶段因不确定性较高，其利率较高，可贷款乘数较低，但随着生产流程的进行，授信风险随之降低，利率调降，贷款乘数调升。又如，原材料采购阶段形成的暂时不需要使用的原材料，由于其价值比较容易确定并且仓储监管费用较低，银行面临的风险相对较少，从而可以利用原材料仓单融资，以较低的利率获得资金，而生产阶段形成的半成品，由于其处于移动状态中，价值不易确定并且监管费用高，商业银行承担较高的风险，相应设计较高的利率，实现风险和收益的匹配。

在金融仓储模式下，利用仓储企业先进的信息平台和标准的业务流程，结合金融机构的金融服务专业优势对贷款企业的动产仓位实时控制，大大降低了银行的信贷风险。仓储企业在贷款企业的真实经营状况、动产质押品的价格行情、动产的流转回收速度等方面的了解较银行具有专业优势，仓储企业通过定期向银行发送监管信息，使银行可以在仓储企业专业分析的基础上控制自身的信贷风险。

三、助力商业银行开展"绿色信贷"

当前，以低能耗、低排放、低污染为特征的生态经济、绿色经济、低碳经济是不可逆转的潮流，可以说是人类的第四次工业革命。党和政府高度关注，"一行三会"联合发布《关于进一步做好金融服务支持重点产业调整振兴和抑制部分行业产能过剩的指导意见》，银监会先后出台了《节能减排授信工作指导意见》、《商业银行并购贷款风险管理指引》等一系列政策措施，刘明康（2009）指出我国各银行积极行动，创新服务机制，发展"绿色信贷"业务，减少高能耗、高排放企业信贷。在信贷支持企业由以往的"高能耗、高排放"向"低能耗、高附加值"调整时，银行面临两难抉择，传统的"高碳"企业是银行利润的重要来源，但是难以为继，新的"低碳"企业是未来经济发展的方向，但是还处于发展初期，持续巨大投入与其有效产出存在较大的不确定性，这就加大了银行为促进低碳经济发展投放新增贷款的风险识别和信贷决策难度。

以浙江省为例，浙江省中小企业虽然十分发达，但是难以完全适应现代社会化大生产和市场需求的新变化。在 2006 年，浙江全省各地就开始按照"腾笼换鸟"的决策，全面开始实施以创新为抓手的产业转型，适时适当发展"重、大、国、高"来优化和提升产业，促进经济转型升级。

商业银行完全可以借助仓储金融业务，通过对仓储金融中融资行业的选择、中小企业的选择、质押动产的选择，使银行在降低风险的同时，避免向高能耗、低附加值企业发放贷款，助力经济转型升级，支持生态文明建设。"动产易动"会造成质押物的流失或贬值，不同的存货，在价值高低、畅销与滞销、形态品质变化等方面千差万别，选择何种动产是关键。从实践来看，目前质押的动产主要有质地稳健、市场价格波动小、变现能力强的工业原料、农产品和大量消费品。金融仓储常用动产涉及黑色和有色金属、造纸、化纺、食品、建材、电子机械、交通、农产品、石油、能源等十余个行业，从行业分布来看，目前金融仓储尚处于开拓市场时期，未体现出对低碳行业的支持。随着银行对低碳行业贷款比例的不断增加，通过金融仓储业务，在选择抵质押产品时完全可以体现绿色信贷，向低碳行业倾斜，优先向太阳能、风能、新材料、节能环保、生物工程、信息网络、高端制造业、现代服务业、海洋经济的企业发放动产抵质押贷款。对于传统的高碳行业，比如石化、煤炭、钢铁、水泥、冶金等急需资金进行技术改造和技术创新的正在转型升级中的中小企业，更应该通过金融仓储业务给予支持，支持这类企业转型升级。对于目前尚未准备转型升级的高能耗制造企业，暂时不允许通过金融仓储获得贷款，这些企业在融资压力下，必然要寻求突破，进行转型升级。对于浪费资源、污染环境、不具备安全生产条件的工艺技术、装备及产品等落后生产能力类型的企业，且无志于转型升级的，坚决不能通过仓储融资，实在无望的就破产。通过以上有选择地开展金融仓储业务，形成一批高科技企业，支持大部分企业转型，坚决淘汰小部分落后企业，率先推进金融仓储促进中小企业转型升级，实现中小企业践行低碳经济的发展战略，最终实现经济增长方式的重大转型。

四、对于动产抵质押的第三方专业化管理

不动产较少的中小企业一般会拿原材料、半成品、产品等动产作为抵质押向银行申

请贷款，银行自己来管理和看守这些抵质押品受到诸多限制，如仓库的容量、对于不同物品的保管要求的专业化、管理的复杂性等，从而影响了动产抵质押业务的普及。如果有专业的第三方公司来保管和监管中小企业的抵质押物，银行可以提高效率，节约成本，简化管理，更明确地掌握抵质押物信息。

五、为库存资金寻找出路

目前我国银行业存差现象严重，存款金额大于贷款金额。存差巨大的原因有很多，如我国居民储蓄倾向较高、投资渠道匮乏等。但其中一个重要的原因是银行资金运用不充分，没有很好地支持经济发展。这样，一方面是中小企业急需资金发展壮大，另一方面商业银行却有大量资金无法贷出。库存资金的闲置，不仅对于整个社会来说使得资源配置失调、效率浪费，而且对商业银行自身来说也无疑损失了巨大的潜在收益。

但是大型企业自有资金充裕，政策待遇优厚，而且由于信用程度高，在资本市场上也可以较为容易地通过股权、债权融资，而成本却可以低于银行贷款。所以数量众多、资金缺口大的中小企业成为商业银行开拓业务的主要方向。

六、解决信息不对称难题

在贷款之前，由于中小企业财务制度不健全、经营管理状况难以明确掌握，信息不对称主要体现为逆向选择。而且银行在放贷前需要做大量的信息获取和审核工作，这相比于大型企业的信息真实性高、易于得到来说，无疑是需要很高的审核成本的。在放贷之后，由于中小企业成为资金的实际使用和管理者，可以为了自身的利益投资于一些银行所认为的高风险的项目，而银行又很难进行完全有效的监管和干预，所以信息不对称主要体现在道德风险方面。这样不难看出，由于存在着严重的信息不对称，所以商业银行要放贷给中小企业，不可避免地会面对高审核监管成本以及不能按时收回贷款、形成坏账的风险。所以对于商业银行，其最大的制度需求是弱化信息不对称，而金融仓储作为银行的管家，对中小企业动产实施有效监管可以降低传统银企信息不对称的难题。

【阅读链接】　金融仓储让银行风险更低　让中小企业融资更容易

重庆银行：双线监控，让银行放心放贷

重庆银行成都分行公司业务部负责人说，"鑫联公司开展的是真正意义上的金融仓储业务，根据企业动产情况站在银行的角度上进行全方位的风险把控，融合了监管、巡库、风险分析、盯市（价格波动分析）和部分解除监管质押物（动态提换货）等服务。同时，鑫联采用全面实时监控设备加派人驻点监控的模式，双线监控让我们银行非常放心。以往我行只开展了大宗商品类的动产融资业务，通过鑫联公司的金融仓储服务，我行的质押品范围扩大到了化肥、铁矿石、贵金属、煤炭、基酒、钢铁、粮油、橡胶等，同时根据市场情况，质押物品种还在不断拓展"。

攀枝花商业银行：金融仓储让银行接受的抵（质）押物范围更广

攀枝花商业银行信贷经营部负责人表示，"目前中小企业贷款难，主要归咎于两

个原因：一是财务不规范；二是中小企业没有抵（质）押物。许多中小企业融资难也是因为自身条件和银行的标准有一定的差距。通过鑫联金融仓储公司的介入，让中小企业更容易从银行融资"。该负责人表示，"我们同鑫联公司合作较早，攀枝花商业银行过去主要集中在钢材行业，鑫联介入以后，我们将矿石和其他易保存的物品也纳入我们的抵（质）押物范围了"。

哈尔滨银行：金融仓储监管中引入保险公司，风险得以分流

哈尔滨银行成都分行小企业金融服务中心负责人说："鑫联公司的金融仓储模式引进了保险公司，对于监管过程中造成的风险，保险公司可以先期进行赔付，通过这种方式将银行质押融资的风险进行了化解和分流。通过这种模式，我们能够实现的质押物范围包含了成品名酒、黑色金属、有色金属、橡胶、塑料、基酒等大宗及特殊的流通商品。"

浙江民泰商业银行：24小时监控企业　解决银行贷后管理难题

浙江民泰商业银行负责人告诉记者，"鑫联除了在提供仓货质押监管的情况下，能够向我们提供企业经营的实时监控，通过在企业生产经营场地设置监控，还能将监控图实时地与银行的风管监控系统连接起来，让我们的风险监控人员能够第一时间及时了解企业的生产经营情况是否正常、是否有停工或断货等现象发生。这解决了我们银行一直寻求的贷后管理方面的一大难题。对于一些外地生产企业和流通贸易企业，它们的原材料、半成品和产成品都能够通过规范管理作为我行的质押物，拓宽了我们的客户群"。

资料来源：张蒙，原载于《成都商报》，2011-07-07。

第四节　金融仓储与传统仓储企业

一、仓储企业发展现状

改革开放以来，我国仓储业快速发展，仓储设施明显改善，产业规模持续扩大，社会化进程逐步加快，服务水平与作业效率有所提高，出现了地产类仓储、金融类仓储、自助式仓储等新的经营业态，一批功能完善、融入供应链一体化服务的现代仓储企业脱颖而出。目前，我国的仓储业已有了较大的规模，截至2008年末，我国仓储企业的数量已达17 416个，仓储业的从业人数已达51.1万人，总资产已达5 694.5亿元，资产过亿元的仓储企业874家（其中国有及国有控股企业550家），资产总额4 069亿元，即5%的企业占全行业总资产的71.4%，仓储业的营业收入已达3 020.9亿元。2010年全国物流业增加值为2.7万亿元，按可比价格计算，同比增长13.1%，物流业增加值占GDP的比重为6.9%，占服务业增加值的比重为16%，其中，仓储业的增加值2 084亿元，同比增长13.7%，高于物流业增加值的增幅0.6个百分点，保持了长期以来的增长势头。

中国仓储协会调查数据显示，2010年，从152家提供其主营收入的企业来看，2010

年仓储服务企业主营收入较上年增长了 68.5%，从 2009 年的 225.16 亿元增长到 379.49 亿元。各分项收入的增长情况如图 5 – 2 所示。

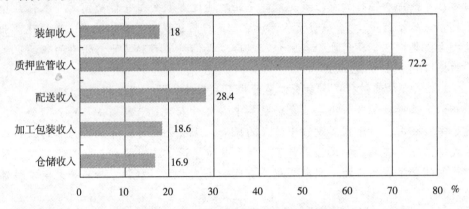

图 5 – 2　2010 年仓储服务企业各分项收入增长率

其中，提供仓储收入的企业有 138 家，提供装卸收入的企业 90 家，提供配送收入的企业 40 家，提供加工包装收入的企业 30 家，提供质押监管收入的企业 26 家。质押监管收入和配送收入增幅最大，是因为监管贷款额与配送量大幅增长。根据 26 家提供质押监管服务企业提供的数据显示，2010 年质押监管贷款授信额度增长了 74.5%（由 2009 年的 196 亿元增长到 2010 年的 342 亿元，不含中外运公司的数据）。

二、仓储企业存在的问题

（一）技术水平分化，发展不均衡

自改革开放以来，国外先进的仓储技术传入我国，使我国仓储业发生了显著的变化，特别是自动化仓储技术传入我国以后，我国的仓储技术有了很大的提高。虽然我国在建造自动化仓库时注意引进先进的仓储技术、提高仓储工作人员的素质、重视仓储管理工作，但由于资金、资源等各方面的原因导致各地区发展不平衡。除此之外，仓库建设本身一般为了满足一时需要，而采取了短期行为、应急式的决策，使得所建设的仓库普遍都是简易仓库和货场，缺乏机械和设备。同样因为仓储企业的经营管理水平低下，仓储自身发展能力极弱，大多数仓储技术水平低下，机械化程度很低。

（二）众多布局不合理的仓库

不同层次、不同部门为了满足自身需要，广泛开展仓库建设，特别是部门集中地区，仓库较为集中，数量众多。为了便于纵向的联系和资源调配，仓库都集中建在交通中心附近，造成在一个地区，以至于在全国的仓储布局极度不合理。仓储集中的地区仓储能力出现严重剩余，其他许多地方仓储能力严重不足。在经济落后地区，仓储能力的不足严重限制了当地经济的发展。

（三）条块分割，仓储分为多个部门

我国长时间实行的计划经济体制导致了物质资源通过部门体制的方式分配。各部门间争夺物质资源、储存所获得的分配资源形成了以部门体系的纵向方式部署仓储。中央、地方的仓储结构，物资、商业、农业、交通、铁路、电力等部门体系的仓储结构，它们之间互不联系。

（四）存量巨大，管理水平低下

我国仓储利用率低下，货物周转率低，物资流通速度慢，仓储保管能力差，货物损耗严重。我国许多仓储企业并没有改造成为能自主地利用仓储资源进行盈利的独立市场主体，同时由于我国整体上社会性的不重视仓储管理、仓储管理的资源投入不够、仓储管理人员的整体文化素质不高、专业知识程度低，而导致了仓储管理水平的低下。绝大多数仓储企业由于没有自主经营的能力，因而也就不能充分利用仓储资源，为社会提供更加优质的服务。更没有意识到能够利用仓储中的巨量沉淀资本为企业和社会创造经济价值。

（五）经营方式落后

我国仓储业的传统经营方式还没有根本性改变，仓储自动化、标准化与信息化管理仍处于较低水平，造成我国流通企业商品库存时间过长、占压资金过多。2007—2011年，我国物流总费用占国内生产总值的比重由18.2%下降到17.8%，而保管费用占国内生产总值的比重却由5.8%上升到6.1%，这说明仓储环节费用在显著增长。

三、物流仓储企业的增值服务

仓单质押监管业务由大型物流公司向大中型仓储企业发展，大型物流公司已经向供应链融资物流发展。中外运长航集团与中国物资储运总公司2009年质押授信额度均达到500亿元，上海中远物流的"海陆仓"与"融资中转仓"成为亮点。海陆仓业务是指在传统仓单质押融资模式基础上融仓储质押监管、陆路运输监管、铁路运输监管、沿海运输监管、远洋运输监管等任意组合的供应链全程质押融资监管模式。传统的仓单质押一般针对客户的存储在指定监管仓库中的现货进行质押，所质押的内容和监管的范围比较确定，而海陆仓业务则可以根据客户的具体业务需求利用中远物流实施的物流、控货服务的渠道范围，结合银行的贸易融资产品，创造性地设计与组合、运用传统和非传统的融资方式给予客户授信支持。

四、仓储业出现新的经营业态——金融仓储

新的经营业态意味着有新的经营方式与新的盈利模式，并且可以复制、形成产业化。近年来，仓储业的经营业态又有新的发展，即金融仓储。现代经济高速发展，传统仓储企业在我国长期以来业务单一，规模普遍较小，金融仓储无疑是开展业务创新所关注的一个重点。企业要将质押物存放在仓储公司，并且货物需要通过仓储企业流通；银行对中小企业的各种信息的获取、质押标的监管，甚至企业的经营管理状况都要通过仓储企业来获得，所以通过加强与银行的合作，仓储企业可以扩大业务规模，获得利润。对于仓储企业而言，可以利用能够为货主办理仓单质押贷款的优势，吸引更多的货主进驻，提高仓库空间的利用率；同时又会促进仓储企业不断加强基础设施的建设，完善各项配套服务，提升企业的综合竞争力。

金融仓储与仓储服务企业的增值服务、开展仓单质押监管业务不同，金融仓储企业不提供仓储服务，而是专门为金融机构与中小企业融资提供仓储监管服务。金融仓储属于金融业与仓储业的结合体，既可以定性为金融产业的衍生产业，也可以定性为现代仓储业的一种新业态，即金融仓储业。它的产业意义在于：更能取得金融机构的信任与业务外包，更有利于帮助中小企业通过动产融资；同时，也会促进仓储物流企业运用仓储管理的优势同时开展质押监管服务，还可以通过仓储企业与专业监管企业的合作，更普遍与更广泛地开展动产质押监管服务。

第五节　金融仓储的社会评价

2010 年 3 月，"中国金融仓储发展高峰论坛"在浙江省人民大会堂隆重召开。中国银行协会、中国仓储协会、杭州市人民政府、中国人民银行、清华大学、中央财经大学的领导和专家数十人前来参会，皆对金融仓储高度赞赏，金融仓储的声音从这里走向全国。

一、媒体评价

《金融时报》2010 年 4 月 20 日对"中国金融仓储发展高峰论坛"进行了全程报道。

共话金融仓储产业　助力中小企业发展
——"中国金融仓储发展高峰论坛"在杭州举行

由中国银行业协会、中国仓储协会、杭州市人民政府和金融时报社共同主办，浙江省金融学会协办、浙江涌金仓储股份有限公司承办的"中国金融仓储发展高峰论坛"，近日在浙江省杭州市举行。与会专家学者对金融仓储模式进行了热烈探讨，金融时报社社长汪洋主持论坛。

论坛上，大家认为，金融仓储作为金融服务外包的一种模式，是现代服务业的重要组成部分。它的出现，是现代经济发展的必然要求。在我国，金融仓储可以说是新生事物，它是现代金融产业与现代仓储产生交叉发展的结果，是现代产业融合与创新的产物。金融仓储产业的发展，既能为银行融资提供全方位的动产质押管理，完善社会担保机制，促进中小企业融资；又能完善银行信贷结构，降低信贷风险，对于解决中小企业融资难这一国民经济发展的"瓶颈"问题，对于在有效防范风险前提下不断开拓金融创新之路，提供了一个很好的思路和做法。同时，大家也提出，作为专业服务于金融业的仓储业务活动，金融仓储的发展还需要社会各方形成共识，需要金融业与仓储业之间的通力合作，通过银行与仓储企业的全面合作，来明确金融仓储业务标准，实现业务规范。

大家还提出，浙江是全国经济发展的龙头之一。在新一轮经济发展中，浙江深入推进"创业富民、创新强省"的"两创"战略，努力构建中小企业发展的良性机制。支持经济转型升级，支持产业融合、创新，这都为金融仓储产业的发展奠定良好的政策环境。仓储是一个庞大的产业，也是国民经济中很重要的产业，金融仓储的发展，将极大地推进仓储业务的延伸，推进仓储业的创新发展。

在论坛上，杭州市人民政府副秘书长孙振洲、浙江省人民政府金融工作办公室副主任包纯田、中国银行业协会顾问徐光太、中国仓储协会会长沈绍基分别致辞；中国人民银行研究局副局长刘萍、浙江涌金仓储股份有限公司总裁童天水发表了主旨演讲，中国人民银行杭州中心支行行长刘仁伍、杭州银行副行长任勤民、中储发展股份有限公司监事会主席姜超峰发表了演讲。

本次论坛的成功举办，增强了社会各界对金融仓储业的关注，对推动金融仓储业规范化、产业化发展，以及杭州加强现代服务业的发展和打造成区域金融中心具有积极推动作用。

二、金融管理机构评价

（一）中国人民银行杭州中心支行行长刘仁伍

金融仓储是一项多方受益的金融服务

金融仓储作为物流金融的一种创新模式，一问世便深受中小企业、金融机构和仓储公司欢迎，是一项多方受益的金融服务。

在我国，专门的金融仓储公司是最近几年兴起的，主要在浙江一带。2008年，浙江涌金仓储股份有限公司作为全国首家金融仓储公司在杭州正式成立。据了解，2009年涌金仓储与11家银行开展合作，共为61家中小企业提供金融仓储服务，融资额达16亿元。2009年，杭州萧山成立了浙江和金仓储股份有限公司，为全区符合条件的企业提供流动资产贷款质押。截至目前，萧山区8家企业通过这一渠道获得了共2.5亿元的意向授信。

实践证明，金融仓储作为金融机构和中小企业间安全、畅通的桥梁和"粘结剂"，其创新与发展对促进我国经济持续健康发展具有非常重要的作用和意义。首先，金融仓储盘活了中小企业闲置资源，有效解决了中小企业贷款抵押难问题；其次，金融仓储使动产质押物成为风险损失的最终承担者，减少了银企信息不对称现象，加大了银行信贷支持力度；最后，金融仓储将金融机构的非核心业务重新组合、深化，通过专业化分工改变了企业动产资源难以质押、金融机构对质押产品难以监管的局面，推动了动产质押业务的开展，拓展了金融机构业务空间、增强了整体竞争力，为其提供了一个新的增长点。

当前，金融仓储作为一种新生事物，距离产业化、规模化还有很大差距，在发展过程中还存在诸多问题，如缺少对第三方监管行为的法律规范、缺乏统一的动产融资物权登记平台、金融机构与仓储公司合作不紧密、业务流程不规范、操作规程不科学、专业人才匮乏等。因此政府、金融机构、仓储公司和众多中小企业应共同努力，积极培育，多措并举，努力推动金融仓储产业蓬勃发展，实现多方共赢。对于金融机构而言，概括起来主要有四个"注重"、四个"推动"：第一，注重法制建设，推动行业规范；第二，注重战略合作，推动信息交流；第三，注重内部建设，推动风险防范；第四，注重业务创新，推动品牌建设。充分利用自身分支机构数量多、遍布范围广的优势，制定和实施积极的营销策略，将金融仓储业务有效地导向目标客户，尤其是中小企业。

（二）中国人民银行研究局副局长刘萍

加强动产担保物权制度建设

2007年3月颁布的《物权法》，为中国动产担保物权制度建设奠定了坚实的法律基础，为中小企业利用动产融资提供了前所未有的机遇，也为金融仓储业的发展提供了创新的天地。金融仓储的实践使得《物权法》担保物权编中的第一百八十条、第一百八十一条变得生动起来。

动产易动，价值易失，金融仓储将动产这一天然属性，以专业化管理的创新理念固化，将风险锁定，它挑战了传统仓储理念和功能，在一般仓储的存放、配送、保管、维护的产业链条上，增加了贷款抵质押品发现、抵质押价值维持与价值变现等金融功能。浙江涌金仓储股份有限公司经过两年的实践，探索出一条银行、借款企业、仓储企业三方联动的供应链融资模式，使存货成为中小企业信用交易中的重要担保资源，这是一条解决中小企业融资的创新模式，值得推广和复制。

从对银行业的影响看，通过开展存货的担保融资，构筑起商业信用与银行信用之间、商品市场与金融市场之间的信用链条，让信用充分流动，极大地提高了我国银行效率的提高和实体经济的发展。

从对企业的影响来看，它将大大拓宽企业特别是中小企业的融资渠道，直接影响仓储物流贸易等行业的充分发展，极大地便利了企业尤其是缺少不动产担保物的中小企业融资，将大大盘活中国近 60 亿元存货的金融资源，解放生产力。

目前国内创新模式有三大类：第一类是客户资源创新，具体形式有存货质押担保、应收账款质押担保、仓单、提单质押担保、股权质押担保、应收商票质押担保、采矿权质押担保；第二类是客户经营关系创新，具体形式有厂商银合作担保、厂商银储合作担保、厂商商银合作担保、上家卖方贸易担保、下家买方贸易担保、商票票据关系担保；第三类是客户现金流资源创新，具体形式有应收账款现金流保理、出口退税现金流质押、收益权现金流质押、租赁费现金流质押、出信用保险现金流质押等。近年来担保物权创新将主要集中在供应链融资和应收账款保理方面。

金融仓储业的发展需要探讨融资产品创新、融资流程创新、融资管理创新，这三方面创新的精髓是理念创新，这是一切创新的源头，它需要一个全新的视角和勇气，敢于挑战传统，它需要创新市场理念、产品理念、定价理念、客户理念、执行理念。

（三）中国银行业协会顾问徐光太

物流产业作为国家十大振兴产业中唯一的服务行业，近年来一直保持着快速发展的良好态势，这一快速发展的朝阳产业对我国经济的影响越来越举足轻重。仓储金融服务作为物流金融服务的一个重要组成部分，随着《物权法》等法律法规的制定，近年来已受到金融业、物流业等相关方面的高度重视，金融机构与物流仓储企业等通过合作创新，借鉴各自经验，更好地为物流仓储企业特别是中小企业提供融资及配套的结算、保险等服务，取得了长足的进步，获得了不少的成果，仓储金融的质押物已从初期几个有限的品种扩展到了质地稳健、市场价格波动小、变现能力强的工业原料、农产品和大量消费品。融资的对象也随着风险控制水平的提高和创新模式的涌现获得了极大的拓展。由于引进了第三方监管，银行机构与借款单位的抵质押贷款规模增长的趋势明显，特别是一些中小企业由此获得资金，缓解了融资困难。

由于存在着法律风险、操作风险、借款人的信用风险以及质押物价格风险和流动性风险等因素，因此金融机构审批仓储金融贷款比较谨慎，风险控制的程序比较严格，物流仓储企业特别是中小企业的融资瓶颈一直未得到有效的缓解。如何对这些风险进行细致的识别和评比，并进行有效的控制，是影响仓储金融进一步发展的关键，这就需要在《物权法》、《担保法》等法律规章的框架下，依托大宗商品流通交易市场，加快仓储行业货物标准的制定工作；健全法律法规和行业标准三重约束框架下的政策体系，增加担保品的流通能力，进而降低业务风险水平；鼓励仓储金融货物从体制、组合、技术到产品进行大胆的创新，鼓励金融、信托、保险等机构联手为仓储业提供一条龙的服务；努力提高仓储企业的信息化程度，增强仓储金融服务的可视化水平，有效地降低交易成本和贷款风险；建立银行、保险、信托和担保、仓储企业以及客户联网的信息网络，提高行业服务水平，开拓仓储金融服务的增值空间。

三、地方政府评价

（一）浙江省杭州市人民政府副秘书长孙振洲

近年来，杭州市大力推进长三角南翼金融中心的建设，鼓励在杭银行机构与信托、担保等金融服务企业通力合作，创新求变，不断拓宽金融创新领域，推出具有区域首创性和对外影响力的项目，金融仓储就是杭州金融创新实践的范例。作为金融业和仓储业融合创新的产物，金融仓储为银行信贷提供了可靠的动产质押管理，为中小企业的融资开辟可行的渠道，还为现代仓储物流业的市场细分与业务创新提供了可观的空间。在盘活中小企业存货、规避关联担保风险、拓展融资渠道等方面，发挥着积极的作用。目前，杭州的金融仓储产业初具规模，经营主体既有大型仓储企业，也有专业化的公司，已初步探索出金融仓储产业化发展的路径。

此次"中国金融仓储发展高峰论坛"在杭州召开，是对杭州进一步拓展金融仓储业的一个极大的促进！通过今天的论坛，既能进一步探索银行和金融仓储机构互动机制，又能创造一个沟通和合作的良好平台，在促进金融仓储业创新与发展的同时，为经济转型和产业升级提供金融动力。

（二）浙江省人民政府金融工作办公室副主任包纯田

浙江省的金融创新，至少在3年以前还不是大家非常一致的行动。最近这段时间，尤其是金融危机之后，浙江面临的压力也是前所未有的，不仅是经济GDP增长的速度下降了，最关键的是我们很多成长的烦恼暴露出来了。针对这种情况，浙江最近3年出现的金融创新，尤其是立足于本土的、服务于中小企业为主体的金融创新如雨后春笋般地涌现出来。其中，浙江涌金仓储股份有限公司的金融仓储是创新的一部分。除了今天开会讨论的这个主题外，浙江最近几年还有几个大的创新，如围绕着现代服务业门类所进行的中小企业集合债发行、中小企业贷款的信用保险服务、全省范围内105家小额贷款公司正式投入运营等。我们下一步将围绕着中小企业金融创新服务，在更宽的面、更高的层次展开中小企业相关的金融服务，包括涌金仓储在内的原创仓储金融服务，包括地方的服务面扩大，融资方式创新，手段更加多样化等方面，我们省金融办将会围绕着企业发展的需要、金融机构创新服务的需要，提供全方位的、密切跟踪的紧密服务，为浙江经济不断地跃升到更高的水平贡献力量。

四、银行业评价

杭州银行副行长任勤民

杭州银行自成立以来，作为杭州本土银行，始终坚持"服务地方经济、服务中小企业、服务市民"的市场定位，始终坚持以中小企业业务为发展重点，以专业、便捷、创新的方式，立志于打造成为中小企业金融服务的领先者和标杆。这些年我们在物流金融方面做了很多尝试和探索，尤其在金融仓储方面，正在实现产品化和系列化。截至2009年12月末，杭州银行以存货作为担保方式，融资总额超过20亿元，客户100余家，与多家专业金融仓储机构（如涌金、长运、中远、和金）及专业市场方签订了合作协议。

从企业自身发展规律来看，金融仓储较好地满足了轻资产运营战略要求。企业为提高资产周转率，大量降低固定资产比重，加大存货、半成品、原材料等流动资产投资力度，在社会平均利润率不断下降的压力下，力图通过提高资产周转率提升盈利能力，这就是当前很多企业采取的轻资产运营战略。轻资产运营战略的实施，使银行传统依靠固定资产抵押的授信模式面临极大挑战，金融仓储模式的出现，较好地满足了银行授信的要求，同时也解决了中小企业的融资难题。

五、仓储业评价

（一）中国仓储协会会长沈绍基

作为现代仓储企业的一项增值服务项目，仓储金融业务一直是我们协会关注的对象，早在2006年就将其作为首届中国仓储业大会上的一个专题进行研讨。这几年为了推动这项业务在全行业的普及，我们还做了许多工作，目前正在着手制订《仓单要素与格式规范》与《质押监管规范》等国家标准。

在我国经济长期保持高速发展的情况下，以动产质押为基础的各类金融仓储业务具有巨大的市场空间与发展潜力。中国人民银行的一项统计显示，这些年我国企业的原材料、半成品、成品以及应收账款等价值每年累计都达16万亿元以上，其中常备存货的价值近6万亿元。目前通过这些动产"质押"取得的银行贷款规模还很小，而大量中小企业的融资瓶颈长期得不到根本解决。《物权法》的出台，为我们开展动产质押监管融资提供了法律依据。2009年9月国务院发布的《关于进一步促进中小企业发展的若干意见》，已经将动产质押、仓单质押作为加强和改善中小企业金融服务的重要措施。全国1.7万家仓储企业、5亿平方米以上的通用仓库，目前开展金融仓储业务的企业还只是少数，只要实施相应的标准与规范，都可以为动产质押融资提供监管服务。

（二）中储发展股份有限公司监事会主席姜超峰

动产抵押是《物权法》出台以后一种新的模式，抵押和质押不同，质押的货物只要进入了质押状态就不许随便变动，但是抵押下的动产是可以变动的，由出质方占有，这是抵押和质押的区别。动产抵押要有登记，主要适用于生产线上的货物，其经常变换形态，从原材料进入生产领域，半成品在生产线上，直到产成品到成品库之后，都在抵押的范围之内，所以，它是可以变换物资形态的一种贷款方式。动态质押贷款，在质押期内货物是经常流动的，因为客户需要每天提货，每天进行生产，所以必须及时补货。

从质权人方面来讲，几乎所有的金融机构、担保公司都在研究它并开展质押贷款业务。出质人方面，更多的是中小企业加入质押贷款的行列，其中以贸易企业、生产企业最多。监管人方面，除中储、中远、中外运等大企业之外，一些担保公司、资产管理公司、贸易公司、铁路物资、港口码头等都进入质押监管融资业务的行列。有的银行甚至专门组织成立了自己的监管公司，所以它就不需要假借外方了。但也有一个问题，如果业务过程出现风险，银行自己要承担全部责任，而由第三方监管单位监管的话，责任可以转嫁给监管方。

（三）浙江涌金仓储股份有限公司总裁童天水

金融仓储是新生事物，有广阔的发展前景。从发达国家的信贷运行来看，应收账款担保融资和动产担保融资是短期贷款的最主要方式，分别约占短期贷款的50%和30%。我国动产担保融资还刚起步，目前占金融机构贷款余额的比重不到0.5%，实在是微乎其微。但与此相对应的是，我国企业动产的稳定性库存量很大，占金融机构贷款余额的20%以上，动产抵质押贷款需求市场十分庞大。

在我国传统的银行信贷中，中小企业常常由于缺乏厂房、机器设备等有效不动产抵押物而得不到信贷资金支持。而生产型或流通型的中小企业，一般都有原材料、半成品、产品等动产，且这些动产在一定时间范围内有较固定的最低贮存量。如果按其相对稳定的最低贮存存货作抵质押来申请贷款，就能有效地解决这些中小企业融资难的问题。但是，银行开展动产抵质押贷款又面临两个难题：一是动产价值认定问题；二是动产管理与价值监控问题。现在，专业化的金融仓储的出现能有效地解决这两个难题，其获得银行认可的标准仓单设计与专业化的第三方仓储管理与价值监控，能顺利地支持中小企业获得银行贷款。同时，由于金融仓储业务经营将对金融业务的风险管理产生重要影响，有必要对金融仓储业务进行独立的监管。金融仓储在一定程度上具备担保性质，可考虑在设计担保企业监管模式时，将金融仓储纳入其中，并以产业的视角来审视金融仓储的发展，多方努力，共同为金融仓储产业的发展构建良好的生态环境。

第六章

金融仓储服务基本模式

JINRONG CANGCHU FUWU
JIBEN MOSHI

金融仓储服务模式是指一个以质押物资监管、价值评估、公共仓储、物流配送、拍卖为核心的综合性金融仓储服务平台。金融仓储服务基本模式可以归结为两种：基于动产监管的金融仓储服务模式和基于仓单质押的金融仓储服务模式。其中，动产监管又包括动产质押监管和动产浮动抵押监管两种。

第一节　基于动产质押监管的金融仓储服务模式

一、基于动产质押监管的金融仓储服务模式简介

（一）动产质押监管模式定义

基于动产质押监管的金融仓储服务模式，是指中小企业将其拥有的动产作为担保，向资金提供方如银行出质，同时，将质物转交给具有合法保管动产资格的仓储企业进行保管，以获得贷款的信贷业务活动。粮油、棉花、有色金属、钢材、纸浆、玻璃、汽车、橡胶、化肥、原油等，因价值稳定以及市场流通性好，而被纳入质押的范围。动产质押品种的选择，在一定程度上反映出商业银行对风险规避的考虑。在金融仓储服务模式运作中，商业银行和仓储企业实施"总量控制"、"总价值控制"和"不断追加部分保证金—赎出部分质押物"等操作方式，在确保信贷安全的前提下，增强质押商品的流动性。

（二）动产质押监管模式 SWOT 分析

SWOT 分析即强弱危机综合分析法，是一种企业竞争态势分析方法，是市场营销的基础分析方法之一，通过评价企业的优势（Strengths）、劣势（Weaknesses）、竞争市场上的机会（Opportunities）和威胁（Threats），用以在制定企业的发展战略前对企业进行

深入全面的分析以及竞争优势的定位。基于动产质押监管模式的 SWOT 分析见表 6-1。

表 6-1 基于动产质押监管的金融仓储服务模式 SWOT 分析

S（优势/优点）	W（劣势/缺点）
仓储公司：通过动产质押监管为公司提供了新的增值服务，是企业利润的增长点 融资企业：有效盘活企业的沉淀资金，增加了资金利用率，并且能够及时地在金融机构得到所需的资金，用于企业的发展 金融机构：提供新的增值服务，成为新的利润增长点，分散了风险	仓储公司：对员工的要求比较高，特别是道德层面要求比较高，而且必须要有仓库管理、监督管理、价值评估、配送、拍卖等综合性的服务能力，容易产生融资企业的强行提货风险 融资企业：必须通过金融机构和第三方仓储企业进行融资业务，否则将无法实现 金融机构：虽然减小了与中小企业的信息不对称，但是又产生了与仓储企业之间的信息不对称
O（机会） 金融机构、仓储企业、融资企业长期合作，实现三方共赢	T（威胁） 质押物价值的评估，质押物的变现

（三）动产质押监管模式分类

动产质押监管可以分为静态质押和滚动质押。

静态质押融资是融资企业将商品质押给银行，并存放于仓储企业监管下的仓库，仓储企业代银行占有和监管质物，并向银行出具质押专用仓单或质物清单，银行据此向借款人提供融资。在静态质押中，商品入库后一般不得更换，但可随融资余额减少提取相应部分，直至担保的融资清偿为止。静态质押融资作为存货融资的基本模式，已经广泛应用于生产、贸易企业融资中。为更好地解决客户商品移库问题，通过仓库租赁的法律安排，实现了在第三方仓库乃至企业自有仓库的质押监管，从而大大拓宽了静态质押融资的适用性。

滚动质押融资是在静态质押融资的基础上发展起来的一种更为便捷的物流融资方式，其基本结构与静态质押融资类似，区别在于滚动质押融资事先确定质押商品的最低要求值，在质押期间超过最低要求值的部分可自由存入或提取，同时允许质物按照约定方式置换、流动、补新出旧。实践中滚动质押融资模式更加契合企业经营需要，灵活性更强，从而为企业经营提供了更多的便利。融资企业可以将其变现能力强的原材料、半成品、产成品都列入质押商品名单。银行在生产经营全程监管基础上为其提供一揽子融资方案，既实现了对物流和资金流的全程监控，及时了解企业经营，有效防范业务风险，又可以提高企业获得的融资额度。

当前，可以广泛使用的是滚动质押融资模式，其具体流程如下。

1. 融资企业首先向银行提出动产质押贷款申请，同时与金融机构、仓储公司共同签订第三方委托协议。

2. 融资企业将动产质押给金融机构后，仓储公司根据委托对动产作专业化的仓储管理，如进行流量控制管理、存量控制管理、货值控制管理等。

3. 依据合约，银行向金融仓储公司发出监管指令。

4. 金融仓储公司对仓库实施监管。

5. 仓储公司根据监管情况，定期向金融机构和融资企业提出反馈报告。如果质押品价值低于合同约定，则通知融资企业及时补货；如果融资企业无法还贷，则仓储公司负责变现保管物，维护约定方的利益。

6. 银行根据金融仓储公司的监管信息及时修正监管指令。

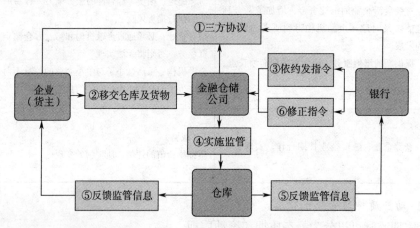

图6-1 基于动产质押监管的金融仓储服务模式流程

（四）银、企、储规范化合同协议

在动产质押监管服务模式运作中，借贷合同或委托动产管理合同所涉及资金往往用于金融仓储的操作，仓储企业的中介地位、仓储业务的特点决定了仓储企业一方面能够管理并一定程度上控制中小企业的动产流通，另一方面能了解客户货物交易及持仓情况。因此，借款合同的当事人常常在签订借款合同的同时，还与仓储企业签订委托监管协议，授予仓储企业监管权，把仓储企业看成是能够保证借贷资金、委托资产安全的监督者。委托监管协议的表现形式很多，有的由仓储企业与借款合同双方在合同之外，专门签订独立协议；有的则把委托监管协议内容放入借款合同或委托资产管理合同中。这类合同在金融仓储业务中往往被称为三方监管协议。委托监管协议是从属于借款合同或委托资产管理合同的从合同。主合同有效是委托监管协议有效的前提，也是仓储企业监管权的发生前提。合同协议是确立金融仓储服务中关系方权利义务关系的法律凭证，标准规范化的合同协议一方面可以明确三者在业务操作的责任，做到合理的分工合作，保证业务的安全顺畅。另一方面可作为纠纷发生时的书面凭证。

首先，中小企业与仓储企业签订《仓储协议》，将货物送入仓储企业的仓库，中小企业、银行和仓储企业协商签署动产质押贷款三方合作协议书，仓储企业同银行签订不可撤销的协作银行行使质押权保证书，确定双方在合作中各自履行的责任，银行与中小企业签订《账户监管协议》。最后银行按照货物价值的一定比例向中小企业发放贷款，从而顺利实现中小企业的融资。

下面以商业银行和仓储企业独立签订的三方监管协议为例，阐述各参与方承担的责任和义务。

【案例】　　　　　　　　**动产监管业务合作协议**

甲方：×××××仓储企业

乙方：×××××银行

　　为推动动产担保信贷业务开展，有效控制风险，实现银企双方共赢，经双方友好协商，在开展动产监管业务合作方面达成共识，并形成以下合作协议。

　　一、甲方是经批准合法专业从事仓储、担保、仓储服务的公司，为乙方提供独立的第三方动产监管服务；乙方及其下属支行在符合法律法规、金融政策的前提下，给予甲方一定的业务推荐。

　　二、甲方对于乙方推荐的业务应优先受理，并以监管意向书的形式向乙方提供一案一策的监管方案。甲方作为独立的第三方，接受乙方的委托，按照乙方的要求，负责为乙方指定的仓储货物进行动态监管、控制、管理，包括货物的入库、出库、调整、货物情况的及时查询，确保货物安全、充足、足值。

　　三、具体业务发生时甲方、乙方和物主签订具体的仓储监管协议，并依约执行，甲方因监管不力造成乙方损失的，需承担赔偿责任；乙方则需按约支付货物保管、监管费用。

　　四、甲方应尽早完成监管信息系统的开放，并为乙方开通查询所委托监管的动产情况的权限。

　　五、甲乙双方应指定专人联系业务，定期沟通业务中的问题。

　　六、合作期内，甲方发生承包、租赁、合并、兼并、合资、分立、联营、股份制改造、破产等行为，甲方应提前二个月以书面形式通知乙方，并征得乙方同意，否则乙方有权终止本协议。

　　七、甲方发生合并、兼并、合资、分立、联营、股份制改造等体制变更行为的，合作期项下的全部义务由变更后的机构承担。

　　八、甲方应定期（半年、年终）向乙方提供真实的财务报表及对外担保业务情况，乙方有权了解甲方的投资、盈利、资金流向等财务信息。

　　九、在合作期内，双方不得单方面提前解除协议。确因客观原因，一方需要提前解除协议的，应提前一个月通知另一方，并征得另一方同意，共同就协议终止后双方的权利义务达成一致意见。本协议未尽事宜，甲乙双方可签订补充协议。

　　十、本协议合作期一年，期限届满，合作期内已发生的业务，甲方应继续按具体协议中的约定履行义务。

　　十一、本协议一式四份，甲乙双方各两份。本合作协议自双方签章起生效。

甲方（公章）　　　　　　　　　　　乙方（公章）

日期　　　　　　　　　　　　　　　日期

由于仓储企业的监管权是主合同双方当事人共同委托产生，因此由仓储企业对监管范围内的资金运作情况进行及时通告，并通知当事人补充货物或转入资金的行为，是委托监管协议确定的监管权的主要内容，也是贷款人或委托人对贷款或委托动产行使检查权、监督权最直接的表现。这一监管权既是仓储企业的权利，又是仓储企业的义务。委托监管协议约定将贷款人或委托人的检查权、监督权授予仓储企业，仓储企业实际上是代理贷款人或资产委托人行使检查权与监督权，因此仓储企业的通告及通知行为，相对于借款人或资产受托人来说，是一种权利；另一方面，仓储企业既然接受了贷款人或资产委托人委托，就有义务保证他们的检查权与监督权得以有效实施。另外，仓储企业的监管权既然是基于委托监管协议的授权而产生，其权利的行使就应在授权的范围内进行。因此，委托监管协议必须明确约定通告及通知的时间或前提条件、频率，以及通告或通知的范围、内容等，仓储企业任何超出授权范围的行为，未经授权方事后追认，仓储企业将对行为的后果承担相应责任。

委托监管协议的有效有赖于其基础合同的有效，委托监管协议委托的监管权，是基础合同各方对仓储企业的共同委托，其主要内容是通过对中小企业动产的监管，保证动产的总数量或者总价值、向有关各方通告、通知监管账户内资金。对于中小企业资金账户管理、平仓与资金的划转等内容，仓储企业必须按有关规定的要求进行，不能仅依据委托监管协议的约定进行。

（五）动产库存控制

动产质押监管服务模式运作中，动产质押融资的难点在于不断变化中的库存控制。负责监管质物的仓储企业可以选择保持质物名称、质量、状况不变，并且数量不低于一定量的前提下，质物相对的动态流动；或者保持质物的总价值为一限定额。前者是在保持一定总量的前提下，采取相同的物品来替换标的物；后者是在保持一定总价值的前提下，用相同价值的物品置换标的物。

在应用总数量管理控制库存的运作中，仓储企业对存放在自身仓库的动产进行核查登记，输入金融仓储服务模式的信息平台。银行根据质押物的市场价格并参考仓储企业的建议，确定相应质押物的市场价值，并依据贷款金额和贷款折扣率确定库存总量下限。当企业需要取用物资时必须取得仓储企业的同意，并通过网络信息平台将取用物资的相关信息（时间、数量、品种、规格等）发送至仓储企业的信息控制平台。仓储企业根据企业的生产进度对质押物定期进行库存盘查，同时派人不定期对库存情况进行抽查，当物资库存总量低于风险下限时，仓储企业会通知银行同时并要求贷款企业补充相同物品或者归还部分贷款，否则即冻结质押货物。仓储企业负责对中小企业补充的货物进行质量、品种、规格、数量的检查。融资企业归还全部贷款后，银行通知仓储企业解除监管，融资企业恢复对货物库存的控制权。

在以总价值方式控制库存的运作中，由于企业在生产的不同阶段会产生不同的半成品，各种动产的数量比例不一定相同，并且同一品种在不同时期、不同型号的比例也不尽相同，因此企业在进行动产质押的融资过程中，对货物库存的控制可以采取总价值下限控制方式。该方式下，出库的货物和入库的货物在品种、规格、数量上不相同，但它们在价值上相等。这要求仓储企业随时掌握各种货物的价格变动情况，准确迅速地对每次入库的货物进行价值评估。质物相对动态流动的动产库存控制取得成功的关键在于仓储企业融入客户企业的程度以及信用管理的完善程度。

二、银行动产质押贷款业务——以民生银行为例

（一）民生银行动产质押贷款业务分类

民生银行根据监管方式不同，动产质押分静态质押、动态质押、先票后货三种。静态质押是指在质押期间质物处于封存状态，直至质物所担保的贷款清偿为止。动态质押是指在质押期间，质物可按约定方式置换、流动，"补新出旧"，质物在流动中品种与型号又可根据需要设为限定型与非限定型两种。先票后货包括银行自提质物、转仓不移库。银行自提质物指申请人与供应商签订购销合同并将货物价值一定比例（如30%）的保证金支付民生银行，民生银行对申请人向供应商开出的全额货款商业汇票予以承兑后，自行持银行承兑汇票前往供应商仓库提取质物。转仓不转库是指申请人与供应商签订购销合同并将货物价值一定比例（如30%）的保证金支付民生银行，民生银行对申请人开出的全额货款商业汇票予以承兑后，持银行承兑汇票根据授权交付供应商，货物仍存放在原仓库，但银行须获得第三方仓库换发的以民生银行为抬头的质押物仓单。功能在于为企业提供了一种新的融资担保形式，拓宽了企业融资渠道，盘活企业存货资产，降低企业因增加存货带来的资金周转压力。

（二）民生银行动产质押贷款的适用产品及适用对象

适用产品包括价值容易厘定、易变现、质量稳定、易保存的初级原材料和半成品。如金属（期货交易市场挂牌的有色金属电解铜、铝锭、铅锭、锌锭或有成熟交易市场的黑色金属等）；化工产品和农产品（天然橡胶、羊毛、棉花）。

适用对象是代理商、经销商、特许经销商、核心经销商，销售额大、经营稳定、信誉良好、产品市场稳健发展、产品市场前景良好、运营正常、经营管理稳健、信誉良好、信用评级一般以上。

（三）民生银行动产质押贷款申请所需材料

经年审的法人营业执照、机构代码证；公司简介、公司章程、贷款卡、法人资格证明；经审计的前两个年度、今年近期及去年同期财务报表；相关采购税务发票或销售发票、主要账户的银行对账单，上年度的增值税完税凭证、上年度或上季度的电费缴纳单等；质押动产的相关资料等。

（四）民生银行动产质押贷款的业务流程

1. 向银行提供相关资料，申请动产质押贷款。

2. 授信申请获准后质押物存入仓库，并开立以业务银行为抬头人的仓单。

3. 办理质押登记、公证、保险等手续。

4. 根据确定的质押比率和货物价值发放贷款。

5. 借款企业归还贷款，返还质物；或借款企业交付新的质物，返还原有相应价值质物；借款企业到期违约，银行实施质权人权益，以质物变现收入偿还贷款本息；贷款本息不足补偿部分，银行保留追索求偿权。

【案例】   联保项下第三方监管的动产融资模式

山西 B 钢铁交易中心占地面积 200 余亩，总投资 3 800 万元，将建成华北地区首家现代化钢铁交易中心，目前一期已经基本竣工投入使用，已入主商户 200 余家。作为国内三大物流监管商之一的 W 公司，具有规范的监管制度和严格的流程，并已与国内多家金融机构就动产质押开展了卓有成效的合作，具有丰富的业务经验。

经与 W 公司、山西 B 钢铁交易中心的初步协商，民生银行设计如下的业务模式：B 交易中心的商户在民生银行存入一定比例的保证金后，民生银行签发银行承兑汇票，民生银行要求商户提供钢材仓单质押，由 W 公司进行派驻监管以确保质物安全，W 公司以 1 元人民币的对价，象征性地租赁 B 交易中心的仓库，以实现质押物占有的转移。

本模式的创新之处在于：由 B 交易中心的 10 余家综合实力较强的商户共同出资成立风险基金。一方面，在商户不能如期解付银承时，首先由基金偿付，不足部分再由 B 钢铁交易中心回购质押钢材来解决，防范了可能由于质物处置不及时造成的临时性逾期，同时将形成商户之间的内部有效制约和监督。

点评：

单纯的底线控制型的存货质押业务存在较多的操作风险，通过专业合格的第三方监管公司则能规避存货监管风险，另外，通过商户之间的"联保"措施，可尽量规避授信客户的道德风险及资金用途风险，同时安排由交易中心回购质押的钢材则能较好地解决质押物变现的问题。

资料来源：民生银行网站，http://www.cmbc.com.cn/news/gb_jdanl/2007-9/6/16_59_28_247.shtml。

三、不同质物品种在监管过程中需要注意的事项

不同的质物品种由于其自然属性、形状、包装以及存储环境等不同，又受到特定环境的影响，在监管过程中存在较大差异，因此要针对具体情况采取有效的监管措施。

（一）验收及盘点方法

1. 基本的验收及盘点方法。验收标准根据质物的不同自然属性、包装、运输工具等情况来确定，验收的方法主要有：一是打尺计量，主要针对散状堆码类货物或罐（或桶）装储存类货物，例如铁矿石、焦炭、煤炭、油品、沥青等；二是抄牌计量，主要针对带包装的箱式货物，例如铝制品、盒板、进口钢材等；三是计件计量，主要针对带包装的袋（或箱）装货物，袋（或箱）装包装的货物每件货物都是标准重量（或相差较小），例如糖、化肥等；四是检斤计量，主要针对绝大多数能通过过磅计量出重量的货物；五是理论换算，主要针对标准货物，通过理论换算计算出货物的重量，例如钢材中的工字钢、角钢、槽钢、H 型钢等。

2. 辅助盘点方法。对于产量（或数量）多而单体重量相差不大的同样货物，可以

采取平均重量法计算，例如卷板、线材、钢坯等，以增加可操作性。

对于外观直径较小、数量较多、品种较杂的货物（如管材），可以采用辅助工具盘点核实，如"筷子法"等。

对于码放在一起的货物有多种规格，外观尺寸长短不一的货物（如板材），可以采取一些特殊方法来加以辅助盘点，如"暗记"标示，影像资料对比核实等。

（二）特殊质物的管理

1. 油品。针对这类质物，通常的做法是打尺验收，打尺时要以打实尺为主，由于油比重轻于水，在验证库存时应注意水，同时要了解管道图和阀门，适时上锁和上铅封，防止"罐中罐"现象。同时向企业索取油罐的容积表，方便测算体积和库存重量。在检尺时要用专用的量油尺，并加涂试油膏或试水膏后对油品进行测量，并用专用取样器抽取部分油品进行密度检测和外观查看。在所有现场工作中一定要注意安全操作作业，并加强安全和业务培训。

2. 设备、机电产品。适用性很强又容易维修的可以作为质物，如汽车、叉车、通用电机等。但专用设备不能作为质物，例如为水电站配套的大型电机、煤矿用平煤机等品种，原则上不能作为质物，作为质权人一是无法变现，二是无法作维修等售后服务，如果必须作为质物，只能将其钢材部分按废钢计价。

3. 电线、电缆。对于电线、电缆产品，经常出现按内含铜铝来计算价值，误差较大。对于不整卷的线缆不易计算其长度，因此电线电缆应按成品整卷计算；有的小企业生产的线缆为非标产品，售价低，主要是因为米数不够长、线缆内的铜铝含量偷工减料。

4. 汽车监管。汽车监管一定要对车辆凭证资料和实物车辆同时监管，车辆凭证资料包括如下内容。进口汽车包括进口关单（货物进口证明书）和进口机动车辆随车检验单，国产汽车包括机动车整车出厂合格证；实物汽车检验的内容包括外观质量、随车配件、车辆的车架号、发动机号。一般需要车辆凭证资料与钥匙分开存放，并存放在仓储物流公司自备的保险柜内。

车辆凭证资料一般不能作为权利凭证进行质押，这在进口关单上明确注明：此证明仅供向公安机关办理车辆牌照使用，不作抵押等其他用途使用。

（三）监管过程中需要注意的事项

1. 内在品质确认。有些质物，其内在品质是通过外观无法确认的，相关主要指标只有国家授权的检验机构出具的检验单才能权威证明，在监管时不负责对质物品质的验证。在实际业务中一般会遇到矿粉需确认品位，煤炭要确认燃烧值及硫含量，优钢要确认微量元素成分含量，木材要确认木材种类，粮食要确认容重和含水量，化肥要确认氮磷钾含量，汽油需确认标号等情况。

例如，从外观和气味上可以判断是汽油，但是具体标号是90#、93#还是97#，根本无法进行判断，因此，除检验机构出具的检验单上注明外，质物品种只能写汽油而不能写90#汽油、93#汽油或97#汽油。

2. 体积小、价值高的品种。例如黄金、白银等品种，体积小、价值高，尤其是加工首饰过程中，很容易被盗，又不宜计量，因此不要作为质物。

3. 生产加工过程中的货物。由于生产加工中的货物是否变质，价值是否下跌具有不确定性，原则上不作为质物，对于发生化学变化的物品，则不能作为质物。例如加工过程中的龙门吊，对于生产企业是增值过程，但对于质权人来说则是废钢铁，是个价值下跌的过程。再如 2009 年初云南遭遇暴风雪，造成当地停电 10 余天，某生产企业用氧化铝通过电解槽生产铝锭，由于断电而停产，加工过程中价值 5 000 万元的货物变成了巨大块状物，花费了大量的人力和物力进行清理后堆放在仓库内，其既不是原料，又不是成品，价格和价值无法准确确认，如果当成质物，是无法变现的。

4. 带外包装的货物。

（1）例如家电、浓缩果汁，外面有标签，内部是什么根本就无从得知，也不能拆开包装，家电外包装一经打开，可能就被认为不是厂家原厂货，浓缩果汁是食品，根本就不允许打开，有些即便打开，非专业人员也不清楚其货物的价值。因此，只能明确按外包装标识验收，外包装记载与实际不符，仓储物流公司不承担责任，否则就不能监管。

（2）外包装没有标签的，可以明确按质权人发出的查询及出质通知书予以确认回执，物流仓储公司不承担责任。

5. 价差较大的货物。外观相近，但内在品质不同，价差又很大的货物，例如优特钢，由于所含微量元素不同，有的 2 万元/吨，有的 4 万元/吨，有的单价甚至更高，这类品种原则上不作为质物，特殊情况需要质押的，必须按最低品种价格计价。

6. 用途专一产品。用途专一、为特定行业服务的产品，例如专门为电业部门架线用的电塔，生产厂家可以卖出去，又能赊销后收回钱，并且价格很高，但质权人、物流公司是做不到的，原则上也不能作为质物。

7. 保税物资。没有海关批准，在海关监管下的保税物资是不能作为质物的，否则质权得不到保证。

8. 码垛、筒仓、成堆的货物。这类质物要防止作假，例如棉花垛，中间可能是空心的；筒仓粮食，上面架起来，放上粮食，而下面可能是空的；散货如煤炭、矿石，堆成堆，中间有一个大土堆，外面是货物，都会影响货物总量。

9. 长期不动的货物。通常情况下，企业是将自己的合理库存用于融资，货物应是流转的。一批货，货主本可以将其出售而获得资金，并且不用付出融资成本，长期不动一般是有问题的，而且大部分货物的存储时间过长质量会发生变化。

【案例】 <center>羊绒变羊毛</center>

出质人将作为质物的"羊绒"存入某仓储物流公司仓库，并按约定，将每包羊绒打上盖有出质人印鉴的封条。到了还款期，出质人没有归还贷款，银行拟变卖质物，到仓储物流公司抽样送至检验机构检验，结果是羊毛。于是银行将出质人告上法庭，不久，出质人逃匿。无奈，银行又将仓储物流公司告上法庭，并提供了在贷款时出质人向银行提供的检验单，上面写着"一级山羊绒"，送检单位是出质人，并且仓储物流公司在银行的质询及出质通知书的回执上也写着"一级山羊绒"，以证实质物是羊绒。而质物实际上是羊毛，因此仓储物流公司要赔偿。仓储物流公司指出，出质人送检一事，概不知情，出质人从未到仓库提取过样品，送检样品不是质物的样本，质物从质押开始就未变动过。

从案例可以得出以下结论：

（1）首次出质时，银行在质物品质的认定过程中存在过失，没有自己抽样、自己送检，出质人用质押品以外的货物样品送检，银行没有核实，造成样品与实物不符，银行难以保护自己的质权。

（2）羊绒单价在50万元/吨左右，大约是羊毛的10倍，这类货物品种不宜作质物。

（3）质物长期不动应该是不合理的，这批"羊绒"存储期很长，出质人是专业人员，应该将其卖出去而不是用于融资，因此可以初步判断其质押融资是存在问题的。

（4）物流公司应汲取的教训是应要求银行共同在封条上盖章或签字，银行如果盖章则可能不会产生诉讼，因为其采取的监管措施亦不彻底。

（5）验收标准是这个案例的核心。

总之，质物品种的选择与监管措施，关系到银行质权的实现和整个动产质押监管业务的正常运营，正确选择品种、确定验收标准、注重环节衔接、保证监管措施得当，将促进动产监管业务的健康发展。

四、基于动产质押的金融仓储服务重点工作

（一）监管协议签订前的工作

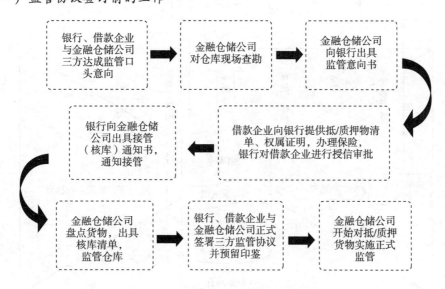

图6-2　监管协议签订前的工作流程

（二）远程监控

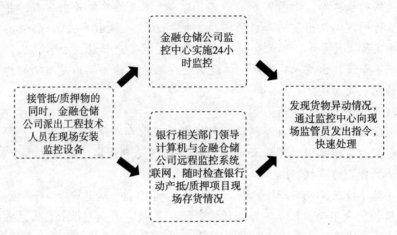

图 6 - 3 远程监控工作流程

（三）设置存量警戒线

存量警戒线一般应高于该笔质物总量的20%~30%，并在指定的金融仓储监管人员的台账和计算机业务管理系统中予以明显标记。如图6-4所示，对于仓库中的自由库存货物是可以自由提货或置换的，当质物的置换和出库使质物的存量接近或达到事先设置的存量警戒线时，金融仓储公司监管人应当通知质权人停止发货，并且提醒企业进行补货。如果出质人需要对图示中的监管库存进行置换，出质人须向质权人银行提出申请，根据银行出具的置换指示才可以进行置换。

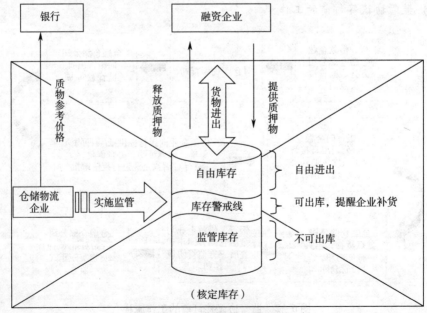

图 6 - 4 存量警戒线运用流程

（四）出入库管理（最低限额以上）

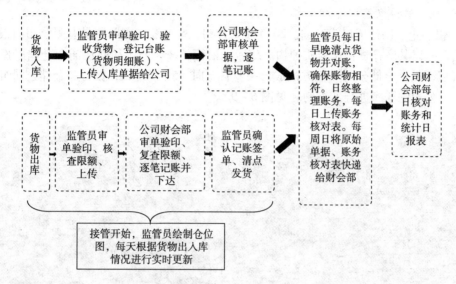

图6-5　最低限额以上出入库管理流程

（五）出库管理（最低限额以下）

图6-6　最低限额以下出库管理流程

（六）行情监测

图6-7　行情监测流程

（七）盘查、巡查

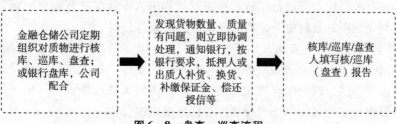

图6-8　盘查、巡查流程

五、动产质押监管服务——以浙江涌金仓储股份有限公司为例

（一）监管协议签订前的工作

1. 银、企、储达成口头意向。2010 年 5 月初，××浙江国际贸易有限公司向银行申请授信，并以其库存货物作为质押物。随后，银行、××公司和浙江涌金仓储股份有限公司（以下简称金储公司）三方达成口头监管意向。5 月 10 日，银行和金储公司组织人员对××公司的仓库进行了查勘（见图 6-9）。

图 6-9　货物堆放图

2. 监管意向书。经过现场查勘后，金储公司向银行出具详细的监管意向书，见图 6-10 所示。

3. 金储公司对仓库进行盘点。银行对××国际贸易有限公司进行授信审批并通过。××国际贸易有限公司在提供了质物的权属证明，经银行认可后，向金储公司出具接管通知书。金储公司根据接管通知书对××国际贸易有限公司的存货进行了监管前的盘点，并与银行、企业一同确定了质押物清单及质押物价格、数量/重量。

4. 签署协议。2010 年 5 月 13 日，银、企、储三方正式签订了监管协议。同时金储公司还与××国际贸易有限公司及货物存储仓库的所有权方——常州××公司签订了仓库保管监管合作协议及仓库租赁协议，以确保法律上的主动权。

（二）远程监控

2010 年 5 月 13 日，金储公司工程技术部和安全保卫部为仓库安装了三个远程监控点，通过公司远程监控系统，24 小时全方位监控库存货物出入情况。

（三）出入库管理

在接管仓库的同时，金储公司选派三名仓库监管员，采用三班倒工作制，全天候驻××国际贸易有限公司仓库进行监管。负责对货物出入库情况进行监督，对货物库存每日清点，绘制仓位图并及时更新，对突发情况及时报告公司。

（四）市场行情和库存监测

对××国际贸易有限公司的质押货物品种——铁矿砂、焦炭，金储公司通过在网上实时跟踪其报价信息，以及向现货交易商询价，掌握每天的市场价格行情，并每周将价格信息汇总报银行。公司每周还将最新库存信息报送银行。

浙江涌金仓储股份有限公司　　　　　　　　　◆ 监管意向书 ◆

浙江涌金仓储股份有限公司动产监管意向书

浙金储意向书〔2010〕第 005 号

致 ×× 银行 ×× 支行：

　　×× 国际贸易有限公司拟通过金融仓储动产抵押模式向贵行申请贷款。浙江涌金仓储股份有限公司（以下简称金储公司）受贵行委托，拟对 ×× 国际贸易有限公司（以下简称 ××）提供的动产进行监管，经现场勘察向贵行出具动产监管意向书。如下：

一、××国际贸易有限公司基本情况

　　（一）抵押人基本情况

　　抵押人 ×× 国际贸易有限公司成立于 2000 年 7 月，是中国 ×× 集团公司的二级企业，具有独立的法人资格，法定代表人为 ××，注册资本 500 万元，主要经营黑色金属、有色金属、矿产品及化工品等的进口贸易以及经销武钢、鞍钢、首钢等国内知名钢厂生产的钢材。

　　（二）仓库情况

　　仓库地址江苏省无锡市 ×× 钢材市场一号仓库，仓库货物运输进出方便，搬运工具主要为桥吊等，仓库为室内仓库，库区只有一个大门可以进出，仓库 24 小时值班，库区内靠大门为办公间，有人员值班，货物进出均可看到。仓内货物品种为铁矿砂、焦炭，规格较为简单且排放有序，盘库清点较便利。

　　（三）抵押物情况

　　抵押物为铁矿砂及焦炭。

图 6－10　监管意向书（后页略）

（五）巡查、盘查

每月金储公司制订当月的监管货物巡查计划，按计划组织对仓库进行盘查。

（六）监管报告

每月末，金储公司对当月仓库监管工作进行总结，形成详细的监管报告报送银行。

（七）质物价格及底线的调整（主要以调整幅度较大的 2011 年为例）

第一次调整：由于市场行情变动和银行追加放款，2011 年 3 月 29 日，金储公司接银行质物价格调整通知书和质物最低价值通知书，上调了质物价格（焦炭从最初确定的 1 800 元/吨调整为 2 100 元/吨），质押物最低价值为 9 000 万元。

第二次调整：由于银行追加放款，2011 年 4 月 25 日，金储公司接到银行质押财产最低价值通知书，上调质押财产最低价值为 13 000 万元，当天金储公司立即通知企业自次日起按约定在 5 个工作日内补足货物或交保证金。28 日，银行客户经理与金储公司监管员赴仓库监督企业完成补货。

第三次调整：由于市场行情变动和银行追加放款，2011 年 9 月 15 日，金储公司接银行质物价格调整书和质物最低价值通知书，下调质物价格（焦炭从 2 100 元/吨调整为 2 000 元/吨），上调质押物最低价值为 14 500 万元，金储公司立即通知企业从 9 月 15 日起 5 个工作日内补足货物或交保证金。9 月 19 日企业完成补货并缴纳保证金。

第四次调整：在市场行情变动下，2011 年 10 月 28 日，金储公司接银行质物价格调整书，下调质物价格（铁矿砂从最初的 1 200 元/吨调整为 1 000 元/吨），金储公司立即通知企业从 10 月 28 日起 5 个工作日内补足货物或交保证金。11 月 2 日企业完成补货并缴纳保证金。

第五次调整：由于企业部分贷款到期归还，2012 年 9 月 6 日，金储公司接银行质物价格调整书和质物最低价值调整书，下调质物最低价值为 8 600 万元，下调质物价格（铁矿砂从 1 000 元/吨调整为 650 元/吨，焦炭从 2 000 元/吨调整为 1 300 元/吨），金储公司立即通知仓库监管员按照新质物最低价值及质物价格进行监控。

虽然质物的价格和最低价值变动较频繁，但对××国际贸易有限公司的监管工作有条不紊，实际货物库存和货物价值一直处在可控状态。在监管过程中没有出现货物保管的异常情况。××国际贸易有限公司质押货物的整个监管过程安全、清晰、可控，达到了银行的要求。

第二节　基于动产浮动抵押监管的金融仓储模式

一、浮动抵押制度

浮动抵押制度源于英格兰衡平法上的浮动担保（Floating Charge），后为大陆法系国家所仿效。浮动抵押是指权利人以其现有的和将来所有全部财产或者部分财产为其债务提供担保，债务人不履行到期债务或者发生当事人约定的实现抵押权的情形，债权人有权以抵押人于抵押权实现时的财产优先受偿。浮动抵押具有如下几个特点：

第一，浮动抵押所覆盖财产的浮动性。浮动抵押标的物的浮动性主要表现在：作为抵押物的相应财产是不特定的，既包括抵押人现在的财产，也包括其将来取得的财产；抵押财产一旦脱离企业所有，则系附于其上的抵押权亦将不复存在，第三方可取得其完全所有权，而进入抵押集合体范围的财产则自动处于抵押权控制之中。在抵押设定后，流入该企业的财产则自动成为标的物，无须办理变更登记手续，流转出企业的财产，则自动退出设押财产的范围，不再受抵押权的约束，当事人也无须采取什么措施。

第二，抵押人的自由处分权是浮动抵押区别于其他抵押制度的最本质的特征。在设立抵押以后直到抵押权实现之前，抵押人对抵押财产仍有自主处分权，对企业的财产仍能够像没有设立抵押时那样继续行使占有、使用、收益和处分权。在浮动抵押期限内，企业的生产经营活动不会受到任何影响，抵押人可以在其日常经营活动中处分其财产直至浮动抵押结晶。抵押人的自由处分权正是浮动抵押标的具有浮动性的根源所在。

第三，浮动抵押性质的可转化性。浮动抵押设定后，抵押的财产不断发生变化，直到约定或者法定的事由发生时抵押财产才确定。因债务人到期不履行或抵押期间被依法宣告破产以及双方约定的其他事由发生，浮动抵押转化为固定抵押。此时公司不再具有处分该财产的权力。

二、浮动抵押、固定抵押、动产质押的差别

发挥动产担保属性的常用形式有浮动抵押、固定抵押、动产质押，三者作对比分析见表6-2。

表6-2 　　　　　　　　浮动抵押、固定抵押、动产质押的联系与区别

	浮动抵押	固定抵押	动产质押
主体	企业、个体工商户、农业生产经营者	企业、个体工商户、农业生产经营者	主体范围相对广泛，任何独立的法律主体
客体	生产设备、原材料、半成品、产品	生产设备、原材料、半成品、产品	任何有交换价值的动产
动产初始价值	在法定或约定情况发生时，抵押财产及其价值才能确定	评估机构确定	评估机构确定
动产转移	不转移动产占有，抵押人保留正常处分权	不转移动产占有，动产固定不变	债权人直接占有动产，有时动产可以流动，但有下限控制要求
效力	在抵押合同生效时设立，未经登记不得对抗善意第三人	在抵押合同生效时设立，未经登记不得对抗善意第三人	出质人交付质押财产时设立
实现方式	财产固定化（结晶）后	无须结晶	债务人不履行到期债务或者发生当事人约定的情形
风险	抵押权易受到侵害	比浮动抵押小	较有保障
对企业生产经营影响	影响较小	有一定影响	通过指示交付，不利于充分发挥动产价值
是否承担保管职责	否	否	是

资料来源：由刘玉杰：《动产抵押法律制度研究》，2010年复旦大学博士论文及其他资料整理而成。

第一，浮动抵押与固定抵押相比，更具有普适性。企业在生产经营或是商业贸易过程中，原材料的采购、半成品的再加工、产成品和库存商品的销售，在商品种类、规格、数量、质量、时点等都存在不定因素，固定抵押需要每次都针对具体的货物办理抵押手续，操作费时费力。浮动抵押则不妨碍抵押人进行正常的生产或商业活动，标的物是企业全部或一类财产的集合体，在浮动抵押时，只需要制定浮动抵押的书面文件，概括登记抵押物范围，无须制作财产明细目录，也不需分别公示财产，抵押标的物范围和数量的变化，也无须办理抵押标的物变更登记，节省了大量的人才、财力和物力，更容易充分发挥动产信贷属性，对广大中小企业具有普适性。

第二，浮动抵押与动产质押相比，能充分发挥动产担保价值。动产质押时企业必须将现有动产质押给银行，动产的所有权要转移，全部偿还借款才能全部提货，部分偿还只能部分提货，不同种类动产不能替代质押，这在一定程度上限制了动产流动性，使企业资金滞留在再生产、运输、仓储环节。而浮动抵押不需转移动产所有权，以概括的财产为标的物，企业可以利用未来将有动产进行融资，完全可以实现企业先融资、再有货，更好地发挥动产的融资能力和流动性。此外，《物权法》规定，抵押权自抵押合同生效时设立，如果动产及时在抵押人住所地的工商行政管理机关办理抵押登记，抵押权具有对抗第三人的法律效力，这样抵押权可以优先质权受偿。

第三，浮动抵押缺点在于追及效力差、风险较高。浮动抵押中抵押物不断变动，抵押人仍然可以自由处分抵押物，无须抵押权人同意，转让金额由抵押人自主决定，无须提前清偿，抵押权不得对抗已支付合理价款并取得抵押财产的买方，买方取得完全所有权。所以浮动抵押的缺点在于追及效力差，抵押物在浮动抵押权实现之前都无法特定化，如果融资企业缺失诚信，又没有有效的财产监管，债权人的抵押权会受到侵害，风险相对较高，表明在效率与安全两种价值选择中，我国优先选择了效率。

三、我国浮动抵押制度的优点和缺陷

（一）浮动抵押的优点

我国《物权法》所规定的这样一种新型抵押权，具有以下优点。

1. 浮动抵押制度有利于促进企业融资，尤其是拓宽了广大中小企业的融资渠道，从而能促进我国经济的发展。因为浮动抵押的一个重要特点就是抵押人可以利用其现有的和将来拥有的财产进行抵押，这对于一些技术含量高、发展前景好的中小企业十分重要，它们可以充分利用浮动抵押获取企业发展壮大所必不可少的资金。

2. 浮动抵押有利于抵押人进行正常的商业活动。因为该制度最大的优点就是，如果没有出现法定或者约定的事由，抵押人在日常经常管理活动中，可以对其设定抵押的财产进行处分，抵押权人不得干预。

3. 对银行而言，浮动抵押将给银行信贷业务带来一场革新。浮动抵押制度的出台，为银行拓展此类信贷客户提供了一个积极的法律操作平台。

（二）浮动抵押的缺陷

1. 浮动抵押物的范围必须在封押时才能确定，这给预测抵押物的价值、确定贷款额度带来了困难。

2. 抵押物的不稳定性也是浮动抵押的一大缺点。因在浮动抵押权实行之前，企业仍可自由处分其财产，如在债权届期之前企业财产急遽减少、企业经营状况严重恶化，都将影响浮动抵押权之实现，甚至使债权人设立担保权的目的落空，对债权人甚为不利。

3. 我国浮动抵押制度设计上的不足。

一是设定抵押主体过宽。从国外法来看，浮动抵押基本上只适用于公司，个人、其他企业不得采用此种担保方式。这主要是考虑到：公司特别是股份公司，在存续期间，其资产价值不会有太大变化，具有较高的信誉；同时公司财务报表公开制度也便于债权人和股东对公司财务状况和经营情况进行监督，从而能最大限度地弥补抵押物的浮动性给债权人带来的不利影响。而其他主体由于在资产运作和财务制度方面缺乏必要的约束和监督机制，一旦在封押前抽逃资产，则债权人的债权将会落空。为此，一些国家对浮动抵押人和被担保债权予以限制。

二是抵押物范围过窄。相对动产而言，不动产的价值一般要大一些，如果再加上知识产权和股票、票据等证券债权和应收账款等普通债权，其所发挥的担保功能，肯定要比仅以动产设定浮动抵押的担保功能大得多。而《物权法》却将这些财产排除在浮动抵押物之外，这不能不说是《物权法》的一个缺陷。

三是我国《物权法》关于浮动抵押的直接规定只有第一百八十一条、第一百八十九条和第一百九十六条，显得过于简单，导致这一制度的可操作性不强，可能影响其实际效用的发挥。我国《物权法》对于浮动抵押与固定抵押的冲突、浮动抵押对抗效力的内涵、限制性条款的效力、浮动抵押权的实现程序等问题都没有规定。

四、金融仓储公司在动产浮动抵押贷款中的作用

国际担保法律的一个发展趋势是重视担保物的非移转占有，随着动产浮动抵押在许多商业银行信贷业务中得到应用，如何保证浮动抵押贷款的安全性正成为商业银行新的挑战。如果抵押人故意处分财产、变更财产、逃避债务或经营状况严重恶化，使得浮动抵押物所剩无几，还要走法律途径去变现资产，银行明显处于信息弱势，风险相对难以控制，所以银行不愿涉及动产浮动抵押业务，从而使《物权法》相关创新流于形式。

从表面看，浮动抵押不转移动产占有权，是没有必要由专业第三方提供保管、监管服务的，但由于动产抵押物一直处于流动状态，商业银行管理难度加大，降低了动产抵押授信的市场吸引力。引入专业第三方金融仓储公司后，可以解决动产浮动抵押物流失这一问题。银行和金融仓储公司合作，作出合理的制度安排来实现对动产抵押的有效监管，金融仓储公司作为银行的管家，受银行委托对动产进行监管，通过派驻监管人员和远程监控设备，随时随地了解动产变动情况，并及时向银行反馈信息，当借款企业经营不善或破产时，金融仓储企业通过自己信息优势和特殊地位，及时对借款企业易变现的动产进行冻结和清偿。这样一方面可以有效避免因为动产受限而影响企业日常经营，另一方面能确保银行充分利用金融仓储企业的专业技能，准确、低成本、及时获得借款企业和担保动产的相关信息，所以动产抵押贷款中存在对第三方的迫切需求。

五、金融仓储公司参与后，浮动抵押贷款流程

专业性金融仓储公司参与后，业务主体由原来两方演变成商业银行、企业、金融仓储公司三方，业务模式的流程如图6-11所示。

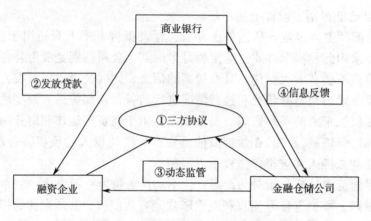

图6-11　金融仓储公司参与后，商业银行浮动抵押贷款流程

1. 商业银行、融资企业、金融仓储公司签署三方合同，融资企业先以现有或将来要购入的动产向银行抵押贷款，并做好动产抵押登记相关手续，待其动产到位，由金融仓储公司直接实现就企业仓库现场监管，并按质押物的监管方法管理动产。这样在满足企业先融资后交付要求的同时，兼顾了对动产抵押物的实时监管。

2. 银行参照融资企业动产的平均规模，依据动产种类设定抵押率，给企业授信，并规定企业日常存贮动产最低规模和价值。

3. 金融仓储公司对企业动产进行动态监管，并对动产的价格实时监测，当抵押动产价值低于合同约定，不足部分要求企业及时补货，以保证该企业动产价值在约定价值以上。

4. 商业银行和金融仓储公司保持信息交流，仓储公司根据监管情况，定期向商业银行提交动产监管报告，商业银行定期向金融仓储公司反馈融资企业贷款偿还情况。如果存在违约情形，金融仓储公司负责处置变现监管物，优先偿还银行贷款，使浮动抵押权有真实的动产作支撑。

六、金融仓储浮动抵押贷款——以浙江萧山农村合作银行为例

浙江萧山农村合作银行是开展动产浮动抵押贷款的银行之一，仓储浮动抵押贷款是指企业在正常生产经营过程中，以其自有的、本行认可的货物（一般指原材料、半成品及成品），交由本行认可的仓储公司监管，再以浮动抵押的形式向我行申请的流动资金贷款。

适用对象：经工商行政管理部门核准登记并有固定的生产经营场所，产品有销路、经营有效益、经营者素质好、能恪守信用的各类所有制形式的经济组织。在本行开立结算账户、主要经营场所在本行服务区域内、产权关系明晰、无不良信用记录、生产经营项目符合国家产业政策和法律法规的规定、符合本行要求的其他条件等。

业务特点：仓储浮动抵押贷款具有无须他人担保，可以在自有库场、仓储方库场或第三方库场直接由第三方监管（减少仓管员工作量），存货资金适度转变为生产流动资金；可以提前还贷或交存保证金的形式实现存货全部或部分出仓，方式灵活，操作快捷的主要特点。

业务流程：申请人持企业营业执照、代码证、贷款卡、财务报表、法定代表人身份证、购买存货的发票复印件等资料到本行营业网点申请，本行委托仓储公司办理监管保管手续，并签署三方协议，再办理浮动抵押贷款手续。

【阅读链接】　　　　　首笔动产浮动抵押贷款成功发放

日前，工商银行海宁支行与嘉兴某仓储公司签订《动产抵（质）押监管合作协议》，在引入该公司作为第三方监管的基础上，向某包装薄膜生产企业发放首笔动产浮动抵押贷款250万元。这一模式既盘活了企业流动资产，有效解决了抵押物不足的问题，为企业融资提供了新的渠道，又有利于保证银行信贷资产安全，为银企合作开创了一条新的途径。

据介绍，该企业是一家民营企业，企业房地产已抵押在当地信用社，但现有贷款融资规模仍满足不了企业生产经营活动需求，资金不足的矛盾日益凸显。就在该公司为融资瓶颈陷入焦虑之时，海宁支行及时根据工商银行嘉兴市分行与嘉兴某仓储公司签订的《动产抵（质）押监管合作协议》，以动产浮动抵押业务为切入点，对该企业库存原料塑料粒子和成品塑料薄膜办理动产浮动抵押贷款业务的可行性进行了深入的调研，认为该公司适合采取动产浮动抵押担保方式，通过认真研究担保管理办法和相关法律条文，积极与工商登记部门沟通，确保办理动产浮动抵押登记顺利完成。随后，海宁支行与该企业签订了800万元最高额抵押借款合同，与嘉兴某仓储公司签订三方动产抵押监管合作协议，确保抵押物价值，控制风险，并于当日成功发放了首笔250万元存货浮动抵押贷款。

动产浮动抵押作为工行新的贷款抵押方式，为一些存货多、难以找到有效的第三方担保，且自身固定资产抵押不足的企业提供了新的融资渠道。随着首笔动产浮动抵押贷款的成功发放，海宁支行计划把这一新的抵押融资产品通过日常走访企业等方式进行积极推广，为符合条件的客户提供个性化融资服务，进一步满足客户需求。

资料来源：顾恬静，原载于《海宁日报》，2012-12-26。

第三节　仓　单

一、仓单的定义

仓单是保管人在接受仓储物后签发的表明一定数量的保管物已经交付仓储保管的法

律文书。保管人签发仓单，表明已接受仓储物，并已承担对仓储物的保管责任以及保证将向仓单持有人交付仓储物。签发仓单是仓储保管人的法律义务，根据《合同法》第三百八十五条规定："存货人交付仓储物的，保管人应当给付仓单"。仓单的作用表现在：签发仓单表明保管人已接受了仓单上所记载的仓储物；仓单是仓储保管人凭以返还保管物的凭证；仓单是确定保管人和仓单持有人、提货人责任和义务的依据；同时仓单还是仓储合同的证明。

二、仓单的法律特性

(一) 仓单是提货凭证

仓储保管人保证向仓单持有人交付仓储物。在提取仓储物时，提货人必须向保管人出示仓单，并在提货后将仓单交回保管人注销。没有仓单不能直接提取仓储物。

(二) 仓单是所有权的法律文书

保管人在查验并接受仓储物后向存货人签发的仓单，表明仓储物的所有权并没有转移给保管人，只是将仓储物的保管责任转交给保管人，通过保管人签发的仓单作为仓储物的所有权文书，并由存货人持有。

(三) 仓单是有价证券

仓单是仓储物的文件表示，仓储保管人依据仓单返还仓储物，占有仓单表示占有仓储物，也就意味着占有了被仓储的财产和该财产所包含的价值。受让仓单就需要支付与该价值对等的资产或价款，因而仓单是表明仓储物价值的有价证券。只不过由于仓单所表示的是实物资产的价值，其价格受实物市场的供求关系的影响，需要根据供求规律确定仓单具体的价格。

(四) 仓单是仓储合同的证明

仓单本身并不是仓储合同，当双方没有订立仓储合同时，仓单作为仓储合同的书面证明，证明合同关系的存在，存货人和保管人按照仓单的记载承担合同责任。

三、仓单的功能

(一) 保管人承担责任的证明

仓单的签发意味着仓储保管人接管仓储物，对仓储物承担保管责任，保证在仓储期满向仓单持有人交还仓单上所记载的仓储物，并对仓储物在仓储期间发生的损害或灭失承担赔偿责任。

(二) 物权证明

仓单作为提货的凭证就意味着合法获得仓单的仓单持有人具有该仓单上所记载的仓储物的所有权。持有仓单就意味着具有仓储物当然的所有权，但这种所有权是一种确定的物权，只表示占有该仓单上所描述的具体"物"，并不意味着固定的价值。另外，这种物权会因为不可抗力、自然损耗等保管人免责的原因造成灭失，还会因为保管到期产生超期保管费以及保管人进行提存的风险，由于仓储物的原因造成保管人其他财产损失的赔偿风险。

仓单持有人因持有仓单所获得的仓储物所有权，仅仅是仓单所明示的物权，并不当然获得存货人与保管人所订立仓储合同中的权利，只有这些权利在仓单中列明时才由仓单持有人承受。相应地，保管人也不能采用未在仓单明示的仓储合同约定的条款对抗仓单持有人，除非仓单持有人与存货人为同一人。

（三）物权交易

仓储物交给仓储保管人保管后，保管人占有仓储物，但是仓储物的所有权仍然属于存货人，存货人有权依法对仓储物进行处理，可以转让仓储物，这是存货人行使所有权的权利。但在保管人签发仓单的情形下，存货人和保管人达成了凭仓单提货的契约，保管人可以拒绝仓单持有人之外的其他人行使提货权。因而存货人要进行存储物转让就必须将仓单转让。存货人在获得仓单后，需要转让仓储物时，如果要通过取出仓储物进行实物交割显然极为烦琐，又极度不经济。为了便利和节省交易费用，存货人通过直接转让仓单的方式转让仓储物，由受让人凭仓单提货。通过仓单转让既可以实现仓储物所有权的转让交易，又不涉及仓储物的保管和交割，是一种简便和经济的方法。仓单转让的机制基础在于仓储保管人对于仓储物的验收、对仓储物的完整性承担责任和对所签发仓单的提货保证。

1. 仓单的背书转让。由于仓单大都为记名证券，仓单的转让必须采用背书转让的方式进行。由出让人进行背书，并注明受让人的名称，保持仓单的记名性质。

2. 仓单转让需经保管人签署。仓单通过背书转让，仓储物的所有权发生了转移，被背书人成为仓单持有人。这也就意味着原先同保管人订立仓储合同的存货人将凭仓单提取货物的合同权利转让给了其他人，保管人将向第三人履行仓储合同义务。根据《合同法》第八十条规定："债权人转让权利的，应当通知债务人。未经通知，该转让对债务人不发生效力。"同时还规定债务人转让义务的，应当经债权人同意。仓单的转让可能仅涉及存货人债权的转让，也可能存在受让人支付仓储费等债务的转让，因而仓单转让就需要保管人的认可，经保管人签字或者盖章，仓单受让人才能获得提取仓储物的权利。

（四）金融工具

由于仓单所具有的物权功能，仓单也代表着仓储物的价值，成为有价证券。因其所代表的价值可以作为一定价值的担保，因而仓单可以作为抵押、质押、财产保证的金融工具和其他的信用保证。

四、仓单的要素及用语

随着仓单从最基础的存储功能，逐步向现货和中远期交易、质押融资等功能拓展，因此对其本身所含信息及形式提出了较高要求。仓单的要素可以分为必备要素和可选要素，在进行仓单设计时应考虑的必备要素包括"仓单"字样、凭证权利提示、仓单编号、仓单的填发日期、存货人名称、保管人名称、仓储物名称、仓储物数量、仓储物计量单位、保管人签章、联次；可选要素包括存货人住所、仓储物规格、仓储物质量、验收信息、仓储物包装、仓储物标记、仓储物价格、仓储场所、储存期间、仓储费率、仓储物损耗标准、仓储物保险金额、仓储物保险期间、仓储物保险人名称、仓单填发人、仓单填发地、仓单被背书人、仓单背书人签章、仓单持有人提示取货签章、仓单持有人证件号码、"保兑"字样、仓单保兑人签章、仓单的章程、仓单备案登记时间、仓单备案登记事项、仓单备案登记人等。

表 6 – 3 仓单必备要素的内容及用语

要素类型	序号	要素内容	可选择用语	填写要求
必备要素	(1)	"仓单"字样	仓单	
	(2)	凭证权利提示	凭单提货	
	(3)	仓单编号	编号、No.	
	(4)	仓单填发日期	填发日期	大写
	(5)	存货人名称	存货人	实名全称
	(6)	保管人名称	保管人、签发人	实名全称,可置于仓单顶部并使用保管人或签发人标志
	(7)	仓储物名称	名称、品种	
	(8)	仓储物数量	数量	
	(9)	仓储物计量单位	单位	宜采用 GB3101、GB3102 中规定的法定计量单位
	(10)	仓储物包装	包装	
	(11)	仓储场所	地址	
	(12)	保管人签章	保管人签章	

表 6 – 4 仓单可选要素的内容及用语

要素类型	序号	要素内容	可选择用语	填写说明
可选要素	(1)	存货人住所	住所	
	(2)	仓储物规格	规格、产地、生产厂家、生产日期、等级、含量	
	(3)	仓储物标记	标记、商标	
	(4)	仓储物价格	单价、金额、货值	
	(5)	储存期间	储存期、储存时间	
	(6)	仓储物损耗标准	损耗标准	
	(7)	仓储物保险金额	保险金额	
	(8)	仓储物保险期间	保险期间	
	(9)	仓储物保险人名称	保险人	
	(10)	货品编码	货品编码、商品编码	
	(11)	仓单经办人	经办、填发、记账、复核	
	(12)	仓单被背书人	被背书人	
	(13)	仓单背书人签章	背书人签章	采用电子化仓单的企业,应在系统内保留连续背书的记录,并可供查询确认
	(14)	仓单背书保管人签章	保管人签章	
	(15)	仓单持有人提示取货签章	仓单持有人提示取货签章	
	(16)	仓单持有人证件号码	证件号码	
	(17)	仓储费率	仓储费率	

续表

要素类型	序号	要素内容	可选择用语	填写说明
可选要素	(18)	"保兑"字样	保兑	应印制在正本提货联正面显著位置
	(19)	仓单保兑人签章	保兑人	实名全称
	(20)	关联仓储合同	关联合同号	
	(21)	附件	附件	粘贴在指定处，加盖骑缝章
	(22)	其他要素	根据业务需要选用	其他要素的选用与填写不应违反本标准要求

可选要素中序号为（12）（13）（14）（15）（16）（17）的项目应作为可转让、质押仓单的必选要素。

五、仓单的类别

（一）通用仓储仓单

用于普通仓储业务中的仓单。仓储物的出库单、入库单都视为仓单。通用仓储仓单如图 6-12 所示。

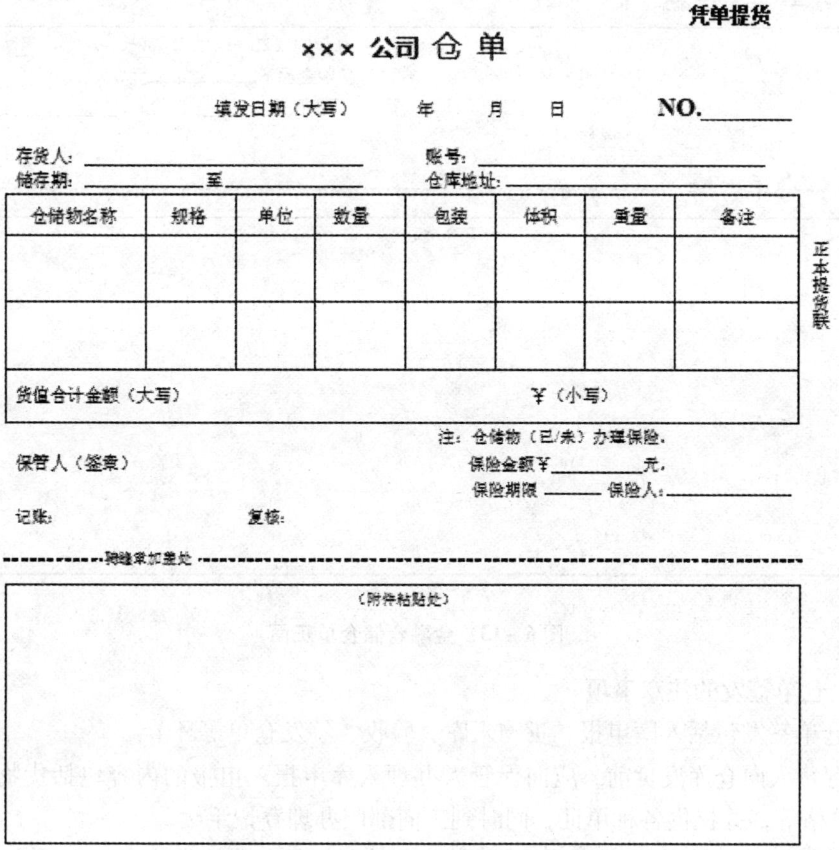

凭单提货

×××公司 仓 单

填发日期（大写）　年　月　日　NO._____

存货人：_____　账号：_____
储存期：_____至_____　仓库地址：_____

仓储物名称	规格	单位	数量	包装	体积	重量	备注

货值合计金额（大写）　　　　　　　　　　¥（小写）

注：仓储物（已/未）办理保险.

保管人（签章）　　　　　　保险金额 ¥_____元
　　　　　　　　　　　　　保险期限 _____ 保险人：_____

记账：　　　　　　复核：

------- 骑缝章加盖处 -------

（附件粘贴处）

正本提货联

图 6-12　仓单正面（此仓单背面无内容）

（二）金融仓储仓单

用于企业融资货物质押、货物转让、期货交割的仓单，与货物共同整进整出的仓单。金融仓储仓单见图 6 - 13 和图 6 - 14 所示。

凭单提货

×××公 司 仓 单

填发日期（大写）　　　年　　月　　日　　NO._____

存货人：_____　账号：_____
储存期：_____至_____　仓库地址：_____

仓储物名称	规格	单位	数量	包装	标记	仓储费率	备注

货值合计金额（大写）　　　　　　　　　　¥（小写）

注：仓储物（已/未）办理保险。
保险金额¥_____元。
保险期限_____，保险人：_____。

保管人（签章）

记账：　　　　　　复核：

---------- 骑缝章加盖处 ----------

（附件粘贴处）

图 6 - 13　金融仓储仓单正面

六、仓单签发的注意事项

1. 仓单签发包括入库申报、货物入库、验收、签发仓单等环节。

2. 存货人向仓库发货前，应向保管人办理入库申报。申报的内容包括货物的品种、数量、价格等，并提供各种单证，同时到工商部门办理登记手续。

3. 储存易燃、易爆、有毒、有腐蚀性、有放射性等危险物品或者易变质物品，存货人应当说明该物品的性质，提供有关资料。存货人违反前款规定的，保管人可以拒收仓

被背书人	被背书人	被背书人	（贴粘单处）
背书人签章 年　月　日	背书人签章 年　月　日	背书人签章 年　月　日	
保管人签章 年　月　日	保管人签章 年　月　日	保管人签章 年　月　日	

持单人向公司　　　　　　　　身份证件名称：
提示取货签章：　　　　　　　号　　　码：
　　　　　　　　　　　　　　发 证 机 关：

图6-14　金融仓储仓单背面

储物，也可以采取相应措施以避免损失的发生，因此产生的费用由存货人承担。保管人储存易燃、易爆、有毒、有腐蚀性、有放射性等危险物品的，应当具备相应的保管条件。

　　4. 货物保管人在3个交易日内决定是否批准入库，并指定接收仓库。

　　5. 保管人应当按照约定对入库仓储物进行验收。保管人验收时发现入库仓储物与约定不符合的，应当及时通知存货人。保管人验收后，发生仓储物的品种、数量、质量不符合约定的，保管人应当承担损害赔偿责任。

　　6. 仓单保管人制作仓单，应当按照法定条件在仓单上签章，并按照所记载的事项承担仓单责任。持单人行使仓单权利，应当按照法定程序在仓单上签章，并出示仓单。

　　7. 仓单上的签章，为签名加盖章。法人和其他使用仓单的单位在票据上的签章，为该法人或者该单位的盖章加其法定代表人或者其授权的代理人的签章。在仓单上的签名，应当为该当事人的本名。

8. 仓单当事人可以委托其代理人在仓单上签章，并应当在仓单上表明其代理关系。没有代理权而以代理人名义在仓单上签章的，应当由签章人承担仓单责任；代理人超越代理权限的，应当就其超越权限的部分承担仓单责任。

9. 无民事行为能力人或者限制民事行为能力人在仓单上签章的，其签章无效，但是不影响其他签章的效力。

10. 仓单持有人应妥善保管仓单。仓单被盗、遗失或者毁损，仓单持有人应及时向保管人提交仓单挂失止付申请。挂失人应经人民法院催示公告程序，凭法院裁定书保管人转开新仓单，同时注销挂失的仓单，并在新仓单上备注"本仓单替代（原仓单号）"的字样。

11. 仓单项下货物的所有权可由保证人承担保证责任。保证人由仓单制作人以外的他人担当。

12. 保证人必须在仓单或者粘单上记载下列事项：（1）表明"保证"的字样；（2）保证人名称和住所；（3）被保证人的名称；（4）保证日期；（5）保证人签章。

13. 保证不得附有条件；附有条件的，不影响对仓单的保证责任。

14. 保证人对合法取得仓单的持单人所享有的仓单权利，承担保证责任。但是，被保证人的债务因仓单记载事项欠缺而无效的除外。

15. 被保证的仓单，保证人应当与被保证人对持单人承担连带责任。仓单到期后得不到货物偿付的，持单人有权向保证人请求赔偿货物或支付货款，保证人应当足额偿付。

16. 保证人为二人以上的，保证人之间承担连带责任。

17. 保证人清偿仓单债务后，可以行使持单人对被保证人及其前手的追索权。

第四节　金融仓储仓单质押

一、仓单质押模式简介

仓单质押模式是金融仓储服务的基本操作模式，仓单质押模式是银行、中小企业、仓储企业共同完成的动产质押产物，它是指借款企业以市场畅销、价格波动幅度小、处于正常贸易流转状态而且符合要求的产成品或其采购的原材料抵质押作为银行授信条件，然后在其后续生产经营过程中或质押产品销售过程中分阶段还款，运用仓储企业的物流信息管理系统，将银行的资金流与企业的物流进行信息整合，由商业银行向企业提供融资、结算服务等一体化的银行综合业务服务，由仓储企业提供质押物品的监管、价值评估、信用担保等服务，从而架起银企间资金融通的桥梁。

二、仓单质押模式的意义

仓单质押模式下，借款企业凭借由仓储企业开具的仓单或是提供的质物清单获得融资，这样作为质物的存货就可以看成获得了部分的变现而得到经营的现金，减少存货对资金的占用,加速资金流转。只是在其融资的过程中,融资企业必须通过金融机构和第三方仓储企业来取得所需要的资金,否则融资企业就不能实现融资的需求。

银行持有借款企业背书的仓单或是确认的质物清单而向其放款,质物完全在仓储企业的监控之下,而仓储企业对质物的处置则完全按照银行的指示,银行和仓储企业的关系实质上是委托—代理关系,仓储企业以其专业性代理银行进行质物监控。仓储企业负责对质物的价值评估、出入仓库管理等,在发生借款企业违约的情况下帮助银行对质物实行拍卖变现。

三方通过存货质押贷款都可以获得各自的利益,借款企业及时获得了现金减少存货积压对资本的挤占,可以减少经营的资本需求量或用于扩大生产,加速生产性流动资金的周转速度;银行在仓储企业的帮助下在一定程度上克服信息不对称,减少因对具体质物不了解而带来的风险,克服自身监管不到位和监管费用高的弱点,开拓之前因风险的考虑而不愿涉及的中小企业贷款领域,增加贷款收入;仓储企业由于代理银行进行质物监管,不但扩大了业务量,还深挖了业务参与度,取得质物仓储、运输、监管等费用,尤其是监管费用,这些已经成为一部分仓储企业的重要收入来源。

【阅读链接】仓单质押带旺苹果销售　融资新品为购销商送贷56万元

眼下正是苹果销售旺季,工商部门与金融机构联合推出的"苹果仓单",有效增加了购销商资金,增加了市场收购能力,解决了部分农户卖果难的问题。昨天,南通绿海果业负责人曾建平高兴地说:"苹果仓单融资便捷,不论市场行情怎么变,心里都稳笃笃的。"

11月以来,针对苹果丰收后果品经营者购销资金不足的现状,崇川工商局充分发挥抵押登记职能,联合民生银行、邮政储蓄银行等3家金融机构,推出"苹果仓单"质押贷款业务,为果品收购商开辟贷款融资新渠道。目前,已办理"苹果仓单"质押贷款6宗,为苹果购销商解决贷款56万元。

据了解,"苹果仓单"质押贷款的主要办法是:由借款人收购苹果后,存入与银行或其他金融机构有合作的冷库,与冷库经营者签订仓储合同,由冷库经营方开具"苹果仓单",双方在仓单上签字盖章后,到工商部门办理质押登记,苹果收购商持工商部门出具的仓单质押登记证明即可到银行办理质押贷款业务。

工商部门与相关合作银行达成一致意见,凡是办理苹果仓单质押业务的收购商,可以以仓单合同金额向银行借取相同额度的款项,且一次质押、循环贷款,有效解决了苹果收购商的资金瓶颈问题,促进了苹果购销。业内人士评价,这一新型操作方式,进一步带动起苹果冷藏、苹果运输、苹果外贸出口的产业链的互动。

资料来源:朱蓓宁,原载于南通网,http://jsnews.jschina.com.cn/system/2011/12/16/012308780.shtml,2011-12-16。

三、商业银行金融仓储仓单质押信贷业务——以中国农业银行为例

金储仓单质押信贷业务是指银行与出质人、保管人签订监管协议，以保管人填发的出质人的存货仓单为质押，为借款人办理的信贷业务。金储仓单质押项下仅限于办理短期流动资金贷款、票据承兑、商业承兑汇票贴现、期限在一年以内（含）的非融资性保函、即期信用证、180 天以内（含）远期信用证以及其他银行已批准开办的国际结算项下短期贸易融资等短期信贷业务。

1. 功能和特色。为资金流量大、存货大但固定资产少，难以通过传统的担保抵押方式获得贷款的企业提供短期融资便利。

2. 办理流程。（1）提交书面申请。（2）提供如下资料：与原件核对相符的拟质押仓单复印件，并附仓储物清单，包括对品名、型号、质量等级、数量、价格等要素的详细描述；仓储合同副本；仓单项下仓储物的合法性权属证明，如购销合同、增值税发票、付款凭证等；仓单项下仓储物为进口商品的，应提供相关进口批文、批准使用外汇的有效批件及已获海关通关的资料；仓单项下仓储物为国家限制经营或特许经营的商品，必须持有相关的批准文件或许可文件；其他资料。

四、金融仓储仓单质押模式业务流程

有融资要求的中小企业把货物存储在仓储企业的仓库中，然后凭借仓单向银行申请贷款，银行根据质押品的价值和其他相关因素向客户企业提供一定比例的贷款。这一过程中，仓储企业负责监管和存储质押品。具体操作流程如图 6 – 15 所示。

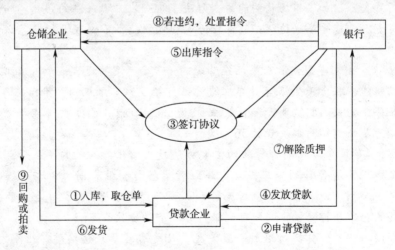

图 6 – 15　金融仓储仓单质押模式的操作流程

操作流程说明：

1. 中小企业与仓储企业签订仓储协议，将货物送入仓储企业的仓库，仓库审核确认接收后，开具仓单。

2. 中小企业凭借该仓单向银行申请贷款，银行对仓单进行审核。

3. 中小企业、银行和仓储企业协商签署协议，仓单出质背书登记交付银行；仓储企业和银行签订协助银行行使质押权保证书，确定双方在合作中各自履行的责任。

4. 银行按货物价值的一定比例向中小企业发放贷款。

5. 融资过程中，仓储企业负责监管货物，接收银行的出库指令。

6. 仓储企业确定出库指令无误后，安排货物出库。

7. 贷款完全收回，银行解除仓单质押，并将仓单归还中小企业。

8. 若中小企业违约，银行则下达处置指令给仓储企业。

9. 仓库接到处置指令后，对质押的货物进行拍卖或者回购。

仓单质押模式的 SWOT 分析如表 6 - 5 所示，仓单质押模式通过仓单证券化，发挥仓单可转让流通可能，可以减少交易成本，但也带来仓单的管理风险。

表 6 - 5　　　　　　　　　　　　仓单质押模式 SWOT 分析

S（优势/优点）	W（劣势/缺点）
仓储公司：通过仓单质押模式为公司提供了新的增值服务，是企业利润的增长点。仓单证券化，减少交易成本 融资企业：有效盘活企业的沉淀资金，增加了资金利用率，并且能够及时地在金融机构得到所需的资金，用于企业的发展 金融机构：提供新的增值服务，成为新的利润增长点，分散了风险	仓储公司：对员工的要求比较高，特别是道德层面要求比较高，而且必须要有仓库管理、监督管理、价值评估、配送、拍卖等综合性的服务能力 融资企业：必须通过金融机构和第三方仓储企业进行融资业务，否则将无法实现 金融机构：虽然减小了与中小企业的信息不对称，但是又产生了与仓储企业之间的信息不对称
O（机会）	T（威胁）
金融机构、仓储企业、融资企业长期合作，实现三方共赢	仓单的管理风险，质押物价值的评估，质押物的变现

五、金融仓储仓单质押重点流程分析

1. 出入库流程，如图 6 - 16 和图 6 - 17 所示。

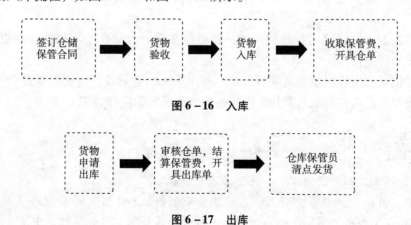

图 6 - 16　入库

图 6 - 17　出库

2. 仓单转让流程，见图 6 - 18 所示。

3. 仓单货物信息监控流程，见图 6 - 19 所示。

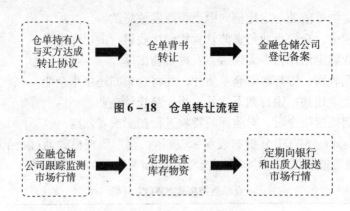

图6-18 仓单转让流程

图6-19 仓单货物信息监控流程

六、浙江涌金仓储股份有限公司金储仓单业务实例

（一）仓单开具前的工作

客户向浙江金储业务拓展部门提出储存货物申请，业务拓展部门初审相关资料后，协同业务管理部、工程技术部根据货物情况存放到公司自有仓库，或者选用、租赁其他合适的仓库，并且通知业务管理部整仓。口头协定后客户填写用户信息表、签署仓储保管合同、业务拓展部门经办人员填报仓储业务入库审批表，并附上业务相关资料。

（二）仓单的开具

浙江金储业务人员填写的仓储业务入库审批表，经公司内部审批通过后，公司财务会计部门凭审核无误的仓储业务入库审批表、用户信息表、仓储保管合同以及由货物收储仓库的仓管员验收入库后开具的入库单签发金储仓单，并且向仓单所有人收取仓储保管费及其他相关费用，经货主签收后交接仓单。

（三）金储仓单质押贷款

出质人使用纸质金储仓单出质的，需向浙江金储提交质押登记申请，办理相关手续。

银行（质权人）确认质押登记申请。经质押登记的金储仓单不得进行变更、转让、提货、挂失等任何操作。

确认登记后，银行向出质人发放贷款。若出质人归还贷款，则银行返还仓单，并向浙江金储提交解除质押登记的通知。浙江金储确认后解除质押登记。

【阅读链接】   **神奇的金融街8号当铺**

标准仓单又是如何帮助中小企业化解融资难题的？

"2009年11月27日，绍兴县一家纺织企业把价值661万元的白坯布存放到浙江金储自备的青云仓库。浙江金储在对货物进行验收后，签发了6张标准仓单。企业拿着6张仓单到杭州银行质押申请了6个月期的366万元贷款。"浙江金储总裁童天水说，到期后，如果企业及时归还了贷款，银行就将标准仓单归还给企业，企业凭标准仓单到青云仓库将货提走；如果企业无法偿还贷款，银行则可以凭标准仓单将货提走，也可委托浙江金储按市价将货物变现偿贷。

第三方动产监管的货物企业可以使用，可进可出，只要货物的价值始终保持企业贷款时的价值（最低安全线）即可，而标准仓单一旦形成，货物就严格封存。一旦封存了就不能补货，所以适用标准仓单的动产是价格"阶段性不动"的或具有升值潜力，如红木家具、各种书画陶瓷艺术品、棉花、棉布、油料、化纤和比较稀缺的其他原材料等。

"我敢说，标准仓单是世界上最先进的动产交易模式。我引进了银行汇票的理念，把各种各样、形态各异的动产变成规范的票据，这叫'实物资产票据化'。作为票据的标准仓单，除了可质押给银行贷款，其本身也可以进行交易，交易时，付清货款，然后在标准仓单上背书就可以了。"

"谁的手里有标准仓单，谁就可以从我手里把货物提走。当他不急着用这批货时，他就可以把它握在手里，因为它完全可能升值。当各行各业大量的动产换成标准仓单时，我这里就会形成一个现货交易市场——交易的是标准仓单。进一步，随着原材料等价格波动，标准仓单就可以升值也可能下跌，这表示，它们可以证券化！这太值得期待了。"

资料来源：节选自白勇：《神奇的金融街8号当铺》，载《商界》，2011-06-25。

七、期货标准仓单质押贷款简介

期货标准仓单是属于金储仓单的一种，标准仓单质押贷款是指借款人以其自有的，经期货交易所注册的标准仓单为质押物向商业银行申请正常生产经营周转的短期流动资金的贷款业务。由于标准仓单是由期货交易所统一制定，指定交割仓库在完成入库商品验收、确认合格后签发给货主的实物提货凭证，是由期货交易所的信誉作保证的，因此，相对于非标准仓单质押贷款而言，该产品具有贷款监管便利、质押物变现力强等优势，从而既有利于缓解企业生产经营过程中流动资金紧缺的问题，又有利于商业银行控制信贷风险。随着人们对期货市场套期保值和价格发现等基本功能的认知程度不断深化，越来越多的企业开始利用期货市场进行风险管理。然而，这些企业在通过套期保值交易平稳其生产经营的同时，由于手中暂时闲置的标准仓单占压资金而面临短期流动资金短缺的新问题，从而对银行提出了标准仓单质押融资的强烈市场需求。开展标准仓单质押贷款业务，在拓宽银行利润增长点的同时，既可有效解决现货企业短期流动资金紧缺的问题，还能起到间接支持企业利用期货市场套期保值以规避现货市场价格波动风险的作用。作为期货标准仓单的质权人，商业银行可以通过期货市场随时了解质押物市场行情，有利于及时控制信贷风险。

八、标准仓单质押贷款的特点

从本质上讲，标准仓单质押贷款属于仓单质押贷款的一种，只是质押标的物为标准仓单而已。由于标准仓单本身的特点，以及在产品设计时考虑了市场需求因素而对传统操作模式有所调整，因此标准仓单质押贷款相对于非标准仓单质押贷款而言，更易控制风险，也更贴近市场。具体来说，标准仓单质押贷款具有以下四大优势。

（一）安全性

标准仓单是期货市场的产物，其标准化程度高，并由期货交易所对标准仓单的生成、流通、管理、市值评估、风险预警和对应商品的存储（对指定交割仓库的资格认定、日常管理）等进行严格的监管，银行可以直接利用或借鉴期货交易所这些规范的管理机制控制信贷资金风险。而且，期货交易所对标准仓单项下的商品品质有较高的要求，以及严格的质检系统，使得标准仓单具有很好的变现能力。因此，相对于普通仓单质押贷款而言，标准仓单质押贷款更具安全性。

此外，也可基本排除人们对标准仓单质押贷款存在的"信贷资金违规进入期货市场"的顾虑：一方面，在贷款资金用途上，已明确规定"贷款资金须用于企业的正常生产经营活动"；另一方面，根据期货交易所相关规则，标准仓单可以在期货交易所质押抵作保证金，且相对于银行质押贷款来说，其办理手续和相关费用更为简单和低廉，因此申贷客户不存在用信贷资金做期货交易的直接内在需求。

（二）时效性

为了满足客户对贷款时效性的要求，对借款人核定可循环使用信用额度，以简化贷款审批程序，使借款人能够便捷地使用贷款。同时，考虑到标准仓单质押贷款风险的可控性，银行还可适当降低对申请可循环使用信用的借款人的信用等级标准。

（三）实用性

由于是短期流动资金贷款，若贷款到期时客户无法做到资金及时回笼将使银行贷款面临逾期的风险。若客户在贷款未到期前，需要在期货交易所交割出货但又没有足够的资金赎回质押仓单时，银行可通过与该客户及其期货经纪公司签订三方协议的方式，先释放标准仓单，即将仓单解冻、恢复为流通状态，并委托期货经纪公司持标准仓单到期货交易所进行交割，然后由该期货经纪公司将交割回笼资金划入客户在银行开立的存款账户，优先用于归还银行的贷款本息。这样做，不但有利于更好地满足客户对银行短期流动资金贷款的切实市场需求，也有利于银行规避贷款逾期的风险。

由于上述委托期货经纪公司持单入场交割、划拨回笼货款的操作方式，完全是遵循期货交易规则——会员交易制度，即由会员（期货经纪公司）代理投资者入场（交易所）进行交易、交割，而相应的资金也是在交易所专用结算账户和会员（期货经纪公司）专用资金账户之间进行划转的，因此，第三方——期货经纪公司的引入，使得借款人无法直接控制质押仓单或交割回笼货款，从而可以有效规避银行质物失控的风险。

（四）联动性

从某种意义上讲，标准仓单质押贷款的客户是银行与期货经纪公司共同的客户，该项贷款产品的推出，不但能够有效地拓展银行的市场领域，促进金融创新，而且还能吸引客户及其期货经纪公司将期货交易保证金账户转入银行，从而带动银行期货交易结算等中间业务的发展，提高综合竞争力。

九、商业银行期货标准仓单质押贷款常规业务模式

在标准仓单质押业务中，直接参与的有质权人、出质人、中间服务人三方。其中，中间服务人有交易所、经纪公司、交割仓库、回购担保公司等。直接参与的三方作为贷款资金的提供方、资金使用方和保证该项业务正常运转方，有不同的权利、责任与义务，具体体现在仓单质押的不同效力，主要包括仓单质押担保的效力范围、仓单质押对质权人的效力、仓单质押对出质人的效力及仓单质押对中间服务人的效力等。依据质押权利生效的方式，质权人根据风险控制的需要，可以签订多方协议。

（一）银行、期货公司、借款人签订三方协议

这类方式主要适用于无纸化的标准仓单，仓单通过等级升贴水、地区升贴水的调整，在交易所注册成为标准化仓单，在有的交易所，仓单持有人可以自主选择仓库提货，标准仓单与指定交割仓库不存在一一对应关系。其操作方式为：三方签订协议，明确三方的权利与义务；质押权利凭证的登记；银行发放贷款；质押期结束时收回贷款本息或处置仓单。该方式中的焦点是仓单的转移，能否真正拥有仓单或拥有仓单的处置权，对银行来说至关重要。

（二）银行、借款人、期货公司、交割仓库签订四方协议

这类仓单与其代表的货物一一对应，可以背书转让，其主要操作步骤是：四方签订协议，明确四方的权利与义务；质押权利凭证的过户登记；银行发放贷款；质押期结束时收回贷款本息或处置仓单。

这种方式的主要风险点在于：第一，质押物登记风险，这种方式以仓库的信用为基础，如果仓库出现信用风险，质押物质押登记法律效力难以得到保证；第二，保管风险，银行对质押物负有保管责任，如质押物灭失，银行要承担信用风险及相关责任；第三，处置风险，质押物处置偿债需要委托期货公司进行，银行质押权利因此弱化，加上期货公司信用不一，银行信贷资金将面临一定风险；第四，由于指定交割仓库数量较多，地点分散，需要一一对应登记，登记的环节较多，贷款成本比较高。

（三）银行、借款企业、期货公司、回购担保企业签订四方协议

一些银行为了保证贷款能够按时、顺利回收，在第一种模式的基础上添加回购担保企业作为第四方。回购担保企业与银行签订保证协议，保证在借款企业不能按时、足额归还贷款时，按照贷款本息回购所质押标准仓单，在保证银行及时收回贷款本息的基础上，再向出质人进行追索。回购担保方的存在，为商业银行贷款安全加上了一道保险，但是增加了借款人的融资成本，加之一些银行规定回购担保企业必须具备银行认可的较高信用等级，使得借款企业很难找到符合条件的回购担保方，实际业务操作性较差。

【阅读链接】　　　　　　　　**标准仓单融资为何进展迟缓**

去年以来，国家为抑制通胀而采取的一系列收紧政策，使企业的贷款难度越来越大。6月14日，人民银行宣布本月20日上调金融存款准备率0.5个百分点，国内银行资金将再次收紧，这对原本就资金短缺、贷款难的中小企业来说，无疑是"雪上加霜"。

作为上海一家有色金属贸易企业的负责人,王先生准备尝试利用手中的期货标准仓单融资,为企业经营争取更多流动资金。但他与银行接触后发现,很多国内银行对其资质审核并未因抵押物是标准仓单而有所变化。严格的审查程序让他最终选择了一家外资银行,而他很快拿到了贷款。

据介绍,目前国内银行对期货标准仓单的质押业务与普通的质押贷款并没有根本区别,都需要通过严格的审批制度,期货标准仓单质押由于有交易所制度把关,只是在审批时对质押物的质量、流动性降低要求,其他和一般贷款一样,最终能否发放贷款仍取决于企业自身的条件。

标准仓单融资业务早在数年前就已存在,包括建行、民生、光大等在内的多家商业银行都开通了这项业务,但实际融资贷款总量并不大。据统计,去年国内三大商品期货交易所日均标准仓单市值181.85亿元,仓单注册量165.82万吨,其中进行银行融资的标准仓单数量占比不到5%。

对于标准仓单融资业务这么多年始终难有大的发展,市场人士解释说,这是标准仓单质押贷款供求双方需求错位导致的。"目前国内一些银行的贷款政策仍是对大企业有利,而对中小企业规定太苛刻。许多持有标准仓单的中小企业有资金需求但贷不到,不需要融资的企业却总能贷到。"

"相对而言,外资银行对标准仓单质押融资的要求较低,只是要求企业必须为质押的仓单在期货市场保值,并将期货头寸定时报送给银行,以此实现对价格风险的规避。"王先生希望,国内商业银行在贷款机制上能更加灵活一些,使期货标准仓单质押融资发挥更大的作用。

标准仓单质押贷款具有贷款监管便利、质押物变现力强等优势,有利于商业银行控制信贷风险。国内不少银行为此都已建立期货标准仓单的相关贷款流程,并与期货公司建立了业务联系。银行可通过与其客户和期货公司签订三方协议的方式,先释放标准仓单,然后由期货公司将交割回笼资金划入客户在银行开立的存款账户,优先用于归还银行的贷款本息。

那么,银行为何在标准仓单质押贷款中依然采取严格的审批程序呢?一位银行业务人员道出其中缘由:"在银行贷款业务中,风控部门与业务部门对标准仓单的理解不同,风控部门对企业的审查使很多业务部门认可的标准仓单贷款企业都无法得到贷款。"银行开展标准仓单贷款业务要充分考虑期货市场价格波动风险,在期现基差变化对银行不利时,中小企业的资质、信用状况直接影响着贷款能否顺利回收。

"仓单的处理是银行标准仓单质押贷款业务的主要风险环节。"上述银行人士说,目前国内银行无法开立期货账户进行交易,一旦客户无法偿还贷款,银行就会收回质押物,而如何将其快速变现是一个难题。该人士呼吁,相关部门应考虑允许银行通过交易所特别通道建立与违约质押仓单数量相等的期货头寸,只进行交割,以方便银行迅速快捷变现质押物。

资料来源:李磊,原载于《期货日报》,2011-06-16。

第五节　金融仓储服务基本模式比较

一、两种模式的共同点

一是在设立目标上，两种模式都是为融资企业和金融机构提供合作平台，拓宽企业融资渠道，提高企业资本利用率服务的。

二是在法律性质上，都属于动产融资范畴，是一种规避贷款风险的手段。

三是在参与主体上，都涉及金融机构、融资企业和仓储公司三方，其中融资企业通过原材料、产成品等流动资产实现融资；金融机构拓展动产抵质押贷款业务，增加了收入来源；仓储公司收取中介服务费用。

四是在监管责任上，仓储公司实质上都要关注抵质押商品的价值及其浮动和变化。

五是都能实现金融机构、仓储企业、融资企业三方共赢。

二、两种模式的不同点

一是从法律性质上看，《担保法》将质押方式分为动产质押和权利质押，仓储公司开展的第三方动产质押监管业务属于动产质押范畴，而仓单业务则属于权利质押范畴。第三方动产质押监管业务中出质人（债务人）向质权人交付的必须是用于质押的质物，而仓单业务出质人（债务人）转移给质权人的是仓单权利，只有在出质人（债务人）无法按期清偿债务时，质权人才可以提取仓单项下货物变卖，并优先受偿，动产浮动抵押属于抵押范畴。

二是从合同生效条件上看，第三方动产质押监管业务中，融资企业将质押物移交给金融机构，自金融机构占有质押物时，质押贷款合同生效；仓单业务中，融资企业交付给金融机构仓单，自仓单交付金融机构占有之日起生效。

三是从质押物风险责任承担者上看，金融机构在占有质押物期间委托仓储公司保管动产货物，质押物在质押期内发生的毁损、灭失责任由协议约定，可由金融机构承担，也可由仓储公司承担，或共同承担。实践中，通常由仓储公司承担。

四是从适用企业类型上看，第三方动产质押监管业务一般适用于生产型企业，如日常生产经营中铺垫性流动资产较高的企业、快速成长期或规模化经营企业等，因为生产型企业为保持企业正常生产，通常都必须连续提取库内货物进行生产，库内货物流动较快。仓单业务则通常用于贸易型企业或收藏类群体，因为这类企业一般不需要频繁提货、置换仓单，这时仓单作为一种记载详细的权利凭证，用于质押比较安全、方便。

五是动产监管保值，不存在仓单的管理风险，但是在动产质押监管业务中，融资企业质押给金融机构质押物的时候，很多时候是选择在融资企业的仓库中进行质押监管，这就为其增加了强行提货的风险。再者动产质押监管和仓单质押不一样，没有将资产证券化，相应地减少了一定的风险。

表 6 – 6 　　　　　　　动产质押监管业务与仓单质押业务的异同点

		动产质押监管业务	仓单质押业务
共同点	设定目标	搭建中小企业融资平台，实现三方共赢	
	法律性质	质押融资	
	参与主体	金融机构，仓储公司，融资企业	
	监管责任	仓储公司本质上要关注质押物风险	
不同点	法律性质	动产质押	权利质押
	合同生效条件	金融机构占有质押物	金融机构占有仓单
	质押物风险责任	协议约定	第三方仓储公司
	适用企业类型	生产型企业	贸易型企业，收藏型企业

三、两种模式的市场现状

仓单质押在银行的信贷体系中早已出现，但主要是从担保方式的角度看待，用于补充一般企业贷款中的信用不足问题。而从金融仓储的角度，则是将质押仓单价值视为融资对价，融资的期限、金额、贷后管理等都以质押的仓单为基础。这一观念的转变将大大拓展仓单质押融资的目标市场，并提高风险管理的精度。

从我国的金融仓储业务实践来看，由于开展仓单质押融资业务的市场和制度环境未完全成熟，一般仓储企业签发的仓单没有权威的机构认证，仓单的标准化程度低并且使用和流通范围有限。因此，完全意义上的仓单质押融资在国内开展得很少，仓单更多的是作为一种存货凭证，仓单的流通机制还未形成，因而金融仓储业务更多的是以动产质押融资的形式出现。

四、未来发展趋势

随着现代物流与金融的发展，金融仓储业务将呈现多元化、规范化发展。

一是由传统的静态质押监管向动态质押监管发展，且动态质押监管业务将成为主要监管模式；

二是由单一环节向供应链全程发展，在原材料采购、加工、运输、仓储、产成品流通等各环节上，均可产生质押业务；

三是由库内质押向库外多点质押发展，质押物堆存场地可能在融资企业的车间、库房，也可能在港口码头，可能在一地，也可能在几十个地方同时质押；

四是由金融机构考察仓单信息向引入专业认证机构认证仓单发展，仓储公司的仓单将由专业认证机构进行认证及注册，保证仓单的有效性，同样，金融机构将向认证机构确认仓单的真实性。

【推荐阅读】

1. 金雪军：《打破不动产的束缚破解——中小企业融资难的金融仓储模式探讨》，杭州，浙江大学出版社，2011。

2. 龚文龙：《棉花期货仓单制作与投资运作指南》，北京，中国经济出版社，2005。

3. 刘萍：《中国动产担保创新经典案例》，北京，中信出版社，2010。

第七章

金融仓储服务模式拓展

JINRONG CANGCHU FUWU
MOSHI TUOZHAN

第一节　与传统仓储相关的高端业务

一、金融档案管理

（一）金融企业档案

随着第三产业在国民经济中比例的不断提高，各类法人单位的数量以及每年生产的纸质文档也越来越多。一个公司存续时间越长，需要保存的纸质文档越多，而随着纸质文档越来越多，法人单位为此付出的代价也越来越大。为了保存纸质文档，公司每年需花费人力去装订、整理、维护，占用办公室的面积，为此付出昂贵的租金或同值的机会成本（如果是自有的办公用房）。此外，纸质文档都有保管的时间要求（例如有的需保存15年，有的需永久保存等）；有质量要求（如若干年以后取出还能用等）；有保管要求（如防霉、防蛀、防火、防潮等）。文档管理成为企业管理的一个重要方面，也是企业质量管理标准的一个重要内容。

以金融行业为例，随着市场的开拓和服务类别的增加，档案数量呈几何倍数的增加。去证券公司开户后会留下开户资料、去银行办理业务就有业务凭证、与保险公司签订合同会留下相关资料……随着各种纸质文档不断累积和新业务的推出，如何安全、高效管理公司档案已成为金融企业最关心的问题之一。同时随着市场的规范和国际化，对档案存放管理的要求也越来越高，作为非核心业务的档案管理人员将直接影响公司的竞争能力和市场形象。

一家银行，不说其每年的巨量财务凭证，也不说其结算、储蓄、信贷等业务，仅就产生纸质文档最少的信用卡业务来说，有多少张该行的信用卡就有多少份信用卡申请书

（代合同）保存。据报道，一家股份制银行上海分行租赁了一个旧厂房改建成档案库房，租金 180 万元一年，改造费用高达 2 000 多万元，而且每年还有水、电、人工等管理成本，但改造的库房 3 年就放满了各类档案。一家证券公司在总部用一层楼面存放档案，而部分公司员工不得不在花费几百万元租金租赁的办公楼工作。另一家证券公司利用自有房屋改建库房，投资数百万元仅够存放三年的档案，前两年库房空置率很高，一旦快满又要投资新建，另外所有券商营业部也都需要一到两间房间用来存放客户资料。

（二）金融档案管理服务外包

相对于商业文档存储巨大的外包需求，尤其是高端产业的迫切需求，目前国内市场上的服务提供商的状况不容乐观，可以说是缺失严重。国内部分先进的金融企业，迫于内部管理需求和行业规范要求，面对文档存储保管高端服务提供商的缺失，无奈之下尝试自建档案馆来保管重要的商务文档。虽然这可以说是一种进步，暂解了燃眉之急，但实际上也是不经济的权宜之计，难免陷入人均创利水平下降、成本增加，重返"大而全"、"小而全"模式的不归路。金融业的服务外包可以追溯到 20 世纪 70 年代。当时，一些金融公司为节省成本，将打印及记录等一些业务外包。20 世纪八九十年代，随着计算机和信息技术的飞速发展，源于专业化分工深化的企业管理革命，以及第三产业内市场竞争日益残酷的压力，发达国家出现了一轮金融服务外包浪潮，外包规模已经超过 2 000 亿美元，覆盖了银行、保险、证券、投资等各类金融机构。从国际上的行业状况看，20 世纪八九十年代以来，国际上的金融企业没有一家银行、保险、证券公司自建档案仓库，自管档案资料。

从需求看，随着专业化分工的深化，银行、保险、证券业的企业迫切需要把原本属于公司内部管理的部分职能，尤其是劳动密集的、影响核心竞争力提升的那些业务，如文档存管、纸币处理资格、人事、销售管理等外包和外移，从而扩大本企业人均推动的金融资产规模，有效提高企业核心竞争能力。

【阅读链接】　　　　　南京金融档案管理中心正式落成启用

日前，由人民银行南京分行营业管理部附属机构——南京金融票据中心承建的南京金融档案管理中心正式落成启用。这是南京金融票据中心继票据影像处理、票据集中提回后为南京地区金融机构搭建的又一个提供档案管理服务的外包平台。可为南京地区金融机构提供集约化、规模化的档案管理服务，使金融机构降低档案管理成本，获得更多、更大的效益。目前，工商银行、农业银行等 7 家商业银行的部分金融档案已经入驻该中心。今后南京金融票据中心还将适时启动二期工程，随着业务的发展，还将提供档案缩微、全文数字化处理、票据影像扫描、新型载体档案的管理等多项档案管理业务。在不久的将来，该中心必将成为南京地区金融服务机构的新品牌。

资料来源：中国人民银行南京分行营业管理部，http：//www.nanjing.gov.cn/zwgk/bmzx/200810/t20081020_ 251269.htm，2008 – 10 – 20。

（三）金融仓储之档案管理

大多数企业的档案管理硬件设施根本达不到国家档案局的要求，这些要求主要针对承重、照明、安全防盗、温湿度控制等方面。此外，由于一些行业的档案管理还关系到社会稳定，因此实行异地灾难备份是监管层的基本要求。从价值创造的角度看，档案管理属劳动密集型的后台业务，不直接为企业创造价值，企业有动力把该项业务外包给专业化的档案外包服务商，进而提升运行效率。

金融仓储公司可以利用其特殊的地位提供金融档案管理服务，金融仓储公司针对银行、证券、保险等金融机构快速增长的档案存放要求而设立配套档案管理服务。金融仓储公司只负责文档的存储和管理，在文档的包装、运输、交接、入库、存储管理、出库的过程中皆不接触文档内容，与客户文档内容完全隔绝，把自身定位为客户文档的延伸仓库。对客户而言，从外包中得到的利益主要有成本的节约、质量的提高、服务速度的加快，以及使企业更多关注于核心业务，更有效地分配和使用资源。金融仓储公司专业化的运作使得企业产生规模效益，同时通过累积的经验与学习，不断提高劳动生产率，使得整体商业体系的运作效率与结果明显优于传统的"大而全"、"小而全"的传统企业运作模式。

二、艺术品托管服务

（一）认识艺术品

艺术，源于生活，高于生活。艺术思想是人类社会生产力发展的原动力之一。艺术是原始生产力。艺术品的本质内涵是人类剩余劳动的积累，人类智慧思想的结晶，人类文化传承的载体，人类文明进步的脚印。艺术品分为很多类，包括陶艺、国画、抽象画、乐器、雕刻、文物雕塑、砂岩、仿砂岩、摆件、铁艺、铜艺、不锈钢雕塑、不锈钢、石雕、铜雕、玻璃钢、树脂、玻璃、透明树脂、树脂、玻璃制品、陶瓷、瓷、黑陶、陶、红陶、白陶、吹瓶、琉璃、水晶、黑水晶、木雕、花艺、花插、浮雕等。

（二）艺术品的价值

1. 历史文化价值。艺术品是相应历史时期社会生产力和生产关系发展水平的标志和记录。它的内容包括科技、文化、政治、宗教、自然等诸多方面，体现着材料、工具、题材、造型、技巧、形制、色彩等，通过它记录了人物、事件、传说、规律、制度等。

2. 人文艺术价值。（1）艺术品是客观世界和主观世界的高度结合。两者统一度决定了艺术价值高度。艺术品可以是客观世界的主观表达，如写生、写实的手法；也可以是主观表达的客观世界，如印象派、写意的手法。（2）艺术品是作者学术、认知、思想、情感、技巧的凝结，或是情感宣泄，或是情感寄托。（3）艺术品是作者本人、时人乃至后人对客观世界的理解程度的表达和解读。本人、时人、后人共鸣是艺术品艺术价值体验的峰值。（4）临帖读画就是与古人对话。书如其人，画如其人。作品其实就是人格精神的再现。（5）审美价值，其实是作者和读者艺术思想的认同度。

3. 工艺技术价值。这体现在艺术品独有的工艺流程、工艺技巧、工艺技能、工艺经验、材料配方等，以及由此衍生的理论、学术、专利、创作、设计、制作和传承。

4. 资源经济价值。首先是高档材质的稀缺性。艺术品材质与题材表达的依存性较强，通常最好的材料献给最美的题材。材质的拟人化特质，比如木头是有生命的、石头是会说话的、玉是有灵性的等，也说明了艺术品的不可再生性，不能复制。艺术品通常还有可长期耐用、可传承的特性，提高了其经济价值。

（三）艺术金融

经济发展的规律表明，货币是再生产的第一推动力，也是持续推动力。艺术品投资中，没有融资，就很难有高质量的投资。没有丰富完善的艺术品融资渠道，就很难有理想的艺术品投资规模与投资能力。在世界发达国家，艺术品并不是重要的投资标的物，只能算是另类投资，可以说占的比例并不大。在西方财富整合中，艺术品作为一种资产配置已深入人心。也就是说，在西方艺术品作为投资还不被大部分人所接受的时候，西方已经盛行的是将艺术品作为资产配置的一个选项，所谓资产配置就是用资产的多元化配置来分散资产风险。

艺术金融涵盖的组成部分是一个经济概念或者金融概念，需要用产业化的概念来看待艺术金融。它是一个产业，这个产业有产业链条，有上游也有下游，既有自己的产品体系，又有交易、支撑、服务和一些政策方面的保障体系，只有建立起这些体系，建立起相应的产业链条，艺术金融才能按照产业化的理念发展，而只有用产业化的理念发展，艺术金融的发展才能持续、长久。

（四）银行从事艺术品金融的难点

一是要保证质押品的真实，但是这对于鱼龙混杂的艺术品来说是最难的，也是金融机构明哲保身、不愿参与艺术品金融的主要原因。

二是艺术品质押融资与其他普通商品质押融资一样，需要通过评估机构认定价值。但目前艺术品市场的评估机构也是良莠不齐，艺术品价格不像房地产和其他的动产、不动产那样价格公开透明，价格形成的情况非常复杂，所以找一家被银行认可的评估机构也是非常不容易的。

三是艺术品的保管。很多银行虽然有保管箱业务，但它不具备保管艺术品的功能。这就需要创新地建立一种新的保管机制或者叫艺术品的托管机制。

四是变现。艺术品质押融资，借款人还不上钱，银行即出现了风险。这时候用何种方式迅速变现，减少或者不产生银行的资金损失是艺术品质押融资风险控制的一个非常关键的环节。

（五）金融仓储公司艺术品托管模式

艺术品托管是金融仓储公司为艺术基金、艺术品交易商、收藏者提供的艺术品保管服务，以及鉴定、交易咨询、质押融资等增值服务。以浙江涌金仓储股份有限公司为例，公司为艺术产权交易所的指定托管商，公司托管的艺术品可在交易所上市交易，充分发现艺术品价值潜力。

【阅读链接】　　　　　童天水：有用的才是财富

金融仓储是指金融仓储企业作为第三方为银行业开展仓储金融业务提供仓储保管、监管、咨询等一系列服务活动。简而言之，就是银行抵质押品的仓储保管、监管业务。而将艺术品引入金融仓储而成为艺术品金融仓储的，便是浙江涌金仓储股份有限公司的创始人童天水先生。

刚刚步入寒冬的杭州，总笼罩着一份宁静与安谧。秋叶未完全落下，冬日尚在徘徊。带着一份对艺术品金融仓储的好奇，我们拜访了童天水先生，与他共同探讨艺术、金融，还有艺术金融。

《艺术财富》：何为艺术品金融仓储，其核心是什么？

童天水：浙江涌金仓储股份有限公司所从事的金融仓储，是以仓储动产为对象，用银行信贷的方法，进行价值发现、价值维持、价值实现的管理服务。然而，古往今来，艺术品的价值都不可小觑。随着国内国际艺术品市场的发展，艺术品作为有价值的动产，更是不可忽视的力量，同时也适用金融仓储模式。若是从艺术品金融仓储着手，致力于艺术品金融事业发展，也将为艺术品金融化开辟市场通道。

艺术品金融仓储的核心在于开发艺术品金融参与价值。随着经济发展，艺术品成为社会财富重要组成部分已经得到了社会各界的认同，艺术品的市场参与离不开金融的参与。

《艺术财富》：艺术品金融仓储发展的前景是什么？又将遇到什么样的难题呢？

童天水：艺术品金融仓储在艺术品市场不断完善、不断规范的情况下将健康可持续发展。一是因为随着经济生长，金融资本不断投入到艺术品中使艺术品市场爆发式发展，二是在于金融对艺术品市场容量将持续地高幅度地增长。艺术品可以发挥价值贮藏职能与世界货币职能。然而任何创新都有被社会认同认知的过程，艺术品金融仓储的发展也不是一帆风顺的。要打破不合理的现成环境的束缚和阻力，要将原本无秩序的艺术品市场重新构建还有一段很长的路要走。

《艺术财富》：您提到艺术品市场的不合理性，那么就您个人而言，您认为艺术品市场的现状是什么？

童天水：艺术品市场的不规范性的确暴露了不少问题。首先，研究未能实质性地突破，只有一对一的交易而未形成统一规范的市场；其次，秩序混乱，鱼龙混杂，艺术品的层次参差不齐；最后，就是人们对待艺术品的心理成熟度不高，对艺术品的一夜暴富心理严重。

《艺术财富》：那么您是如何推进艺术品市场的规范性的呢？

童天水：我们是以服务身份作为切入口，将艺术与金融两个元素结盟，拓展艺术市场。公司发展现正处于初级阶段，将书画作品、瓷器、玉石、艺术家具等运营至金融中，并有条件地向上拓展。

《艺术财富》：您之前提到艺术品市场鱼龙混杂，我想问的是，您是如何鉴定那些待托管的艺术品的？

童天水：我们目前的经营主要以当代艺术品为主。从技术层面上来说，我们用最现代的科学技术来解决。另一方面我们邀请全国最有水准的专家进行去伪存真。除了这些别人都能做到的，最重要的是我们的托管流程能让艺术品身份定格并有案可稽。

资料来源：节选自施琴：《童天水：有用的才是财富》，载《艺术财富》，2012 - 03 - 16。

第二节　保兑仓

一、保兑仓的概念

动产质押监管和仓单质押都需要融资企业首先将自己的动产存入仓储企业指定的仓库或者首先在自己的仓库中有不低于银行要求的动产由仓储企业监管，这样使用范围就有了一定的局限性，对于一些特殊的行业可能就不能贷到所需的资金，比如钢铁企业，需要到款后到货，因此从事这样行业的企业往往希望先获得贷款，然后再把其购买的动产质押到银行。与此同时，随着金融仓储的不断发展，金融仓储将金融业的一些金融创新的思想也运用进实际业务中来，保兑仓便应运而生。

保兑仓也有人称其为买方信贷，就是指融资企业向金融机构缴纳一定的保证金，金融机构根据融资企业的进货合同直接给融资企业开具银行承兑汇票（主要形式）或者提供资金，融资企业直接利用银行承兑汇票（主要形式）或者资金到融资企业的上游供货商（也可能就直接是制造商）进货，上游供货商将货物发送到银行指定的金融仓储企业的仓库，货物到达仓储企业的仓库便直接变更成仓单质押类型或者是动产质押监管保值类型。在这样的方式下，采取逐笔控货的方式，在融资企业需要货物时，仓储企业要严格地控制出入库融资企业填写提货申请书向银行申请提货，同时追加相应的保证金。直到保证金达到应有的数额，货物被融资企业提完，银行兑现开给上游供应商或者制造商的银行承兑汇票。当到期融资企业无法将货物提完，上游供货商无条件回购质押物品。在此过程中金融机构类似于一个资金平台或者是成了融资企业的上游供货商，只是金融机构的利润是其贷款的利息收入。

二、保兑仓的流程

1. 融资企业和金融机构签订《贷款协议》，仓储企业和金融机构签订不可撤销的协助行使质押权保证书。金融机构、仓储公司和融资企业三方签订《货物质押合作协议》。在这个过程中要求融资企业提供税务登记证，营业执照，银行账户资料，最近三到五年的经过审计的资产负债表，利润表和现金流量表，以及会计报表辅助等。融资企业与上游供应商签订购销合同。

2. 根据融资企业所提交的购销合同，金融机构、融资企业与上游供货商三方签订《货物回购协议》，金融机构、融资企业、上游供货商和仓储企业四方签订《融资合作协议》，融资企业向金融机构缴纳一定的保证金，金融机构（主要指商业银行）开出银行承兑汇票，将银行承兑汇票交由融资企业（此处并非一定是银行汇票，也可以资金的形式等）。

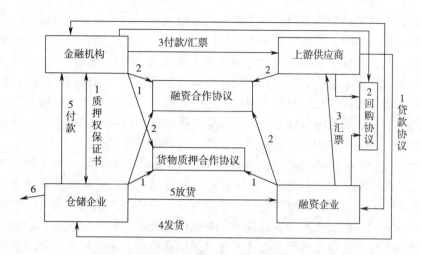

图7-1 保兑仓融资的流程

3. 融资企业将银行承兑汇票交由上游供货商。

4. 上游供货商根据收到的银行承兑汇票将货物发往金融机构指定的仓库，这里主要指的是仓储企业的仓库。仓储企业收到货物后，经融资企业、仓储企业和金融企业对货物核实后对货物进行监管。

5. 融资企业对金融机构提出申请提货，并将所提货物价值的相应保证金打入金融机构，金融机构根据所收到的申请和保证金向融资企业发放提货单，并同时向仓储企业发出放货通知书或者解除监管通知书，仓储企业核实无误后放货。

6. 到期融资企业没有将资金全部归还金融机构，金融机构向上游供货商提出回购申请或者回购函，或者对质押物进行拍卖来弥补金融机构的损失，如果所拍卖商品资金大于融资企业所欠资金，将超出的部分归还融资企业。

三、保兑仓模式SWOT分析

表7-1 保兑仓模式SWOT分析

S（优势/优点）	W（劣势/缺点）
仓储公司：通过保兑仓模式为公司提供了新的增值服务，增加了企业利润的增长点 融资企业：先票后贷，保证金贷款，获得贷款更容易，提高了资金的使用效率，使得供应链的整体效率有所提高，有利于公司的长远发展 金融机构：提供了新的增值服务，成为新的利润增长点	仓储公司：需要了解融资企业的基本情况甚至销售情况，要求仓储企业具有完善的信息系统 融资企业：必须依赖金融机构和第三方仓储公司以及上游供货商来获得融资 金融机构：风险加大，对融资企业和其供货商的信用要求更高，需要得到仓储企业的支持来了解其商品的销售等情况
O（机会）	T（威胁）
金融机构、仓储企业、融资企业、供应商长期合作，四方共赢	质押物的变现，供货商与融资方的勾结

保兑仓模式与仓单质押、动产质押监管等模式不同，仓单质押和动产质押监管是先

货后票，而保兑仓则是先票后货。融资企业只需缴纳一定的保证金，即可通过此方式按照要求获得一定的融资，从而提高了资金的使用效率。解决了融资企业全额购货的资金压力，批量采购，降低了成本。由于仓储企业实际上是将还没有到手的货物进行质押，去贷款购买需要质押的货物来质押，因此在提高资金使用效率的同时，也使得整个供应链的整体效率有所提高，从而有利于融资企业的发展，特别是对于一些商贸型和零售型企业特别地适合，比如家电零售型。只是保兑仓模式融资企业必须在借助金融机构和仓储企业的情况下还需要得到上游供货商的支持，否则将不能实现。

仓储企业在保兑仓业务过程中，增加了仓储企业的利润增长点，由于此模式对于融资企业来说比较有利，因此会增加许多的潜在客户来进行交易，从而使仓储企业得到一些无形的资产。只是这一模式需要仓储企业对融资企业的基本情况、商品的销售情况等有一个比较深入的了解，从而减少自身和金融机构的风险，有利于此模式的进行。

金融机构在保兑仓业务过程中使其本身增加了获得利润的途径，是金融机构的又一利润增长点，但是相对于仓单质押和动产质押监管来说增大了金融机构的一部分风险。首先，金融机构在融资企业缴纳一定的保证金后向供货商开具银行承兑汇票，这本身就是一种风险。金融机构对于融资企业的经营不能很好地监控，一旦借款企业违约将会给金融机构带来一定的损失。因此金融机构在选择融资企业的时候一定要谨慎，尽量选择一些信誉好、势力大的企业。其次，有些融资企业和上游供货商合谋骗取金融机构的贷款，使金融机构受到一定的损失，为了防止这一现象，银行在开具票据的时候或者签订协议的时候附加供应商回购的条款。

尽管保兑仓业务模式有其优缺点，但是总体来说，金融机构、仓储企业、融资企业和其上游供货商在此业务中都是受益者，从而达到了四方共赢。

四、银行保兑仓业务介绍——以中国建设银行为例

保兑仓融资是指生产厂家（卖方）、经销商（买方）和建设银行三方合作，以银行信用为载体，由银行控制提货权，生产厂家受托保管货物并承担回购担保责任的一种金融服务。

（一）产品特点

1. 利用银行信誉促成贸易；

2. 有效保障卖方货款回笼，提高资金使用效率；

3. 为买方提供融资便利，解决全额购货的资金困难。

（二）提供的便利

1. 银行为经销商提供了融资便利，解决全额购货的资金困难；

2. 经销商可以通过大批量的订货获得生产商给予的优惠价格，降低销售成本；

3. 对于销售季节性差异较大的产品，经销商可以通过在淡季批量订货，旺季销售，获得更高的商业利润。

4. 生产商有效解决销售渠道问题，增大市场份额、提高利润，同时减少应收账款占用，提高资金效率。

（三）业务办理流程

1. 生产厂家与经销商双方签订年度购销协议和购销合同；

2. 生产厂家、经销商和建设银行签订保兑仓融资三方协议；

3. 经销商与建设银行签订货物质押协议，建设银行控制提货权。

4. 经销商向建设银行交存一定比例的保证金，并申请开具用于支付生产厂家货款的银行承兑汇票；

5. 生产厂家根据保兑仓融资三方协议，受托保管购销合同项下货物，并对银行承兑汇票保证金以外金额部分承担回购担保责任；

6. 经销商补交银行承兑保证金；

7. 建设银行根据保证金比例的提高，向生产厂家发出提货通知书，逐步释放提货权；

8. 生产厂家根据提货通知书向经销商发货。

【阅读链接】　　建设银行广东省分行推出"保兑仓业务"

2010年以来，建设银行广东省分行为美的集团量身定做了保兑仓业务，通过将银行产品和服务与企业价值链紧密结合，提高了企业在产业链上的凝聚力和控制力，受到企业高度评价。目前，该分行已累计为美的集团发放了95笔保兑仓业务贷款，总金额8.8亿元。

结合美的集团实际，该分行将保兑仓业务的模式设定为：利用美的集团的授信额度，为其经销商开立银行承兑汇票，承兑汇票用于向美的集团（包括其下属公司）购买指定的交易商品的业务。其中，银行控制提货权，美的集团受托保管货物，并在汇票到期后对经销商开出的银行承兑汇票保证金以外的金额承诺回购。

在该模式下，可实现三方共赢：对美的集团本身而言，既可以有效利用闲置额度支持经销商，提高集团在产业链上的凝聚力，又可以主动选择支持经销商，提高集团在产业链上的控制力；对美的集团的经销商而言，可以有效解决抵质押物不足情况下的融资问题；对银行而言，既能大量开票吸收保证金存款，又能通过对资金流和物流的控制实现风险可控。

2010年4月27日，该分行成功为美的集团办理了第一笔保兑仓融资业务。随后，天津、台州、温州、重庆、湖南的多家经销商均表示了合作意向，在短短一个月内，建设银行广东省分行拓展保兑仓客户7户，开出保兑仓贷款2 429万元。此时，业务发展出现了新的问题：每笔业务量小，业务需求多，耗费人力大；异地经销商每次开票都需到网点亲自办理，客户意见较大。针对这一问题，该分行联合美的力推电子银行承兑汇票结算，以"电票＋保兑仓"的模式将双方合作推到新的高度。2010年6月，开出第一笔电票保兑仓，10月底，美的集团保兑仓业务开票余额已逾8亿元（其中电票7亿元），形成了美的集团保兑仓融资业务"一点对全国"的竞争优势。

资料来源：程瑞华，原载于《金融时报》，2011-01-10。

第三节 其他拓展模式

一、统一授信融资业务模式

授信融资模式是以金融仓储企业为中心建立一个融质押商品仓储与监管、价值评估、融资担保、商品处置为一体的综合性服务平台。授信融资业务与仓单质押、动产质押监管等业务有所不同，仓单质押等业务是金融机构将资金放贷给中小企业，而授信融资业务则是指金融机构根据仓储企业的财务状况、经营成果和现金流量，以及企业的规模信用程度等授予金融仓储企业一定的信誉额度。金融仓储企业利用金融机构授权的这些信誉额度向需要融资的中小企业灵活地进行质押贷款，金融仓储企业对融资企业质押给金融仓储企业的质押物进行全程的监管，而金融机构则不参与质押业务的具体运作过程，在这个过程中金融仓储企业除了具有金融仓储企业的功能外还增加了金融机构的功能，相应地也为金融机构承担了一定的风险，同时为一些企业特别是一些资金需求量很少、时间很短的小微企业提供了一种非常方便的融资方式，当然也给金融仓储企业增加了利润。但是在中国现行的法律框架下，金融仓储企业不能从事金融业务，所以在现实中，往往是金融仓储公司提供担保，融资企业将质押品质押给金融仓储公司反担保来进行融资的。授信融资模式的业务流程如图 7 – 2 所示。

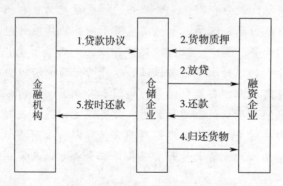

图 7 – 2 授信融资业务流程

1. 金融机构根据金融仓储公司的综合情况与金融仓储公司签订《贷款协议》并给予金融仓储公司一定额度的贷款。在这个过程中，要求仓储企业提供税务登记证，营业执照，银行账户资料，最近三到五年的经过审计的资产负债表，利润表和现金流量表，以及会计报表辅助等。

2. 融资企业将质押物放到金融仓储公司指定的仓库，由金融仓储企业进行监管服务，并与金融仓储企业签订《借款协议》与《货物质押合作协议》。根据质押物的价值按照一定的比例将资金贷给融资企业。

3. 融资企业根据自身的经营情况一次或者分次将资金归还给仓储企业。

4. 金融仓储企业根据融资企业的资金归还情况，给融资企业发放提货单，并通知仓库准予放货。

　　5. 金融仓储企业将收回的资金重新放贷给其他的中小企业，或者到期后将资金归还金融机构。

　　授信融资业务类型可以说是传统模式的一种进化，之所以这么说是因为授信融资模式简化了融资模式的流程，提高了运作效率。金融机构根据仓储企业的运营状况、财务情况、信用情况等各方面综合情况给予一定的信用额度，仓储企业根据这些额度，给予需要融资的企业一定的贷款。在这一业务中，减少了一些烦琐的环节，使得融资企业更容易得到融资。在其他业务中，融资企业在其质押融资过程中可能进行不断地补货、出货，融资企业要想出库必须经过金融机构的同意，然后金融机构再通知仓储企业放货，仓储企业对其进行核对后才放货，而在授信融资模式下则没那么复杂，在接到仓储企业的提货申请后，仓储企业不需要经过金融机构的审核，只需要对其确认即可，中间省去了确认、通知、协调和处理等许多的环节，缩短了补库和出库的时间。在保证金融机构信贷安全的前提下，提高了融资企业的运作效率，只是这一方式也和其他融资模式一样，离不开第三方仓储企业的介入。

　　对于仓储企业来说，授信融资模式极大地扩宽了仓储企业的业务模式，增加了利润增长点，由于得到了金融机构的信用额度，可以化整为零，更方便地为中小企业融资，特别是一些融资额度不大的中小企业，提高运作效率。再者必须是一些实力雄厚的仓储企业才可以得到金融机构的额度，而且其授信额度完全由金融机构所决定。对于金融机构来说减少了一些烦琐的手续，而且减少了其自身的风险，但是对于仓储企业的信誉等级不易划分，信用额度不易确定。授信融资模式使得融资企业更方便地取得融资，仓储企业扩大了自己的业务，金融机构也简单便捷地开展了业务，从而实现了融资企业、仓储企业、金融机构三者的共赢（见表 7-2）。

表 7-2　　　　　　　　　　　授信融资模式 SWOT 分析

S（优势/优点）	W（劣势/缺点）
仓储企业：通过授信融资模式为公司提供了新的增值服务，增加了企业利润的增长点。手续简化，通过其授信额度，为融资企业提供融资服务，化整为零为一些相对较小的公司服务。从而提高公司的运作效率 融资企业：减少了许多中间环节，所需时间更短，提高了运作效率，更容易获得融资，有利于企业的长远发展 金融机构：减少了工作流程和中间环节，减少了手续，降低了贷款风险	仓储企业：相对加大了仓储企业的风险，只有有实力、信用好的大公司才可以得到金融机构的额度，而且额度的大小由金融机构来规定 融资企业：必须依赖第三方仓储企业来完成 金融机构：对于仓储企业的信誉等级、信用度不容易评价，对于授信额度不易进行评价
O（机会）	T（威胁）
金融机构、仓储企业、融资企业三方共赢	质押物的变现以及质押物价值的评估

二、反担保模式

仓单质押担保模式中，银行基于风险的考虑不直接给予借款企业以质押物担保贷款，而是要求通过有实力的仓储企业信用担保来贷款，仓储企业则以借款企业的质押物进行反担保，这是反向担保融资，是存货质押业务的衍生。反担保的形式也可以有其他多种方式，比如以借款企业自身资产、借款企业的控股股东担保、其他企业联合担保等。这样银行借助有良好信用的仓储企业能大大降低贷款风险，同时降低了仓储企业与借款企业合谋的可能。而仓储企业因以自身信用担保来帮助借款企业进行贷款而更加深入地参与到其中，可以说是仓储企业通过自身的资本实力更深层次地参与到了生产型企业的银行融资行为中，实质上也是其很好地利用自身可以较好控制货物物流的能力，进一步拓展业务范围，提高市场竞争力和盈利能力。

对于某些以寄存在仓储企业仓库中的货物向银行申请仓单融资仍有困难的中小企业，可以通过反担保模式得到贷款。该模式需要大型仓储企业构建中小企业信用担保体系，仓储企业以中小企业寄存的货物作为反担保抵押物，通过担保实现贷款；或者仓储企业直接为中小企业申请仓单质押贷款提供担保，间接地提供中小企业信用。具体操作流程如图 7 - 3 所示。

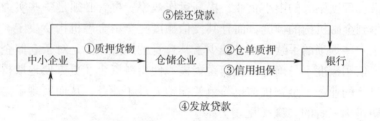

图 7 - 3　反担保模式

仓储企业在仓单质押担保模式中起着至关重要的作用，质物在仓储期间非自然的损失须由仓储企业来承担，同时仓储企业需印证借款企业提货单的真伪，如因借款企业伪造经银行确认的提货单仓储企业给予发货而给银行带来的损失需仓储企业承担。另外在动态质押中，仓储企业需对新质物进行估值，避免借款企业以次充好而产生坏货风险。货权风险也要给予关注，特别是在对借款企业自有仓库的监管上，如何判定借款企业对入库的质物是否有所有权或处置权十分重要，当然也存在一定的难度。要避免多重质押和非法的质押物，在选择委托监管对象上尽量选择与自身有长期业务往来的企业并选择适当的质押物品种。由于银行自身对质物的市场等了解不足，选择与专业实力强的仓储企业进行合作尤为重要，这样可以帮助银行对质物有效监管，并且减少仓储企业与借款企业合谋骗取银行贷款的可能性。在需要对质物拍卖变现时，仓储企业也能帮助银行尽量减少损失。

三、金融仓储服务模式总结

随着金融仓储服务的不断发展，金融仓储服务的几种不同类型也在不断地完善和发展，这几种不同的服务模式之间既有相同点也有其区别。它们都盘活了中小企业的沉淀资金，增强了流动性，提高了融资企业的资金利用率，优化了金融机构与中小企业之间的信息不对称，解决了中小企业融资难问题。

但是它们之间的不同之处也非常明显。仓单质押和动产质押监管是最基本的两种类型，是后面两种类型的前身和参照。金融档案管理和艺术品托管服务是金融仓储公司利用金融资源优势，寻找传统仓储领域的高端业务。动产浮动抵押是借鉴动产质押监管的理念，解决动产浮动抵押贷款风险难以控制问题。保兑仓使得融资企业摆脱了先货后票的困境，实现了先票后货的情况，这样有利于一些连动产抵质押品也不充足的企业，可以通过保兑仓来实现其融资的目的，特别适合一些零售类企业，比如家电零售业可以运用此模式，先由金融机构开具银行汇票去获得所需的商品，然后再用化整为零的方式一部分一部分地将商品销售并归还其资金，只是由于此种方式需要上游供货商的参与，并且需要上游供货商进行无条件回购，因此在现实中执行起来相对困难。授信融资业务类型中几个主体的角色与前几种有了少许的变动，仓储企业在整个过程中扮演一部分"二房东"的角色，仓储企业最大地发挥了其自身的优势，而且简化了整个融资的手续。反担保模式为无法实现动产直接融资的中小企业开启了一扇大门，对金融仓储企业提出更高的要求。

【推荐阅读】

1. 陈祥锋：《供应链金融服务创新》，上海，复旦大学出版社，2008。

2. 李毅学、张媛媛、汪寿阳、冯耕中：《物流与供应链金融创新——存货质押融资风险管理》，北京，科学出版社，2010。

第八章

商业银行仓储金融业务风险管理

SHANGYE YINHANG CANGCHU JINRONG
YEWU FENGXIAN GUANLI

在金融仓储服务持续发展过程中，银行能效控制风险是重中之重，需要从银行风险管理的角度，建立完善的风险防控措施。从银行角度来看，其从事的是信贷业务，与金融仓储相关的活动是仓储金融活动。

第一节　风险及风险管理

一、风险的概念

在生产活动和日常生活中，随着风险形态的变化和对风险认识的深化，人们对风险本质的认识不断演变。由于研究角度以及实践中所需结果的不同，在国内外学术界尚无统一的意见。归纳起来，大致存在着以下几种观点。

（一）风险是损失发生的可能性

风险的概念最早被海尼斯（Haynes）纳入经济学理论范畴，他在 1895 年发表的《作为一种经济因素的风险》一文中认为：风险一词在经济学和其他的学术领域中，并无任何技术上的内容，风险意味着损失的可能性。他认为，在执行某种经济行为时，若有发生不利结果的不确定性存在时，该项经济行为就会承担风险，承担风险的结果是对该项经济行为利润的冲减。法国学者赖曼在 1928 年出版的《普通经营经济学》也将风险定义为损失的可能性，此后，麦尔、柯梅克和罗森布尔等更多的学者都明确地将其定义为损失的可能性。

该种观点的着眼点在于损失发生的可能性，并用概率作为可能性的表达。这一学说认为损失发生的可能性越大，即损失发生的概率越大，风险就越大。

（二）风险是一种不确定性

这种观点认为：风险就是一种不确定性，将不确定性直观地理解为事件发生的最终结果的多种可能状态，这与现代资产组合理论的观点一致。尽管这些可能状态的数量及其可能程度可以（或不可以）根据经验知识或历史数据进行事前估计，但事件的最终结果呈现出何种状态却是不能事先得知的。根据能否事前估计事件最终可能状态的数量和可能程度，不确定性可以分为可衡量的不确定性和不可衡量的不确定性。在权威的《新帕尔格雷夫经济学大辞典》中，风险被等同于不确定性。风险现象，或者说不确定性或不完全信息现象，在经济生活中无处不在。没有它，资本市场的活动就是单纯的票据交换，通信行业就不复存在，投资银行的职能将退化为简单的记账。可见作者把风险等同于不确定性。

（三）风险是结果对期望的偏离

在许多情况下，风险表现为一种变量在未来发展的波动，这种波动性首先是一种未来结果的不确定性，这种波动不是事先可准确预知的变动。其次，这些波动又具有一些统计特性。衡量波动性的主要指标有变量的期望值和方差（或标准差）。其中，期望值表示变量波动变化的集中趋势和平均水平，而方差则表示变量变化的离散趋势（即风险水平）。

二、风险的特征

1. 客观性。风险的存在与发生就总体而言是一种必然现象，是一种不以人们的主观意志为转移的客观存在。

2. 偶然性。风险的存在具有抽象性和不确定性，但风险的表现形式却有具体性和差异性。风险的发生无论是范围、程度、频度还是时间、区间、强度等都可以表现出各种不同形态，并以各自独特的方式表现自身的存在。对风险的认识只有通过无数次观察、比较、分析和积累总结，才能发现和揭示风险的内在运行规律。

3. 复杂性。风险的复杂性首先表现在其发生的原因、表现形式、影响力和作用力是复杂的。再者，风险形成的过程是复杂的，人们对其产生不能完全了解，全面掌握。

4. 可变性。风险的存在，是风险发生的前提条件。由于风险发生的偶然性和不确定性，风险存在一定的可变性。因此在一定条件下，风险是可以转化的。这种转化包括风险性质的变化、新的风险的产生、风险量的变化等。

5. 普遍性。人类的历史就是与各种风险相伴的历史。在当今社会，风险渗入到社会、企业、个人生活的方方面面，个人面临着生、老、病、死、意外伤害等风险；企业面临着自然风险、市场风险、技术风险、政治风险等；甚至国家和政府机关也面临着各种风险。

6. 可测定性。个别风险的发生是偶然的，不可预知的，但通过对大量风险事故的观察发现，风险往往呈现出明显的规律性。运用统计方法去处理大量相互独立的偶发风险事故，可比较准确地反映风险的规律性。根据以往大量资料，利用概率论和数理统计的方法可测算风险事故发生的概率及其损失程度，并且可构造出损失分布的模型，成为风险估测的基础。

三、风险的构成要素

（一）风险因素

风险因素指那些会影响某一特定风险事故的发生，或发生的可能性，或损失程度的原因或条件。风险因素是导致风险事故发生的潜在原因，例如，对于建筑物而言，风险因素是指其所使用的建筑材料的质量、建筑结构的稳定性等；对于人而言，则是指健康状况和年龄等。

根据风险因素的性质不同，分为有形风险因素和无形风险因素两种类型。

1. 有形风险因素。有形风险因素也称实质风险因素，是指某一标的本身所具有的足以引起风险事故发生或增加损失机会或加重损失程度的因素，如某一建筑物所处的地理位置、所使用的建筑材料的性质等。

2. 无形风险因素。无形风险因素是与人的心理或行为有关的风险因素，包括道德风险因素和心理风险因素。其中，道德风险因素是指与人的品德修养有关的无形因素，即由于人们不诚实或有不轨企图，故意促使风险事故发生，以致引起财产损失和人身伤亡的因素。心理风险因素是与人的心理状态有关的无形因素，虽然没有主观上的故意而为，但由于疏忽、过失或是漠视等原因，增加风险事故发生的机会或加大损失的严重性的因素。道德风险因素和心理风险因素均与人密切相关，也可称为人为风险因素。

（二）风险事故

风险事故是指造成人身伤害或财产损失的偶发事件，是导致损失的直接的或外在的原因。在事故发生之前，风险只是一种不确定的状态，风险事故的发生最终导致损失。例如，汽车刹车失灵酿成车祸而导致车毁人亡，其中刹车失灵是风险因素，车祸是风险事故。如果仅有刹车失灵而无车祸，就不会造成人员伤亡。

（三）损失

在风险管理范畴，损失的含义是指非故意的、非预期的、非计划的经济价值的减少，即经济损失，一般以丧失所有权、预期利益、支出费用和承担责任等形式表现，精神打击、政治迫害、折旧等行为的结果一般不能视为损失。

风险因素的存在，可能引发风险事故，最终导致损失。对于某一特定事件，造成损失的直接原因是风险事故。例如，因下冰雹使得路滑而发生车祸而造成人员伤亡，冰雹是风险因素，车祸是风险事故；如果是造成损失的直接原因，例如冰雹直接击伤行人，冰雹则是风险事故。

四、风险的种类

（一）依据风险产生的原因划分

1. 自然风险。由于自然现象、物理现象和其他物质现象所形成的风险。如地震、水灾、火灾、风灾、雹灾、冻灾、旱灾、虫灾以及各种瘟疫等。自然风险的成因不可控，但有一定的规律和周期，发生后的影响范围较广。

2. 社会风险。社会风险是指由于个人或团体的行为（包括过失行为、不当行为及故意行为）或不行为使社会生产及人们生活遭受损失的风险。如盗窃、抢劫、玩忽职守及故意破坏等行为将可能对他人财产造成损失或人身造成伤害。

3. 政治风险。政治风险（又称为国家风险）是指在对外投资和贸易过程中，因政治原因或订约双方所不能控制的原因，使债权人可能遭受损失的风险。如因进口国发生战争、内乱而中止货物进口；因进口国实施进口或外汇管制，对输入货物加以限制或禁止输入；因本国变更外贸法令，使出口货物无法送达进口国，造成合同无法履行等。

4. 经济风险。经济风险是指在生产和销售等经营活动中由于受各种市场供求关系、经济贸易条件等因素变化的影响或经营者决策失误，对前景预期出现偏差等导致经营失败的风险。比如企业生产规模的增减、价格的涨落和经营的盈亏等。

5. 技术风险。技术风险是指伴随着科学技术的发展、生产方式的改变而产生的威胁人们生产与生活的风险。如核辐射、空气污染和噪声等。

（二）按风险标的分类划分

1. 财产风险。财产风险是指一切导致有形财产的损毁、灭失或贬值的风险以及经济的或金钱上损失的风险。厂房、机器设备、原材料、成品、家具等会遭受火灾、地震、爆炸等风险；船舶在航行中，可能遭受沉没、碰撞、搁浅等风险。财产损失通常包括财产的直接损失和间接损失两个部分。

2. 人身风险。人身风险是指导致人的伤残、死亡、丧失劳动能力以及增加医疗费用支出的风险。如人会因生、老、病、死等生理规律和自然、政治、军事、社会等原因而早逝、伤残、工作能力丧失或年老无依靠等。人身风险所致的损失一般有两种：一种是收入能力损失，一种是额外费用损失。

3. 责任风险。责任风险是指由于个人或团体的疏忽或过失行为，造成他人财产损失或人身伤亡，依照法律、契约或道义应承担的民事法律责任的风险。日常生活中所说的"责任"包括刑事责任、民事责任和行政责任，但保险人所承保的责任风险仅限于民事损害赔偿责任。例如，对由于产品设计或制造上的缺陷所致消费者（或用户）的财产损失或人身伤害，产品的设计者、制造者、销售者依法要承担经济赔偿责任；合同一方违约使另一方遭受损失，违约一方依合同要承担经济赔偿责任。

4. 信用风险。信用风险是指在经济交往中，权利人与义务人之间，由于一方违约或违法致使对方遭受经济损失的风险。如进出口贸易中，出口方（或进口方）会因进口方（或出口方）不履约而遭受经济损失。

（三）按风险性质分类

1. 纯粹风险。纯粹风险是指只有损失机会而无获利可能的风险。比如房屋所有者面临的火灾风险，汽车主人面临的碰撞风险等，当火灾或碰撞事故发生时，他们便会遭受经济利益上的损失。

2. 投机风险。投机风险是相对于纯粹风险而言的，是指既有损失机会又有获利可能的风险。投机风险的后果一般有三种：一是"没有损失"，二是"有损失"，三是"盈利"。比如在股票市场上买卖股票，就存在赚钱、赔钱和不赔不赚三种后果，因而属于投机风险。

（四）按产生风险的行为分类

1. 基本风险。基本风险是指非个人行为引起的风险。它对整个团体乃至整个社会产生影响，而且是个人无法预防的风险。如地震、洪水、海啸、经济衰退等均属此类风险。

2. 特定风险。特定风险是指个人行为引起的风险。它只与特定的个人或部门相关，而不影响整个团体和社会。如火灾、爆炸、盗窃以及对他人财产损失或人身伤害所负的法律责任等均属此类风险。特定风险一般较易为人们所控制和防范。

五、风险管理的概念

风险管理是社会组织或者个人用以降低风险的消极结果的决策过程，在风险识别、风险估测、风险评价之后，选择与优化组合各种风险管理技术，对风险实施有效控制并处理风险所致损失，以最小的成本获得最大的安全保障。风险管理的对象是风险，过程包括风险识别、风险估测、风险评价、选择风险管理技术和评估风险管理效果等。

六、风险管理的目标

风险管理的基本目标是以最小成本获得最大安全保障。可以分为损失前目标和损失后目标。前者是指通过风险管理降低和消除风险发生的可能性，为人们提供较安全的生产、生活环境；后者是指通过风险管理在损失出现后及时采取措施以使灾害产生的损失程度降到最低，使受损企业的生产得以迅速恢复，或使受损家园得以迅速重建。

（一）损失前目标

1. 减少风险事故的发生机会。风险事故是造成损失发生的直接原因，减少风险事故的发生机会。

2. 以经济、合理的方法预防潜在损失的发生。这需要对风险管理各项技术的运用进行成本和效益分析，力求以最少费用支出获得最大安全保障效果。

3. 减轻企业、家庭和个人对风险及潜在损失的烦恼和忧虑，为企业或家庭提供良好的生产、生活环境。

4. 遵守和履行社会赋予家庭和企业的行为规范和社会责任。如环境污染控制、公共安全等。

（二）损失后目标

1. 减轻损失的危害程度。损失一旦出现，风险管理者及时采取有效措施予以抢救和补救，防止损失的扩大和蔓延，将已出现的损失降到最低限度。

2. 及时提供经济补偿，使企业和家庭恢复正常的生产和生活秩序，实现良性循环。及时向受灾企业提供经济补偿，可以保持企业经营的连续性，稳定企业收入，为企业的成长与发展奠定基础；及时向受灾家庭提供经济补偿，使其能尽早获得资金，重建家园，从而保证社会生活的稳定。

七、风险管理的技术

（一）控制型风险管理技术

控制型风险管理技术的实质是在风险分析的基础上，针对企业所存在的风险因素采取控制技术以降低风险事故发生的频率，减轻损失程度，重点在于改变引起自然灾害、意外事故和扩大损失的各种条件。主要表现为：在事故发生前，降低事故发生的频率；在事故发生时，将损失减少到最低限度。控制型风险管理技术主要包括下列方法。

1. 回避。回避是指设法回避损失发生的可能性，从根本上消除特定的风险单位和中途放弃某些既存的风险单位，采取主动放弃或改变该项活动的方式。风险单位是指发生一次风险事故可能造成的损失的范围。避免风险的方法一般在某特定风险所致损失频率和损失程度相当高或处理风险的成本大于其产生的效益时采用，它是一种最彻底、最简单的方法，但也是一种消极的方法。避免方法虽然简单易行，但有时意味着丧失利润，且避免方法的采用通常会受到限制。此外，采取避免方法有时在经济上是不适当的，或者避免了某一种风险，却产生新的风险。

2. 预防。损失预防是指在风险事故发生前，为了消除或减少可能引起损失的各种因素而采取的处理风险的具体措施，其目的在于通过消除或减少风险因素而降低损失发生的频率。这是事前的措施，即所谓"防患于未然"。如定期体检，虽不能消除癌症的风险，但可得到医生的劝告或及早防治，因而可以减少癌症发病的机会或减轻其严重程度。

3. 抑制。损失抑制是指在损失发生时或损失发生之后为降低损失程度而采取的各项措施，它是处理风险的有效技术。如安装自动喷淋设备以抑制火灾事故等。

（二）财务型风险管理技术

由于受种种因素的制约，人们对风险的预测不可能绝对准确，而防范风险的各项措施都具有一定的局限性，所以某些风险事故的损失后果是不可避免的。财务型风险管理技术是以提供基金的方式，通过事故发生前的财务安排，来解除事故发生后给人们造成的经济困难和精神忧虑，为恢复企业生产，维持家庭正常生活等提供财务支持。财务型风险管理技术主要包括以下方法。

1. 自留风险。自留风险是指对风险的自我承担，即企业或单位自我承受风险损害后果的方法。自留风险是一种非常重要的财务型风险管理技术。自留风险有主动自留和被动自留之分。通常在风险所致损失频率和程度低、损失在短期内可以预测以及最大损失不影响企业或单位财务稳定时采用自留风险的方法。自留风险的成本低，方便有效，可减少潜在损失，节省费用。但自留风险有时会因风险单位数量的限制或自我承受能力的限制，而无法实现其处理风险的效果，导致财务安排上的困难而失去作用。

2. 转移风险。转移风险是指一些单位或个人为避免承担损失，而有意识地将损失或与损失有关的财务后果转嫁给另一些单位或个人去承担的一种风险管理方式。转移风险又有财务型非保险转移和财务型保险转移两种方法。

（1）财务型非保险转移风险。财务型非保险转移风险是指单位或个人通过经济合同，将损失或与损失有关的财务后果，转移给另一些单位或个人去承担，如保证互助、基金制度等；或人们可以利用合同的方式，将可能发生的、不定事件的任何损失责任，从合同一方当事人转移给另一方，如销售、建筑、运输合同和其他类似合同的免责规定和赔偿条款等。

（2）财务型保险转移风险。财务型保险转移风险是指单位或个人通过订立保险合同，将其面临的财产风险、人身风险和责任风险等转嫁给保险人的一种风险管理技术。投保人交纳保费，将风险转嫁给保险人，保险人则在合同规定的责任范围内承担补偿或给付责任。保险作为风险转移方式，有很多优越之处，是进行风险管理的有效方法之一。

第二节 商业银行风险管理

一、商业银行风险的分类

商业银行主要依靠存款和其他借入资金开展经营，自有资金占比较低，经营对象不是传统的产品或服务，而是经营货币的特殊企业。这种特殊性，决定了商业银行内在风险要远高于其他类型企业，面临的风险种类也大大迥异于其他企业，具有自身独有的特征，有人做过不完全统计，从银行诞生开始，其所面临的风险种类多达 200 多种。

根据不同的标准，可将商业银行的风险分为不同的类型。按性质，可将其分为信用风险、市场风险、操作风险、流动性风险；按内容，可将其分为战略风险、财务风险、运营风险、法律风险；按来源，可将其分为外部风险、内部风险、借款人风险、管理者风险、竞争对手风险、政策法律风险、自然环境风险等；按因素，可将其分为利率风险、汇率风险、商品价格风险、行业风险、信息风险、意外事件风险；按后果，可将其分为倒闭风险、违规风险、声誉风险；按是否有盈利可能，可将其分为纯粹风险、机会风险；按是否为体系共有风险，可将其分为系统性风险和非系统性风险。

当前，对商业银行风险分类最权威的是巴塞尔委员会在《巴塞尔协议》中给出的商业银行风险分类。巴塞尔委员会在 1997 年 9 月颁布的《有效银行监管的核心原则》中，根据银行风险产生的原因将银行业风险作出分类，即银行面临的主要风险有信用风险、市场风险、操作风险、合规风险、流动性风险、战略风险和声誉风险等七大类，各类风险的含义如下。

1. 信用风险。信用风险是指交易对象违约及其信用质量下降（信用评级下降、履约能力减弱等）给授信主体带来的潜在损失。

2. 市场风险。由于市场价格变动，银行表内和表外头寸会面临遭受损失的风险。巴塞尔委员会根据导致市场风险因素的不同将市场风险划分为利率风险、汇率风险、股票价格风险和商品价格风险四种。

3. 操作风险。操作风险指由不完善或有问题的内部程序、人员及系统或外部事件所造成损失的风险。定义包括法律风险，但不包括战略风险和声誉风险。巴塞尔委员会通过与业界合作，确认了可能导致重大损失的操作风险的七大类型：内部欺诈，即故意误报头寸、员工偷窃、员工通过自己账户的内部交易等；外部欺诈，如抢劫、伪造空头支票、计算机黑客破坏等；雇佣制度和工作场所安全，如侵害员工健康和安全条例、有组织的工会行动等；顾客、产品和业务违法，如信用违约、顾客秘密信息的滥用、银行账户上不正当交易行为、洗钱和未经许可产品的销售等；实物资产的损坏，如恐怖行为、破坏行为、地震、火灾和洪灾等；营业中断和系统瘫痪，如计算机软硬件的损毁、通信故障、供电中断等；执行、传递和程序管理，如数据录入错误、抵押管理失败、不完全的法律文件、非法进入顾客账户、非客户的交易对手操作失误和供应商纠纷等。

4. 合规风险。因违反法律或监管要求而受到制裁的风险、遭受金融损失的风险以及因银行未能遵守所有适用法律、法规、行为准则以及相关惯例标准，而给银行信誉带来的损失等方面的风险。

5. 流动性风险。流动性风险是指银行无力为负债的减少或资产的增加提供融资的可能性。即当银行流动性不足时，它无法以合理的成本迅速增加负债或变现资产获得足够的资金，从而影响其盈利水平。在极端情况下，流动性不足会造成银行的倒闭。

6. 战略风险。战略风险是指企业因作出战略性错误的决定而导致经济上的损失。战略风险是业务单位、高级管理层和董事会的共同责任。常见的战略风险包括企业的目标与方针、市场潜在的威胁、业务范围的深度与广度、品牌及形象的建立。

7. 声誉风险。声誉风险是指由于公众的负面看法而对银行造成潜在损害的风险。声誉风险与战略风险一样被排除在操作风险之外。常见的声誉风险原因：操作上的失误、违反有关法规。

二、商业银行全面风险管理

随着商业银行经营发展，商业银行风险管理研究的重点也在不断发生变化，体现出了鲜明的与时俱进的发展特征。从亚当·斯密的资产风险管理理论、20 世纪 60 年代的负债风险管理理论、70 年代的资产负债风险管理理论，到 80 年代的资产负债表外风险管理理论，以及金融工程学的产生、巴塞尔体系的形成、COSO 委员会企业风险管理整合框架的发布，可以说，经过两个多世纪的发展，商业银行风险管理理论已经成为一个较为完整的体系。概括起来，商业银行风险管理理论经历了资产管理理论—负债管理理论—资产负债综合管理理论—风险资产管理理论—全面风险管理理论等五个阶段。

1985 年，美国成立了美国全国舞弊性财务报告委员会，旨在研究财务报告舞弊原因，其中研究内部控制不健全引发的舞弊原因的调查委员会，称为 Committee of Sponsoring Organization（COSO）。2003 年 7 月，COSO 委员会颁布《企业风险管理——整合框架》（*Enterprise Risk Management*，ERM）。该框架中提出了企业全面风险管理的概念，并将其定义为：一个由企业的董事会、管理层和其他员工共同参与的，应用于企业战略制定和企业内部各个层次和部门的，用于识别可能对企业造成潜在影响的事项并在其风险偏好范围内管理风险的，为企业目标的实现提供合理保证的过程。该定义强调"全面风险管理"，不是全部风险管理，即并不是将各种风险进行简单的合并管理，而是将风险管理看做一个有机的过程，综合系统管理。COSO 全面风险管理框架可简单概括为 348 结构，即包含四个企业目标，八个全面风险管理因素和企业的各个层级三个维度。四个企业目标包括战略目标、经营目标、报告目标及合规目标，这四类目标既相互独立，又互相重叠，表达了企业不同的管理要求；八个全面风险管理因素包括内部环境、目标设定、事件识别、风险评估、风险对策、控制活动、信息交流和监控；企业层级包括上至董事会下至操作层的各个层级。这三个维度的关系是：全面风险管理的八个因素要为企业的四个目标服务，企业的各个层级均要坚持同样的四个目标，每个层级都必须从八个因素进行风险管理。为满足日益提高的要求，在借鉴 COSO 全面风险管理框架的基础上，全面风险管理正是在这样的背景下应运而生。

巴塞尔银行监管委员会于 2004 年 6 月 26 日正式发布了《巴塞尔新资本协议》。该协议的发布，标志着商业银行风险管理跨入全面风险管理阶段。根据委员会的安排，新协议于 2006 年底开始正式实施。与 1988 年的《巴塞尔资本协议》相比，其主要变化如下。

1. 首次提出了全面风险管理理念，相比于老协议只关注信用风险，管理范围上更加完整。新协议增加了操作风险类别，将银行面临的主要风险归类为三类：信用风险、市场风险和操作风险。

2. 提出了两大监管目标：一是提高监管资本的风险敏感度，二是激励商业银行不断提高风险管理水平。新协议鼓励商业银行通过提高风险管理能力，来节约监管资本，放大经营杠杆。对风险管理能力较弱的银行，则要求其配置较多的资本来抵御风险管理能力薄弱的缺陷。目的是使风险管理能力强的银行通过尽量少的资本获得尽量多的收益和回报。

3. 拓展了银行风险监管的支柱。增加了监管当局监督检查和市场纪律两大监管内容，与老协议只监管的资本充足率合并成为三大支柱。第一支柱仍是资本充足率，不过在计算该指标时，除了信用风险外，还增加了市场风险和操作风险因素。对于这两种主要风险外的如流动性风险、战略风险、声誉风险及法律风险是通过引入第二支柱和第三支柱进行监管的。

4. 对主要风险量化模型提出应用建议，体现委员会主动控制风险的原则。新协议指导并鼓励了集信用风险、市场风险、操作风险和其他多种风险于一体的各种新模型的创立以对风险进行量化管理。

三、商业银行风险管理流程

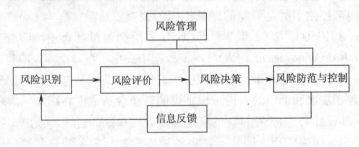

图 8-1　商业银行风险管理流程

（一）风险识别

风险识别是整个风险管理活动的前提和基础。其目的是找出风险之所在和引起风险的主要因素，并对其后果作出定性估计。风险识别主要包括感知风险和分析风险两方面内容。由于每个仓储金融业务本身就是一个复杂的系统，影响它的风险因素很多且其关系错综复杂，有直接的，也有间接的；有明显的，也有隐含的，或是难以预料的，而且各种风险因素所引起后果的严重程序也不相同。当进行项目决策时，完全不考虑这些因素或忽略了其中的主要因素，都会导致决策的失误。但如对每个风险因素都加以考虑又会使决策复杂化。这就要从系统的观点出发，横向观察项目所涉及的各个方面，纵向观察项目建设的发展过程，将引起风险的极其复杂的事物分解成比较简单的、容易被认识的基本单元，从错综复杂的关系中找出因素间的本质联系，在众多的影响中抓住主要因素，并且分析它们引起风险变化的严重程度，从而得到比较可靠的结果。所以在这一阶段，风险识别的手段，相关信息的收集、甄别，风险的汇总、分类，风险走势的监测都是必要的。

（二）风险评价

不同的风险发生地点，风险暴露及发生损失时的程度可能是有差异的。相应地，在是否要管理、如何管理等方面，准确地评价风险程度和差别就成为提高风险管理效率和质量的关键因素。在现有的风险中，一些风险本身直观明了，或因长期的经验积累，使它们易于估计；而另外一些则是隐含风险，可对其进行探测、显化处理，所有这些都已经成为风险管理的重要组成部分和前提，也成为技术性颇强的一个专门领域。风险评价是指在风险识别和风险估测的基础上，对风险发生的概率、损失程度，结合其他因素进行全面考虑，评估发生风险的可能性及其危害程度，并与公认的安全指标相比较，以衡量风险的程度，并决定是否需要采取相应的措施。处理风险，需要一定费用，费用与风险损失之间的比例关系直接影响风险管理的效益。通过对风险的定性、定量分析和比较处理风险所支出的费用，来确定风险是否需要处理和处理的程度，以判定为处理风险所支出的费用是否有效益。

（三）风险决策

风险的决策是指针对企业所面临的各种特定风险及其大小，运用适当的方法加以分析，从而作出是否开展、何时开展以及如何开展仓储金融业务等的决策过程。

（四）风险的控制与防范

风险管理的最终目的是为了控制风险，提出对各种风险的防范对策。风险的控制与防范是指人们力求规避和改变那些可能引起或加重潜在损失的因素，采取安全有效、积极合理的措施来对付各种风险。风险的控制和防范要根据风险管理主体对风险的态度、风险承受能力、管理者素质、风险的性质和影响程度等许多因素，运用各种相应的方法来处理风险。其中风险的防范主要偏重于对风险的事前、损前处理，风险的控制则是在项目运作过程中，随时监控项目的进展，注视风险的动态，一旦出现异常情况，马上对新出现的风险进行识别、评价与决策，并采取必要的行动，从这一点可以看出，风险的控制与防范贯穿于风险管理的全过程。

风险管理过程不是一成不变的既定顺序，或是划分成各自独立、互不干扰的部分。项目各个不同方面是平行展开的，各种不同的活动之间经常重叠。项目活动随时创造出新的选择，因此应随时对决策进行调整。

四、仓储金融业务风险管理的特点

仓储金融业务凭借对物流、信息流和资金流的控制，构筑了用于隔离中小企业信用风险的"防火墙"，并形成了严密的贷后操作环节，这就造成了信用风险向操作风险的"位移"。因为操作制度的严密性和操作制度的执行力度直接关系到"防火墙"的效力，进而决定信用风险是否被有效屏蔽。在金融仓储模式下，通过专业的金融机构操作方式以及独立的第三方动产监管方式等，均提高了该融资模式的标准化程度和复制的可能性。同时通过先进的信息、平台和标准化的流程设计，解决不同市场主体对风险和收益的差异化需求，降低融资风险。

金融仓储服务模式采用科学的标准和原则，依据该模式下中小企业的融资特质对企业进行筛选，以界定该模式特定的服务对象，从源头上体现了该模式特有的优越性。商业银行、仓储企业及中小企业三方通力合作实行标准化的业务操作流程，规范化的合同协议保障了各方的合法权利，使各参与方在模式运作中明确了责任，同时降低了模式运作的法律风险。仓储企业完善的流程控制及监管体系，大大降低了信息不对称度，在运作过程中就很好地控制了风险，仓储企业利用自身的信息、优势和地域优势向商业银行出具监管报告，并定时报送监管信息，以便于银行实时控制风险。

五、商业银行仓储金融业务风险管理存在的问题

（一）风险管理方法技术相对落后

我国商业银行仍使用传统的风险管理模式，主观性过强，在风险识别度量监测等方面的客观性与科学性不够明显。与国际先进银行的金融工程、数理统计模型等先进方法相比，我国商业银行风险管理防范技术显得很落后。我国商业银行目前所使用的信贷信息系统数据质量欠佳，难以建立准确的历史数据，如违约损失、违约概率以及 VAR 模式参数的确定都需要 5 年以上信贷信息数据。

由于商业银行开展仓储金融信贷业务时间还不长，在贷款工具设计、风险管理方法和内部监控方面积累的经验不足，又受各种制度、法律的制约，操作上的失误与疏漏也难以避免。贷款工具欠缺灵活性，银行风险管理手段受外部性影响，内部监控系统也不完善等，这些问题日益显现，制约仓储金融业务的开展。

（二）风险防范手段效果弱化

信用制度、质押制度、担保制度等本来是作为转移风险的手段，但是由于制度安排本身的缺陷和运行环境的问题，弱化了风险防范效果，甚至可能增大了风险。如：我国商业银行的信用评级制度尚不健全，商业银行的信用评级仍存在一些问题。集中表现在以下几个方面。

首先，商业银行的信用风险评级制度不健全。目前，商业银行信用风险评级主要是内部信用风险的评级，用于自身风险管理而非对外披露，而我国大多数商业银行对客户信用的评级结果会在报刊上定期公开登载。这样，就会受到内外因素的干扰，使评级含有水分。另外不少企业的财务资料无从搜集，而已经公开的企业财务数据又存在着失真现象，从而降低了信用评级的可信度。

其次，商业银行的评级级别偏少，分类不足。目前，我国几家国有商业银行将企业信用等级划分为四至五级，不能够准确翔实地反映各类信用风险。

再次，风险评级的时效过长，针对性较差。评级，不仅要对借款人本身进行评核，还要对每一笔债务进行"债项评定"，且评级间隔的距离不应太长。而我国商业银行每年评一次，而且只评定借款主体基本情况，没有针对特定抵质押贷款的具体的债项评级，降低评级结果的准确度。

最后，评级的结果未被应用于整个信贷风险管理的全过程。评级结果不仅可作为贷或不贷的决策依据，还应运用于贷款检查，作为调整业务策略、方针政策的基础依据。而我国商业银行的评级结果只作为贷与不贷的依据，并未应用到整个信贷管理过程中，且有的商业银行出于争夺客户的考虑，人为操纵客户信用等级，把客户信用评级作为一项申报客户授信额度的工作环节，歪曲了评级的内容。有的信贷员没有尽职尽责，对企业财务数据没有认真核实，在指标设计上主观偏好倾向较严重，不能真实反映企业的经营状况。加之由于缺乏有效的信息技术手段，无法对客户信息在全行范围内进行有效的动态跟踪管理，为不法分子的不法行为的实施提供了方便，造成了客户利益以及信用的损失。

第三节　仓储金融业务信用风险管理

一、信用风险的成因

（一）信托责任缺失风险

在仓储金融业务中，仓储物流企业充当商业银行的信托责任人，负责对质押物监管，银行可能松懈对其信用风险的管理。但由于仓储物流企业专业性不强或责任缺失，造成信托责任缺失，致使银行陷入隐蔽的信用风险之中。仓储物流企业作为融资企业与银行之间的"黏合剂"，一方面可能会为拉拢自己的客户而向银行提供一些虚假数据，将误导银行对融资企业信用的分析；另一方面融资企业和仓储物流企业之间的信息不对称同样存在。

信用风险管理所需的数据信息应该由基础数据、中间数据和分析结果这三部分组成。中间数据是对基础数据的识别与分类，通过对这些流动资产的信息进行具体处理，找出对银行放贷过程中风险控制有帮助的中间数据。而仓储金融的分析结果是建立在对中间数据分析的基础上。仓储物流企业仅对最原始的数据进行收集，不能保证数据来源的可靠性和有效性，且不具有专业素质，可能加重信息的不对称性，形成仓储物流企业和银行对融资企业信用的盲区。

（二）风险指标失灵风险

长期以来，商业银行主要采用七大量化指标（借款人经营及资信情况，借款人的财务状况，项目进展情况及项目能力，宏观经济、市场、行业情况，还款保证情况，银行贷款管理情况，保障还款的法律责任）来实施贷款风险五级分类法。但随着仓储金融业务的推行，其参与主体的多元化以及各主体角色的再定位，特别是商业银行将部分的审贷职能转嫁给仓储物流企业后，由于缺乏对仓储物流企业的中介作用以及它与商业银行、融资企业三者内部相关性等因素的考虑，将使以上七大量化指标失灵。

（三）信用环境软约束风险

商业银行信用风险的存在向来都与社会金融生态环境密切相关，而当今的经济领域仍没有形成诚信光荣、无信可耻的社会信用环境，对失信也没有相应严厉惩罚。这就使仓储金融这一项新的金融服务业务在实施过程中缺乏了社会信用保障，也就是说当它踏入社会金融生态圈之后，信用坍塌的多米诺骨牌效应影响到仓储金融业务，不但没能为商业银行减轻负担，反而又成为了其一项新的信用风险的缘起。

二、仓储金融业务信用风险具体来源

（一）融资企业

中小企业的资信风险是影响仓储金融业务顺利开展的重要因素之一，主要表现：一是违约行为，融资企业可能因经营不善，导致其丧失还款能力，最终被迫选择违约，也有可能在其具备还款能力的前提下刻意为之；二是欺诈行为，一些资信不好的企业可能用走私货物或其他不合法途径获得的货物作为质押物，在这种情况下，一旦客户违约，金融机构和仓储公司的权利可能会得不到法律保障；另外，在动态质押监管业务中，融资企业在滚动提取时可能会发生"提好补坏"和"以次充好"等行为，从而损害金融机构和仓储公司的利益。

（二）金融仓储企业

在金融仓储模式下，仓储企业作为独立的第三方，成为不可或缺的重要主体，负责对特定动产的动态监管、流程控制，出具集货物存储、仓单交易、仓单抵质押于一体的可质押仓单，并免费向仓单持有人提供仓单的咨询、转让、抵质押备案服务，确保每个交易环节的安全畅通。金融仓储公司的出现既是广大中小企业生存发展的需要，也是以银行为代表的金融机构降低自身信贷风险的需要。来自融资双方的需求使仓储公司承担了双重义务。在仓储金融业务中，仓储公司充当了银行的信托责任人，代替银行直接占有质押动产，银行依赖仓储公司对质押动产进行价值评估与监管。这一状况使银行和仓储公司之间存在信息不对称和信息失真的可能。此时，如果仓储公司缺乏信用，与融资企业串通骗取银行贷款，就会使银行蒙受信贷资金损失的风险。

主要做法包括以下三种。

1. 虚报质押物价值。融资企业为了得到更多的贷款，想方设法地抬高质押物价值，金融仓储公司则为了发展业务或从中渔利而迎合融资企业的需要，评估质押物价值时弄虚作假。

2. 以伪造、变造的仓单出质。融资企业串通仓储公司，在不存在任何质押物的情况下，以伪造或变造的仓单向金融机构骗取贷款。

3. 擅自释放或处分质物。正常情况下，仓储公司只有在接到银行的指令时才可向出质人放货，并应当即时向银行提供最新的库存报表。但仓储公司有可能会无视银行的利益，擅自向出质人释放质押货物，甚至擅自处分质押动产，从而给质权人的利益带来极大损害。但纵观现有的法律和规章制度并没有明确规定在金融仓储公司发生信用风险的情况下，金融机构应当如何防范并对其行为予以规制。

（三）质押物

质押物选取的恰当与否直接关系到仓储金融业务的风险大小，其选取过程可能会存在以下几个风险与问题。

一是质押物所有权风险。仓储金融业务涉及多方主体，质押物的所有权在各主体间流动，容易因质押物所有权不清晰而引起法律纠纷。

二是质押物固有属性风险。如果在质押期间，质押物的物理或化学性质发生改变，影响到货品价值，则会增加金融机构和仓储公司的业务风险。

三是质押物市场风险。质押物市场价格的剧烈波动将直接影响到其担保价值。如果质押物价格下跌幅度过大，将造成质押物价值的严重缩水，带来质押物变现的风险。

（四）仓单

仓储金融业务的一个重要模式即为仓单质押模式。虽然《合同法》对仓单内容作了规定，但我国现行法律还是没有对仓单格式作出统一标准，金融仓储公司出具的仓单都是自行设计的，这就给仓单质押业务带来了一定的风险。一方面，仓单的不规范会给银行的操作带来麻烦，不能向支票、本票、汇票一样快速识别，银行没有统一的识别标准，当然这也源于仓单市场的不规范；另一方面，这也使不法分子有了可乘之机，他们通过伪造、变造、涂改仓单等方式冒领货物，损害了银行和仓储公司的利益。

仓单质押业务的风险主要在开具仓单、资信审查、价值评估、质押物出库等过程当中产生。在出质企业的质押物入库到仓储物流企业出具仓单以及质押物出库的过程中，由于仓储物流企业是仓单的出具者，负有无条件根据仓单交付货物的义务，所以必须保证实际货物的数量或价值与仓单完全符合，因此就产生了质押物的监管风险；在资信审查和价值评估过程中，由于银行和仓储物流企业的利润都来自出质企业，一旦出质企业因各类主客观因素违约也就意味着其利润受损，甚至影响到贷款无法得到回收和补偿，因此就产生了出质企业可能违约的资信审查风险和贷款无法得到补偿的质押物价值评估风险。

三、信用风险控制

仓储金融业务的风险控制也需要各方主体（仓储企业、银行、中小企业）充分合作，发挥各自的专业优势，在实现优化分工的同时，实现风险分担的优化配置。仓储金融业务中对中小企业的筛选，遵循标准化操作，是不同于传统信贷模式下企业筛选方式的创新，对中小企业的引入，实现科学化的介入方式和标准化的操作流程。仓储金融业务对仓储企业的引入，要对仓储企业进行系统性分析，找出影响企业优劣水平的各相关因素，在参考有关资料和专家意见的基础上归纳整理，得到可以综合反映仓储企业优劣水平的评价指标体系。

（一）科学全面筛选中小企业

仓储金融业务中，中小企业筛选的标准要根据国家对于中小企业发展的指导思想，即"选择重点，规范操作，总结经验，稳步推进"与"支持发展与防范风险相结合；政府扶持与市场操作相结合；开展担保与提高信用相结合"的三个原则要求，结合企业的实际情况对中小企业进行筛选。仓储金融业务是一项新业务，为有效规避风险，银行对企业的审查相对严格，获得批准者一般都是各项业务素质比较优良的企业。比如广东发展银行在审贷时，一般选取行业市场占有率位于前三位的企业，而且产品畅销、价格稳定、流通性好，同时也考虑企业的财务状况、实力、品牌知名度等，目的是控制好信贷风险。与传统信贷业务的审查不同，仓储金融业务对所服务的中小企业的审查更强调企业的成长性，这涉及该企业的还款来源。此外，经营管理团队、产品及其技术含量、市场等也是审查的重点。对中小企业的信用评价指标体系如表 8 - 1 所示，评价的要素包括企业基本要素、偿债能力指标、现金流量评价、盈利能力指标、营运能力指标、创新能力指标、企业成长与发展能力指标、履约情况、行业成长性与宏观环境评价。

表 8 - 1　　　　　　　　　　中小企业信用评价指标体系

评价要素	评价指标	权重	指标满意值	指标不允许值
企业基本素质	企业规模	2		
	领导素质	5		
	管理水平	4		
偿债能力指标	资产负债率	5	60%	90%
	流动比率	4	1.5	0.8
	速动比率	5	1.3	0.5
现金流量评价	现金流动负债比率	5	16%	8%
	经营活动现金流量增长率	4	10%	4%
	现金利息保障倍数	5	1.5	0.7
盈利能力指标	净资产收益率	5	16%	8%
	总资产报酬率	4	10%	4%
	销售利润率	5	15%	5%
营运能力指标	应收账款周转率	5	300%	50%
	存货周转率	5	300%	50%
创新能力指标	研发费用收入比率	4	20%	5%
	近三年设备更新率	3	20%	5%
	专职研发人员比率	3	8%	2%
企业成长与发展能力指标	销售收入增长率	5		
	净利润增长率	5		
	净资产增长率	4		
履约情况	贷款本金按期偿还率	3	100%	50%
	贷款利息按期偿还率	3	100%	50%
行业成长性及宏观环境评价	行业销售收入增长率	3		
	环境政策	3		

资料来源：张卓琳：《中小企业信用担保机构有效运行模式研究》，中南大学博士学位论文，2005。

这只是一个普通的指标评价体系，并不是所有的企业都按照这个指标体系来进行评价，不同行业、不同类型的企业中的每个指标的权重以及满意值都是不同的，比如创新能力指标，对于制造业可能是专职研发人员比率等，而换成商业企业创新能力指标可能就是在销售环节的创新而非研发环节等。

（二）系统审慎选择仓储企业

仓储金融业务运作中，仓储企业的引入有利于银行控制风险，一方面，由于仓储企业在仓储、运输领域的专业化技能，使其能够比银行更有效地对质押物进行管理，保证银行担保物权的价值和安全性；另一方面，仓储企业的现场实时监管，能够比银行获取更多的授信预警信号。对于仓储企业的一般管理原则是"分类认定、区别对待、择优汰劣、动态管理"，基本要求是选择合作意愿强、经营管理能力强、有一定实力、资信良好的仓储企业。对仓储企业的管理职责包括准入调查、评级、审查和认定，日常关系维护，风险预警和重大事项报告，监管资格等级动态管理，管理制度建设和流程设计等。

仓储金融业务中，银行对仓储企业的基本准入标准可以考虑以下一些因素。

1. 具备独立法人资格，有一定注册资本，有固定经营场所或合法仓储场地，具备一定经营规模，能独立承担民事责任并具备一定的违约责任赔偿能力，具有仓储经营资格，专门从事仓储监管业务，合法经营，有一定行业经验以及仓储经营的历史；

2. 具有良好的商业信誉，良好的过往服务信用记录，与银行、企业未发生过质物纠纷或其他道德风险，具有较强的责任意识，能积极配合银行按照监管协议约定内容严格监管质押货物，与银行有顺畅的沟通渠道，能保证银行对货物享有实际出入库控制权和处置权；

3. 有完善的仓储管理制度，规范的出入库管理制度、内部控制和业务操作流程，有较完善的培训制度，仓储管理员有丰富的专业经验，对所监管货物的规格、质量、等级有辨别能力；

4. 一般不选择与借款人或出质人有股权、实际控制、间接控制、共同持股等关联关系并在日常经营过程中有实质性关联交易和资金往来的仓储企业。

仓储公司平时要做好市场信息的收集和整理工作。要对市场中各行各业充分认识，即时掌握各类商品的市场容量、价格变动趋势和产品的升级换代等情况，只有这样才能对质押商品的选择和价值评估起到实质性的参考作用。

（三）建立企业数据库，实时控制风险

仓储金融业务中，企业数据库的价值所在，实际上也是目标企业关系管理的价值所在，通过把分散的关于目标企业的数据集合起来，向金融机构提供关于中小企业的总体、统一的看法。企业数据库的建立可把信息集成起来，同时录入关于企业的其他相关信息，使得金融机构对企业的看法更加完整，通过对目标企业的实时控制，达到减少和分散风险的目的。因此，从最基本的企业数据库的建立、维护和完善开始，做好基础工作，充分挖掘隐藏在数据背后的信息，才能在此基础上正确地识别不同价值的企业，减少风险，从而获得盈利。

企业数据库以企业中心数据库为核心，还包括数据集成系统与决策分析系统。因此，企业数据库的实施主要体现在企业业务和外部信息处理、企业数据集成系统、数据仓库和决策分析系统四大部分。正如图8-2所示，建立企业数据库的目的最终体现在进行企业价值分析，以便更有效地开展业务上。

（四）质押物风险控制

第一，对质押商品的来源严格把关。对质押商品一定要考察其来源的合法性，在进行货物验收时，要求企业出具货物所有权的相关证明。

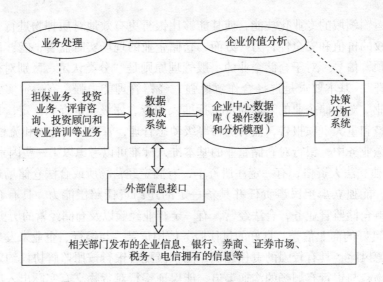

资料来源：陈瑞华：《信息经济学》，天津，南开大学出版社，2003。

图 8－2　企业数据库的构成

第二，对于质押商品，要选择易于保存、流动性高、价格涨跌幅不大的品种。

第三，完善质押商品价值的科学计算方法。既要有定性分析，又要有定量分析。通过调查统计、征求专家意见等方式，最终计算出仓储产品或商品的价值。

第四，同样的商品因种类不同其价值可能相差悬殊，因此，质押商品的类别、型号和规格一定要事先征得银行同意。

第五，银行在与融资企业签订质押贷款合同时应当注明，在质押贷款期间，因市场波动引起质押物市场价格下跌幅度达到一定比例时，银行有权要求融资企业追加质押物或保证金。否则，银行可以提货拍卖、变卖质押物以清偿债权。

第六，银行应当按照质物估值的一定比例确定贷款额度。为了防止融资企业经营的盲目扩张，从谨慎性原则出发，贷款比例一般不要超过 70%。对一些处于成长期的中小企业，在市场条件不成熟的情况下，银行可根据实际情况适当调低贷款比例以对抗风险。

（五）加强仓单管理

制定严格的仓单操作规程，使用固定的仓单格式；使用专人管理仓单，对提货、换单和解除质押进行审核；质押仓单签发和确认程序以文件形式规定；在严格遵守发货下限的前提下，仓单管理员与银行确认后可以办理提货出库业务；对于不同时间提取同一仓单项下的货物时，依据"专用仓单分提单"释放，并按照仓单编号、日期、金额等要素登机明细台账，并在释放的仓单下作销账记录，直到销售完成为止。

规范空白仓单的领用等级制度。领取数量，领取人，领取时间，批准人，发放人，仓单编号等必须按照规定登记。指定专人负责空白仓单和仓单专用印鉴，妥善保管，防止丢失。在办理出库业务时根据预留印鉴进行验单、验证和验印，必要时还要与货主联系确认提货人的身份。在仓储金融业务中，应根据需要与银行联系，取得银行的确认和许可。为了防范假提单的风险，仓储物流企业还可利用带密码的提单，在提货时进行密码确认。

首先，为了更好地实现仓单的流通，提高交易效率，降低交易成本，在仓单管理办法中应规定仓单的统一格式，推行标准仓单。在形式上，仓单应当有统一的格式，有固定的印刷单位；内容上，除《合同法》第三百八十六条规定的事项外，还应设定出质人的公章、质权人公章，并要注明此仓单为质押合同的权利凭证。其次，仓储公司应该对仓单进行科学严格的管理，避免虚假仓单带来的损失。仓储公司应当极力完善自身的信息化建设，运用 ERP 等系统将仓单管理纳入信息化轨道。信息化建设一方面可以降低工作人员手工操作的失误，提高工作效率，另一方面也减少了不法分子通过伪造仓单等形式骗取货物的可能。信息化建设还有利于仓储公司、融资企业和银行三方主体的沟通与信息共享，使银行和存货人可以远程查询质押货物的数量和存储状态，既降低了仓储公司和银行的风险，又方便了银行对质物的监管。

（六）保险公司的参与

通俗地说就是为质押物的价格下降购买保险，当质押物的价格下降到一定程度的时候，有保险公司为其承担一部分损失，当然不是全部损失，也不是价格下降就为其承担，而是价格下降到某个价位，承担一部分损失，再降到某个价位，再承担一部分损失，保险公司根据不同的商品规定不同的保费率。

另外，由于易燃、易爆、易损坏、易流失、易变质等原因，很多品种需要上财产保险。

1. 需要保险的品种有煤炭及制品、木材及制品、石油及制品、纸浆及纸制品、橡胶、轮胎、棉麻、粮食等。

2. 保险的价值必须覆盖质物最低控货价值。

3. 保险的期限：原则上不得低于授信期限届满后三个月，并在偿清授信协议项下的债务前连续办理保险。

4. 保险的种类：仓储环节——基本险、综合险。

5. 其他环节的保险，如质物需要运输的，在运输途中要求上国内陆运综合险并要求上盗、抢、雨淋等附加险种。

6. 第一受益人：已上保险的需将保险的第一受益人改为银行。

保险需满足以上条件，否则很难索赔，例如，洪水将质物冲走，由于出质人上的是基本险，保险不涵盖水灾，所以对于洪水冲走的质物，保险公司不予以赔偿。

（七）金融衍生品套期保值法

在现实中很多的企业都用这种方法套期保值，当前在仓储金融业还没有广泛利用。主要有远期、期货、期权等，在签订协议的时候就要求融资企业为质押给金融机构的质押物进行一些金融衍生品交易，当然是买其价格下降，如果质押物的价格确实下降，由于金融衍生品的杠杆效益，便可以用很少的资金得到很大的利润，从而弥补质押品降价的损失。即使质押物的价格上升，虽然损失了一部分资金（因购买价格下降而损失的资金），但是对于其库存或者说质押物的价格的上涨来说，损失的资金是远远小于价格上涨所带来的利润的。

四、提高商业银行仓储金融业务信用风险控制能力的对策

商业银行等金融机构对仓储金融的监督作用在于要实现资金的高效运作，保证资金安全。为此，银行必须加大对金融资金运作的监管，防范企业信用风险，监督企业加强内部财务控制，科学而合理地组织资金资源的分配与使用。

（一）金融机构应该建立有效的风险分散转移体系

在我国，利用金融创新来进行风险分散的机制还很落后，系统难以消化较大的金融冲击。实际上，金融创新并不是金融危机爆发的主要问题，而缺乏对创新的有效控制才是问题关键所在。例如，可以建立促使仓储金融资产证券化的管理池，进行实时的监管，对贷款审核条件严格遵守等。

（二）建立配套的应急体系

金融仓储创新在缓解信用风险的同时也增添了如担保品价格风险、变现风险等，对这些新增风险的控制和规避将会影响银行资产的安全。这就需要政府和金融机构配合建立应急方案，防止危机的扩散。例如，可以设立仓储金融相关保险的产品进行创新营销。目前我国尚无专门的银行质押财产险和质押监管责任保险产品，因此，在普通财产险的基础上结合仓储金融相关服务领域，对保险人、受益人、保额和保险期限加以区分与特殊说明等，这样的保险开发具有重要的市场价值。

（三）建立非货币性惩罚的债务合约

在仓储金融业务中，商业银行在资金方面享有优势，而仓储物流企业则提供评估、监管、处置质押物等服务。同时，受企业所在行业的限制，商业银行很难对仓储物流企业进行类似股权投资等监督模式，它对仓储物流企业的直接监督是没有效率的。因此，银行可以通过债务合约给仓储物流企业加上一个非货币性的惩罚（这个合约的设计应当符合激励相容原则），以保证仓储物流企业说实话。银行通过采用这种结构较为松散的合同式战略联盟来与仓储物流企业合作，既可以有效发挥仓储物流企业的经营管理优势，减轻了风险，又可以增加收益。

（四）充分发挥仓储物流企业的中介作用

商业银行等金融机构应该加强与仓储物流企业之间的合作，提升仓储金融业务的能力与水平。在这一过程中，银行提高了对贷款过程的监控能力，也灵活了质押贷款的业务流程，优化仓储金融服务，并通过仓储企业发展更多的业务，拓展供应链上下游宽度，形成资金的良性循环，有效地降低风险。在金融仓储中，仓储物流企业主要是从事对质押物的评估、保管、处置以及对借款企业的监督工作。只要该中介总委托成本小于银行为借款企业设计的非货币性惩罚债务合约，就应充分地发挥受银行委托的仓储物流企业的中介作用以及其规模经济效益，以此降低监督成本，控制来自借款企业的信用风险，进而提高整体社会福利。

（五）风险资本配置

金融机构应该在对业务流程的再造过程中建立内部评级制度和风险资本配置制度。这一过程为金融机构提供了进行组合管理绩效考核的最佳度量方法，能够在业务计划、

资源配置、绩效考核、贷款定价、风险限额等各个方面广泛运用，进而确保银行将最宝贵的资本资源配置到经过风险调整后收益最高的业务。随着内部数据资源的逐步集中规范以及内部评级系统的日趋完善，将内部评估产生、抵御风险冲击的资本金分配到各个分行和经营部门，实现全过程的合理配置和高效运用。

（六）优化仓储物流企业评估指标，建立信用风险定量模型

科学合理地选取贷款分类标准的量化因素，适当地加入仓储物流企业经营状况、经营规模、银行信用度，同融资企业的业务密切度等评估指标。商业银行对仓储物流企业进行评估时要定量与定性指标相结合。另外，商业银行应该建立完善准确的数据信息处理系统，对仓储物流企业的原始数据进行统计分析，并对系统进行优化升级，使其尽量满足信贷企业的各种要求，降低信贷审核的风险。结合我国的实际以及《巴塞尔协议》的要求，商业银行可以建立内部评级、风险预警等信用风险分析的定量模型，及时准确地防范和控制风险。

第四节　仓储金融业务其他风险管理

一、商业银行仓储金融业务操作风险及防范措施

操作风险的控制是金融仓储发展的前提，对银行内部来说，仓储金融业务还是新业务，业务流程复杂，操作节点较多，介入时间不长，银行在贷款工具设计、资金筹集、风险管理方法和内部监控方面经验不足，又受到各种制度、法律的瓶颈制约，难以避免操作疏漏和失误。

（一）客户信用等级评定过程中的风险点及防范措施

在客户信用等级评定过程准备阶段的主要风险点有：收集资料是否完整、真实，评级人员素质是否适应等。对应的风险控制措施有：一是严格按规定收集客户资料、经营资料、财务资料；二是参与评级人员必须具备一定的财务分析水平和综合评价能力，能够客观公正地开展评级工作。

（二）授信管理中的风险点及防范措施

授信管理中的风险点包含在授信审核阶段、授信审批阶段和授信后期管理阶段。授信审核阶段风险控制措施主要是严格审查申请人资质；授信审批阶段的风险控制措施主要是对提交的资料进行认真审查分析，从政策、行业、经营、财务、银行融资风险和收益等方面，审查提交的授信方案分析是否充分，风险控制措施是否到位；授信后期管理阶段对应的风险控制措施主要是密切关注客户的经营环境、主体资格、信用等级、经营状况、财务状况、融资质量等，一旦发现足以影响授信额度的情况，及时减少最高授信额度，仓单质押贷款必须纳入统一授信管理。

（三）贷前调查中的风险点及防范措施

贷前调查是动产质押业务流程很重要的一个环节。贷前调查程序是否得到正确执行，决定着贷款客户的选择是否正确，在很大程度上决定着贷款风险的大小。信贷人员不仅要审查申请人营业执照、税务登记证、法人代表资格证书等，还应审查申请人的贷

款申请、财务报表,分析生产经营状况、财务状况、融资及其他信誉状况、经营者素质等;更要审查借款用途是否符合国家行业、产业及银行信贷政策及其生产经营计划、交易及劳务合同等。

(四) 审查审批中的风险点及防范措施

贷款审查审批环节的风险主要有:申请人主体资格是否合法,是否符合贷款基本条件,提交的资料是否真实,仓单质押贷款是否经过信贷综合管理系统进行审批发放。对应的风险控制措施主要有:严格审查申请人营业执照、税务登记证、法人资格证书等;严格审查借款人的贷款条件;认真审查调查人提交的调查报告、贷款申请、借款合同、质押资料等,检查是否真实、合法、完整和有效;仓单质押贷款必须经过信贷综合管理系统进行审批发放。

(五) 贷后管理中的风险点及防范措施

贷后管理环节中的风险点主要有:贷款用途是否按约定使用,贷款客户生产经营管理情况财务状况、市场环境、主要负责人等是否发生重大变化,还款来源是否落实;贷款质量反映是否真实;质押物的登记是否合法、合规;信贷档案保管是否完整、安全。对应的风险控制措施有:必须按规定内容、期限进行跟踪、间隔期检查,及时反映风险点;贷款安全度到达警戒线时,向客户发出风险提示函,要求客户采取防范风险措施,如置换质押物、追加质押物、追加资金等。

(六) 银行员工道德风险点及防范措施

信贷道德风险在实际工作中主要表现为:对借款人的信用品质、经营状况、行业环境、发展前景等调查工作做得不充分;争拉客户,降低条件,放松对企业的全面调查;不能按照评级程序认真调研,进行定性、定量分析;与客户相互勾结,提供虚假情况,或故意采用错误数据计算最高授信额度;在进行贷后检查时,只注重填写检查表,忽视检查的内在质量。

防范员工道德风险的措施主要有:制定相应的制度,用制度管人,用制度约束人,使制定规章制度的人同时又成为规章制度的执行者;制度出台后,要建立一整套规范员工操作行为、强化内控监督的约束机制;加强员工思想教育,提高员工自身素质;利用铁的纪律加以约束,严格执行责任追究制度,加大查处力度。

(七) 电子信息技术创新

操作风险的防范可以通过增加操作成本来实现,但会影响业务的收益性,甚至亏损,而有些控制操作风险的方式和方法通过人工操作无法来实现,所以,操作风险的电子化管理成为必需。电子信息技术创新主要从风险管理和业务发展两个方面入手,并达到四方面效果:第一,规范银行内业务操作流程和操作方式;第二,提高业务处理效率,降低人工成本;第三,较好地控制操作风险,满足合规性要求;第四,较好地支持业务创新和市场发展。

(八) 信贷队伍建设

信贷管理的重点在于信贷文化理念和人员素质,而人员素质水平的高低又直接影响信贷管理的质量。因此,银行要重视信贷文化建设,强化对信贷队伍的管理、培训,不仅要加强对人员业务技能的培训，也要加强对人员道德素养的培训，唯有这样才能有效防范授信风险的产生。

1. 开展业务知识及技能的学习，通过政策规定、操作流程、专业知识的学习，提高信贷人员基本职业素质，同时加强对仓储金融、物流金融经典案例的总结和学习，增强风险防范意识，从业务技能上杜绝失职现象的发生。

2. 不定期进行规章制度和法律法规教育，提高员工制度执行力，增强员工法律意识，杜绝操作风险和道德风险的发生。

3. 实施信贷工作专项检查，加大制度执行检查力度，以检查促执行。为保障各项制度的执行力度，定期实行信贷工作制度执行检查，纠正不规范的操作行为，促进管理水平提升，促进信贷管理工作从量变到质变。

4. 加大问责力度，严明执行力。为了切实遏制违规行为的产生，须从实行严格的责任追究制度入手，加大违规处罚成本，维护规章制度的严肃性，构筑信贷资产安全一道"安全屏障"。

一是建立严格责任追究制度。对违反规章制度，一经查实，不论涉及谁，不论是否造成损失，都不仅要对当事人进行处罚，还要对因承担渎职责任的管理者和其他制约失职的相关人员进行处罚，以达到"惩处、教育"的效果。

二是结合执行力建设，可实行员工违规行为积分动态管理，把信贷从业人员提高执行力的日常表现与年终考核结合起来，并作为业绩评定、提拔任用、奖励惩处的重要依据，促进从业人员进一步增强执行观念，不断提高服务大局、服务发展的能力和水平，促进银行业务快速健康发展。

二、商业银行仓储金融业务法律风险及防范措施

（一）法律风险的表现及成因

由于仓储金融业务涉及三个甚至四个主体，质押物的所有权在几个主体间流动，这样很容易产生所有权的纠纷，因此仓储金融业务的法律风险主要表现在质押物的所有权问题上，再加上我国现阶段并没有针对金融仓储服务的专业的法律文件和行业规范，而《担保法》和《物权法》中对于金融仓储的相关条款也不完善，这样造成了仓储金融业各主体之间发生纠纷时没有很好的法律依据。目前还是缺少对第三方监管行为的法律规范，《物权法》对出质人和质权人的权利和义务作出了相应的规定和约束，但完全没有涉及第三方仓储公司的监管行为，也没有明确监管方应承担的责任和享有的权利。

仓储金融业务的法律风险还表现在，没有动产登记和公示制度（查询制度）。金融仓储的出现，是仓储公司代表金融机构来管理其所质押的动产，由于其质押品多数为动产，不履行登记制度，这样就容易造成在同一动产上出现多种权利竞合的情况。如何保障银行对质物的优先受偿权，从而减少银行不必要的损失，是法律需要解决的重要问题。

（二）法律风险的防范措施

作为商业银行，应该在与仓储企业以及融资企业等签订合同的时候，尽量将合同的细节签得细一些。在三方签订的合约中，要明确界定各方的权利和义务，约定借方

的还款时间、方式、设计利率、授信额度、质押率等关键风险控制指标，从而在保证业务风险可控的情况下尽力满足借款企业的需要。以仓单质押贷款授信和质押率为例，授信只能用于授信申请人自身正常的生产经营周转，以及确定真实贸易合同，不得用于期货或股票的炒作、投资，也不得用于长期投资项目。授信金额必须与申请人实际经营规模和经营活动资金需求相匹配，授信额度期限最长不超过 1 年，单笔业务期限一般不超过 6 个月。质押率原则上不高于 70%，经办机构必须按照货物品种、生产厂家及品牌、申请人经营能力的不同，合理、谨慎地确定质押率，质押率由银行审批部门最终确定。

另外，在验收融资企业的质押物的所有权的时候，必须确定质押物是否是融资企业完全拥有，证明、手续、相关文件是否一应俱全，以免接收到非法的商品和重复质押或抵押的商品，防范货物所有权带来的风险。

三、商业银行仓储金融业务其他风险

（一）金融仓储自身风险

由于我国现行经济体制以及法律体系的限制，商业银行不能收购仓储物流公司，非金融机构不能提供金融服务，因此，金融仓储在我国虽然有着很大的发展空间，但鉴于当前法律未作许可及市场准入的限制，目前我国仅有中远、中海等大型物流企业以及少数专业性的金融仓储公司与各大商业银行合作开展动产质押仓储金融业务。并且这项业务涉及众多市场主体，仓储业务的风险和金融业务自身的风险在金融仓储业务中同时存在，在分担风险方面还没有建立互惠、互利、互相制约的协议，金融机构、融资企业、仓储物流公司之间的风险划分关系不一致，各主体会片面强调、规避和转嫁风险，造成风险与收益之间不对等，在一定程度上可能会放大仓储金融的风险。

（二）政策风险

目前我国仓储金融业务的可靠资金来源主要是银行贷款，这种单一的外部融资行为除了受到法律、政策的限制和影响，也给仓储金融业务本身增加了诸多不确定性，例如，当国家采取收缩银根的政策时，金融机构就会缩小对金融仓储企业的授信额度甚至要求提前还款，这样就有可能导致金融仓储企业对融资企业的违约，从而增加了经营风险。

（三）宏观经济风险

在宏观经济环境方面，2008 年全球金融危机爆发，中小企业的市场需求急剧下降，中小企业的经营特别是面向出口的中小企业的经营面临很大的挑战，相关融资愈加困难，中小企业的经营环境愈加恶化，紧迫的宏观经济形势，促使中小企业融资选择相对狭小。同时，库存物资的价格随世界经济格局的变化、金融汇率的动荡而变动，保值能力较差。此外，政策制度的改变，如相关政策的适用性、新政策的出台、国内外经济的稳定性等，都会对仓储金融业务造成影响。

（四）管理风险

在仓储物流企业，如组织机构、管理体制和监督机制松散，不健全，工作人员素质不高，管理层决策发生错误，运输、存储不当造成质押物损毁、灭失，由于监管企业资

质差、监守自盗，以及对质物的定价评估不够公正、准确等，都会造成质物不足或落空的风险。在我国，企业内部管理风险往往较大，在金融机构，由于介入物流金融业务的时间不长，在贷款工具设计、资金筹集、风险管理方法和内部监控方面经验不足，又受到各种制度、法律的瓶颈制约，操作疏漏和失误也难以避免。

（五）技术风险

技术风险主要是金融仓储业务开展过程中，因缺乏足够的技术支持而引起的风险。比如仓储硬件陈旧，功能单一，工作效率低下，无法实现机械化、自动化；价值评估系统不完善，评估技术不高，网络信息技术落后，造成信息不完整，业务不通畅，工作效率不高；标准化程度低，各种运输方式之间装备标准不统一，仓储器具标准不配套，仓储包装标准与物流设施标准之间缺乏有效的衔接等。

【案例】　　　　　中储股份监管中质押动产被转移

中储股份作为央企下属子公司，是国内综合物流仓储的龙头，其控股股东为中国物资储运总公司。公司主营业务物流、贸易且成长较快，拥有相对完善的基于基础物流仓储的网络。2008 年 5—6 月，哈尔滨银行金桥支行（以下简称金桥支行）与永航公司签订了一份综合授信合同和一份额度为 1 500 万元的银行承兑协议。同时双方分别就上述合同签订了动产质押合同，约定永航公司提供钢材作为动产质押，为上述贷款提供担保。而中储股份作为质物监管方，先后与金桥支行、永航公司签订三方商品融资质押监管协议，约定永航公司出质的质物由中储股份监管。然而，在合同执行中，永航公司违反质押监管协议，未经中储股份同意转移了钢材 3 535 吨。于是，中储股份作为第三被告被金桥支行告上了法庭。

2009 年初，公司接到黑龙江省哈尔滨市中级人民法院送达的关于金桥支行诉永航钢管公司、张晓勇和本公司合同纠纷一案的《应诉通知书》。2009 年 7 月，公司收到《黑龙江省哈尔滨市中级人民法院民事判决书》（哈民三初字〔2008〕第 161 号），就金桥支行诉永航钢管公司、张晓勇和本公司合同纠纷一案作出一审判决：

1. 被告永航钢管公司于判决生效后立即偿还原告哈尔滨银行股份有限公司金桥支行欠款 13 023 176.78 元及利息 1 381 071.25（利息计算截至 2009 年 6 月 10 日，此后按日万分之五计付利息至欠款付清之日止）；

2. 如被告哈尔滨永航钢管制造有限公司不能清偿上述债务，对其不能清偿部分，应以本案所涉质物被告哈尔滨永航钢管制造有限公司所有的 1 318.55 吨钢材（查封的 1 851.88 吨扣除变卖的 533.33 吨）折价或变卖、拍卖的价款清偿；

3. 被告张晓勇对上述债务承担连带清偿责任；

4. 被告中储发展股份有限公司沈阳物流中心在 15 068 288.00 元范围内承担连带赔偿责任。

如未按本判决指定的期间履行给付金钱义务，按照《中华人民共和国民事诉讼法》第二百二十九条规定，加倍支付迟延履行期间的债务利息。案件受理费117 820.47元，财产保全费5 000.00元由三被告承担。

为保护广大股东合法权益不受损失，中储股份就一审判决向黑龙江省高级人民法院提起上诉，二审法院认为，原审判认定事实清楚，适用法律正确，沈阳物流中心上诉主张缺乏事实及法律依据，不予支持，驳回上诉，维持原判。

截至2010年12月，公司依据判决已执行金额为10 261 566元，本案第一被告哈尔滨永航钢管制造有限公司执行金额为4 806 722元，本案涉及金额已全部执行完毕。

中储股份认为：

一、永航钢管公司系哈尔滨银行金桥支行的主债务人，对该笔债务负有法定的偿还义务。原告作为生效判决确定的连带责任人，在代永航钢管公司向债权人履行了部分偿还义务后，有权向主债务人永航钢管公司追偿。

二、原生效判决判令原告在部分质物灭失范围内承担连带赔偿责任，是依据三方签订的《商品融资质押监管协议》中对原告负有妥善保管质物义务的约定。原告因他人的侵权行为而违反合同约定，不能向哈尔滨银行金桥支行履行合同义务，虽然依法应承担对哈尔滨银行金桥支行的违约责任，但同时依法享有要求侵权责任人赔偿的权利。本案中，永航钢管公司、张晓勇、和平金属公司恶意串通转移质物，直接给原告造成了10 261 566.00元的经济损失，张晓勇应对原告的全部损失承担连带赔偿责任；和平金属公司应在其非法占有质物（焊接钢管1 064.035吨、带钢558.305吨）的价值（8 962 928.00元）范围内承担赔偿责任。

2011年7月，为维护本公司的合法权益，本公司特依法向哈尔滨市中级人民法院提起诉讼，诉讼请求为：

1. 判令被告永航钢管公司偿还原告10 261 566.00元；

2. 判令被告张晓勇对永航钢管公司的偿还义务承担连带赔偿责任；

3. 判令被告和平金属公司对永航钢管公司偿还义务中的8 962 928.00元承担连带赔偿责任。

法院审理后，根据《中华人民共和国民事诉讼法》第一百三十条、《中华人民共和国民法通则》第五条之规定，判决如下：

1. 被告永航钢管公司于判决生效后立即赔偿原告10 261 566.00元。

2. 驳回原告其他诉讼请求。案件受理费83 369.4元，由被告永航钢管公司负担。如未按本判决指定的期间履行给付金钱的义务，按照《中华人民共和国民事诉讼法》第二百二十九条之规定，加倍支付延迟履行期间的债务利息。

资料来源：中储股份2011年年报。

【推荐阅读】

1. 许文、徐明圣：《商业银行风险管理：理论与实践》，北京，经济管理出版社，2009。

2. 刘浩华：《供应链风险管理》，北京，中国物资出版社，2009。

3. 赵晓菊：《信用风险管理》，上海，上海财经大学出版社，2008。

第九章

金融仓储服务营销、绩效管理与企业文化

JINRONG CANGCHU FUWU YINGXIAO、
JIXIAO GUANLI YU QIYE WENHUA

第一节　金融仓储服务营销

一、认识仓储服务

仓储服务作为仓储产品的表现形式，是企业为了满足客户（包括内部客户和外部客户）的仓储需求，开展一系列仓储活动的结果。仓储的本质是服务，它本身并不创造商品的形质效用，而是产生空间效用和时间效用。站在不同的角度和经营实体上，仓储服务有着不同的内容和要求。

作为企业客户服务的仓储服务按照从事有形产品（或服务）生产经营的制造企业或流通企业（货主企业）的营销角度去理解，属于企业客户服务的范畴。客户服务是指为支持企业的核心产品（或服务）而提供的服务。制造企业和流通企业的仓储服务，就是用来支持其产品营销活动而向客户提供的一种服务，是客户对商品利用可能性的仓储保障。用现代营销观点来看，企业提供给客户的不只是有形产品，还包括与之相关的服务；反过来说，客户在购买商品的时候，也不仅仅是购买商品实体本身，而是购买由有形产品、服务、信息和其他要素所组成的"服务产品组合"，仓储服务是这个"服务产品组合"的重要组成部分。而对于有形产品制造和销售的企业来说，有形产品是这个产品组合中最重要的因素，因为缺少了它，我们所说的产品组合就没有存在的意义了。

但是，在当今的竞争中，有形产品并不一定能保证企业取得良好的经济效益和在市场上长久地生存下去，使企业更具竞争力的是企业能够为客户提供比竞争者更好的服务。不论企业采取自营仓储的方式或者外包、社会化方式来完成一系列提供物流客户服

务所必需的仓储业务活动，仓储客户服务主要都是围绕客户所期望的商品、所期望的订货周期，以及所期望的质量展开的，其表现形式也是多种多样的。

1. 仓储客户服务表现为一种执行的标准或绩效水平。例如，企业向客户许诺的商品存货保障率、商品完好率等，这些是衡量企业物流服务水平高低的重要尺度，客户也是通过这些指标来观察和体验企业的仓储服务。企业往往根据客户的要求以及营销战略，制定一个适宜的仓储服务执行标准，保持这个水准的仓储服务，成为仓储物流服务质量控制的目标。

2. 仓储客户服务表现为一种经营理念。即通过仓储服务水准与成本的平衡，找到企业经营效益与客户需求的最佳结合点，仓储服务成为以客户为导向的企业营销理念。

二、金融仓储服务营销

金融作为现代服务业，是国民经济的命脉，其特殊性在于风险相对较大，但本质上仍属于竞争性行业，都是在竞争格局中向社会提供商品和服务。竞争最终会使供求基本平衡，多数供给和需求得到满足，还会降低价格，减少企业欺压客户的可能性，压缩寻租空间。从金融消费者保护的角度看，其重要目标是使基层的消费者拥有更多的、和大中城市消费者平等的选择权。这些基本权利包括消费者能够在存款和其他形式产品之间，不同贷款形式之间，境内产品和境外产品之间，以及不同金融机构之间进行选择。

金融仓储服务营销的主旨是客户的满意，也就是以恰当的产品和服务，在客户满意的前提下获得自身对产品和服务需求的满足。对于现代金融仓储而言，用合适的金融产品、专业的服务，最大限度地规避风险，搭建中小企业动产融资的渠道，就是金融仓储服务营销的主题。

三、金融仓储营销队伍建设中存在的问题

对于我国金融仓储企业而言，由于内外部多重因素制约，目前大多数金融仓储企业的导入方式基本上延续了传统方式，通过自身资源寻找客户，或是等客户有了明确的需求找上门来之后再接收。金融仓储营销体系明显缺位，在营销队伍建设中普遍存在以下问题。

（一）营销策略模糊不清

由于我国金融仓储企业基本上为中小型企业，而且大多数还处于导入期及成长期，企业生存是企业面临的主要矛盾，金融仓储市场远未形成良性的竞争环境，导致金融仓储公司为保生存，开拓市场，并与其他融资渠道竞争，不得不通过价格策略进行市场竞争。少部分通过客户营销策略提升市场占有率的金融仓储企业，也仅仅是将客户营销视为售后维护客户关系的单一手段，并没有将其作为开拓市场的一种竞争策略。

（二）缺乏健全的营销组织机构

金融仓储企业由于对营销策略定位模糊，所以在大多金融仓储企业中缺乏健全的营销组织机构，大多数金融仓储企业尚未设立市场营销部门，而是通过客户服务部门提供用户解决方案，大多融金融仓储企业相关岗位和职责的设计不合理，整体营销能力薄弱。

（三）缺乏现代物流专业人才

当前我国金融仓储企业缺乏具有现代物流营销知识的专业人才，加之现行金融仓储企业中缺乏专业培训，缺乏与营销相配套的网络等技术设施建设，导致金融仓储企业营销队伍的整体能力偏低，企业只能依靠传统的方式来管理现代金融仓储，运行效率低下，缺乏活力和竞争力。

【资料链接】　　国内物流行业人才缺口大　物流专业毕业生紧俏

"'十二五'期间，我国物流行业每年需要新增一线操作技能人员约110万人，而目前国内职业院校物流专业毕业生人数约40万，远无法满足企业用人需求。"22日在成都举行的2011年中国职业教育与物流行业发展对话会上，中国物流与采购联合会副会长任豪祥作出上述表示。

记者在会议上了解到，随着我国经济社会发展，物流专业已成为吸纳劳动力较多的行业之一。2008年，我国物流法人企业从业人员达2 133.8万人。近年来，我国大力推动物流专业教育建设及专业人才培养。截至2011年初，我国已有410所大学、824所高职院校和2 000多所中职学校开设了物流专业，形成中职、高职、本科、硕士、博士分层次物流教育体系。根据抽样调查显示，物流专业学生就业率在90%以上，是就业前景最好的专业之一。

任豪祥说，"十二五"期间，我国物流行业领域每年需要新增就业人员约140万人，其中85%是一线操作岗位，与目前国内职业院校物流专业毕业生人数相比，所需专业人才缺口较大。此外，全国物流行业从业人员的学历水平、高级技师人员比例、高级工人员比例远低于全国各行业的平均水平。

部分参会人员也认为，目前我国物流职业教育普遍存在办学实力不强、投入不足、学校育人与企业用人供需脱节、学校和企业缺乏有效的交流平台等问题。专家们呼吁应从加强校企合作入手，创新职业学校人才培养模式，实现企业用人和院校教学就业的有效对接。

资料来源：吴晓颖、许茹，原载于新华网，http：//news. xinhuanet. com/edu/2011 - 09/23/c_122076715. htm，2011 - 09 - 22。

四、建设高效金融仓储营销团队的途径

（一）确立金融仓储团队目标

团队目标是一个团队为之共同奋斗的方向。它既是团队存在的理由，也是团队运行过程中制定决策的参照物，同时也是判断团队行动成效的一个行之有效的标准。切合实际的团队目标，一旦被团队所有成员所接受，就能够为团队成员指引方向、提供动力，让团队成员自觉为它贡献力量。确立切合实际的团队目标，需要做到以下几点。

1. 收集、分析目标信息。首先是向团队成员收集对团队目标的意见，广泛地获取成员对团队目标的相关信息。在此基础上，对相关信息进行整理与技术分析。

2. 成立团队目标专家小组。团队目标专家小组应至少由两部分人组成，即团队管理者与成员代表。团队目标专家小组在对相关信息技术分析的基础上，进一步结合实际工作初步确立团队目标。

3. 广泛讨论达成共识。经团队目标专家小组初步确立的团队目标还需要进一步交由团队全体成员讨论，以进一步了解团队成员的需求，进一步沟通和完善最后将团队目标确定下来。

4. 目标的分解。团队目标相对来说比较长远、宏观，在实际运作过程中，还需要对团队目标进行阶段性的分解，使每一阶段的目标对于团队每一名成员来说，都是具体生动的。而每一个具体目标的实现也可以给团队成员带来惊喜，从而增强团队成员的成就感，为一步一步完成整体性团队目标奠定坚实的信心基础。

（二）打造金融仓储团队精神

1. 营造相互信任的组织氛围。有研究发现，在众多影响因素中，信任对于打造团队精神具有柔性的粘贴作用。情感上的相互信任，是一个组织团队最坚实的合作基础，它能给团队成员带来一种安全感。在相互信任中，团队成员才可能真正认同团队，把团队当成自己的家，并以之作为个人发展的舞台。

2. 在团队内慎用惩罚，多用激励从心理学的角度看，惩罚和激励是两种不同的手段，惩罚导致行为退缩，而激励则是对行为的肯定。当一个成员经常被否定，不仅会导致这个成员的自我否定，进而还会导致对团队的否定。而激励则可以增进成员的工作热情，增进对团队的亲和力。

3. 建立起有效的沟通渠道。有沟通，有交流，才会发现问题，才会换位思考，团队的每个成员才不会有压抑感，心情才会舒畅，工作才会有成效。

4. 形成团队自身的行事规范。团队的规章制度、标准化的建立健全是对团队成员危害团队目标实现的外在约束。而团队成员自觉地按照企业的行为规范要求自己，也有助于形成团队良好的风气和氛围。

5. 团队管理要人性化。团队建设中，首先树立"以人为本"的观念，调动人在企业中创造财富和盈利的主动性、积极性和创造性。在企业的人、财、物、信息四大资源要素之中，人的管理是第一位。经营企业就是经营人，只有理解了人，才能把团队能量充分发挥出来。"以人为本"的观念应该成为高效团队建设的最高准则。人性化管理是处理日常工作、处理上下级关系的一种管理技巧。这要求团队的管理者在管理中能够对团队成员有爱心、耐心，有信任、尊重，这是加强团队建设，打造团队精神的重要前提。

（三）优化金融仓储团队结构

团队的合力大小亦来源于团队的结构是否优化，如团队规模、分工结构、年龄结构、专业结构、文化结构、能力结构和个性结构等。例如，从团队规模上来看，团队的人数越多，人际关系也就越复杂，意见分歧也越大，团队效率也就越低，最有活动效率的团队，人数一般在 7 至 10 名为宜，最多不超过 15 名。凡人数超过 10 名以上的团队，则可考虑"另起炉灶"分设新的团队。再如，在团队年龄结构上，应该有老中青的搭配，这样既可以保持团队的活力和朝气，也可以增强团队解决问题的经验和能力，还可以避免团队由于年龄老化而失去应有的活力和竞争力。

（四）建立和完善科学合理的绩效考评体系与奖酬体系

科学合理的绩效考评体系可以有效地刺激团队成员创造更好的业绩。绩效考核指标的制定应遵循客观、明确、可操作与相对稳定的原则。建立绩效考评体系的目的是为了奖勤罚懒，实现团队运作的高效。因此，在建立起科学合理的绩效考评体系之后，还需要相应地建立和完善与之相适应的奖酬体系。一个完善的奖酬体系是激励和保证团队获得更高的业绩水平，从而实现营销战略目标的重要保障。首先要根据个体成员的需要与贡献进行奖励。这种奖励既包括物质形态的奖励或金钱的奖励，这是传统的奖励方式，也是的确有效的奖励方式，也包括精神奖励，这是更高层次的奖励，这种奖励可以是团队内部的通报表扬，也可以是职位的晋升，或为员工提供深造的机会等。其次，还要有针对不同群体进行的以精神鼓励为主的奖励。

（五）建立起良性的内部沟通机制和形成良好的团队氛围

良性的内部沟通机制主要表现为团队内部定期沟通制度的制定、沟通平台的建立以及沟通的多种形式。既包括部门内的定期交流沟通制度，比如团队的周会、月会、座谈会、总结会制度等，也包括设立管理者信箱、短信平台、电子邮件、员工论坛、客户服务网络、周末旅游、小型聚会等新的沟通平台的建立，还包括传统的面谈、电话、信件等形式。当然，无论哪种沟通形式，都是要让员工说话，并且是说自己愿意说的话，说真话。良好的沟通有助于形成良好的团队气氛，反过来，良好的团队气氛又有助于形成良好的沟通。

良好的团队氛围的形成，除了需要良好的沟通之外，还需要做到如下三点。

1. 彼此的相互尊重。彼此尊重是团队成员合作的基础，只有团队成员彼此尊重对方的意见和观点、尊重对方的知识与技能，尊重个体的差异与需求，欣赏对方的才华与贡献，团队才能得以和谐地运转。

2. 营造一个团结的管理团队。许多团队绩效较差的原因就在于管理团队的不团结。只有这个问题解决好了，才能谈到团队的团结。

3. 营造一个团结协作的基层工作生活氛围。团队的力量来自于团结和协作，而要实现团队的团结和协作，不仅需要有团结的管理团队，有沟通和交流的正常机制，而且还需要有个好的学习教育机制，使每一个成员都能够在不断地学习中取得进步，得到教育，逐步形成一种团结协作的意识和理念。

第二节　金融仓储人才培养

一、金融仓储人才的重要性

金融仓储业务品种繁多，涉及的客户多，质押物种类也较多，市场行情变化也较大，金融仓储业务从业人员不仅要熟悉相关金融业务，还要谙熟质押物及其所属的行业（如钢铁、汽车、粮食）情况，对市场走势要有准确的判断，并具备敏捷的思维判断能力和应变能力，且具有创新意识的专业人士。需要员工识别和评估风险、监管质押物、预防业务中可能发生的各种风险。实务中，由于各个运作主体内的员工素质参差不齐，理解工作岗位相关要求有着不同程度的偏差，在金融仓储业务中，存在道德风险、出现内部、外部欺诈行为等。通过教育培训和吸引高素质的复合型人才，不仅能提升员工的业务能力和工作效率，降低操作风险，而且有助于员工增强风险意识和责任意识，降低道德风险。然而目前我国金融仓储公司的工作人员还缺乏相应专业素质，工作效率较低，缺乏对金融仓储业进行合理有效的经营管理和规划业务流程的专业人才，而金融仓储企业经营管理不合理将会对其产生毁灭性的打击。

二、金融仓储人才的培养途径

从知识能力构成而言，金融仓储从业人员必须具备物流、仓储、法律及金融等知识架构。为此，现代金融仓储从业人员必须是物流仓储知识和金融知识兼备的跨行业、跨学科的复合型人才。金融仓储企业可以通过"内培外引"的人才建设模式，一方面，通过开展企业内部培训与企业人力资源开发等方式，提高现有人员的业务水平；另一方面，通过产学研合作，通过与相关高职院校，通过产学研合作，实施订单式培养模式，探索我国创新型金融仓储企业人才培养的新模式。此外还可以重点引进金融行业有信贷工作经验的专业技术人员以及有丰富企业管理经验的管理人员，使金融仓储公司成为各方思想碰撞的摇篮，产生创新的火花。

三、金融仓储订单人才培养的意义

胡锦涛总书记在 2009 年 12 月视察广东时指出："没有一流的技工，就没有一流的产品。"温家宝总理强调，要把职业教育纳入经济社会发展规划，促进职业教育在规模、专业设置上与经济社会发展需求相适应。要注重学思结合，知行并重，让学生不仅学到知识，还要学会动手，学会做事，学会生存。《教育规划纲要》提出了"以提高质量为重点大力发展职业教育、调动行业企业的积极性、加快发展面向农村的职业教育和增强职业教育吸引力"的四项重大任务，三项直接与校企合作密切相关。职业教育是将自然人培养成职业人的重要过程，是以满足工作岗位需求为出发点，并通过劳动收入直接体现其价值的教育。职业教育的人才培养过程与生产、服务过程的各个环节都密切相关，职业教育的这些特点决定了它必须密切联系行业企业生产实际，实行校企合作的办学模式。

所谓订单人才培养模式，是指作为人才培养方面的高职院校与作为用人方面的企事业单位合作办学，针对社会和市场需要共同制订人才培养计划，签订用人订单，并在师资、技术、办学条件等方面进行合作，通过"工学交替"的方式，分别在学校和用人单位进行教学，学生毕业后直接到用人单位就业的人才培养模式。订单人才培养模式下，为了做到"无缝式"链接和"零距离"上岗，用人单位需要什么样的人才规格，学校就培养什么样的人才，以满足用人单位的需要。

订单人才培养是市场经济形势下产业的订单经济向教育界渗透的一种表现，是高等职业教育主动适应市场需求和改革趋势而发展的新型人才培养模式，是校企合作、产学研结合的一种典型。"订单培养"作为高职教育的一种崭新的人才培养理念，以其人才培养的针对性、适用性和高就业率，从一提出就表现出强大的生命力，迅速成为高职院校教育教学改革的主导潮流。教育部《关于以就业为导向，深化高等职业教育的若干意见》明确提出：要积极开展订单式培养，建立产学研结合的长效机制。高等职业院校要大力开展订单式培养，各省级教育行政部门要积极支持高等职业院校开展订单式培养，重点培育一批与本地支柱产业发展密切相关、在产学研结合方面特色突出、以订单式培养为特色的高等职业院校，每所高等职业院校都要形成一批以订单式培养为特色的专业。目前，许许多多的高职院校都把"订单式"人才培养模式作为深化教育改革的主要措施之一，在积极进行着"订单式"人才培养模式的探索与实践，并且所涉及的专业越来越多，规模越来越大。

金融仓储类创新型企业需要创新型高技能人才，创新型高技能人才要求具有较高的专业理论知识水平和操作技能，具有较高的思想素质和健全的心理素质，具有较强的综合应用能力和创新意识、创新精神，这个培养目标必将渗透到订单培养的各个教学、管理环节之中。通过具体订单教学活动，有以下三个作用：一是适应中小企业各种层次人才结构的需要，中、高级技能型人才对创新型中小企业来讲储备严重不足，而由于实力和前景未明，吸引人才也很难，订单培养模式可以有效解决这一问题，企业有什么具体技术需求，经过校企双方的课程融合就可满足这种需求；二是提高员工对企业忠诚度，对创新型中小企业而言，吸引人才、留住人才是难点，人才流动过快将增加企业负担，需要员工对企业忠诚和对企业文化的认同，校企双方在课程设计中，在对企业的发展史、经营理念、企业行为规范等内容上，多让学生了解、融入、感受，这样在未正式工作时就已经有了双向选择，确保留下来的学生认同企业经营管理理念，避免人员流动对企业的冲击；三是实践证明"订单式"人才培养模式是高职院校人才培养的成功模式之一，体现了"以生为本，以就业为导向"的办学思想，顺应了时代发展对高职院校的要求，"订单式"人才培养模式使学生学历与岗位培训有机融合，使学生尽快成为创新型中小企业的骨干力量和中坚力量。

第三节　金融仓储企业绩效管理

一、企业绩效

根据《牛津现代高级英汉双解词典》的解释，绩效指的是"执行、履行、表现、成绩"。从不同的学科领域出发，对绩效的认识也有所不同。目前对绩效的定义主要有三种观点：一种观点认为绩效是结果；另一种观点则认为绩效是行为；第三种观点不再认为绩效是对历史的反映，而是强调员工与绩效的关系，关注员工素质，关注未来发展。

企业绩效是可以由企业控制的，由全体员工共同创造的，能够持续提高企业价值的全部物质和非物质的成果。它与个人绩效是有关联的。个人绩效是组织绩效中属于个体的部分，与组织利益不相一致的"绩效"不属于个体的绩效。组织的绩效决定了组织的生存与发展。个人的绩效决定了组织的绩效，也决定了个人的生存与发展。

企业绩效是员工绩效的总和。研究企业绩效，就必然要对决定、影响员工绩效的因素作一个分析。从个人的角度看，绩效＝结果＋行为。影响员工绩效的因素有以下几个方面：

1. 员工的行为。个体行为包括知觉、态度、动机。

2. 个体的态度。包括认知成分、情感成分、行为成分。就同一态度而言，三者是一致的。

3. 工作满意度。工作满意度是个体对其所从事的工作的一般态度，也就是一个人通过完成自己的工作能获得多大程度的满足感。

4. 个体心理——气质。气质是指一个人心理活动的动力特征，通常称为性格或脾气，主要表现在心理活动的速度、强度、稳定性和敏感性上，气质更多的是先天的、神经系统的表现特性，气质会参与所有的心理活动。气质按照希波克拉特（Hippocrates）分类法分为四类：胆汁质（冲动型）、多血质（活泼型）、粘液质（沉稳型）、抑郁质（压抑型）。

5. 个人心理——人格。人格包含许多不同的特质或行为特征，这些特征的共同运作，使个体的行为具有一定程度的独特性和稳定性。人格的表现受环境的影响，是个体所表现出来的独特且持久的特性。

6. 个人心理——素质（能力）。能力是一种内在的心理品质，是完成某种活动、解决某个问题所必须具备的条件。包括心理能力、体质能力、情绪能力。

二、金融仓储企业绩效管理

在金融仓储企业五大要素资源中，物质资源、知识资源、资本资源和基础设施这四项都是显性资源，是无生命、易掌控的，只有人力资源必须通过个体主观能动性的发挥，才能使其由隐性资源转化为显性资本。举例来说，金融仓储企业如果已经拥有了足够的人力资源并不意味着就拥有了"人"的竞争实力，还必须使这些人力努力工作，自觉地为企业贡献力量和才智，最终达成绩效目标，如此才能算是将人力资源利用起来。并且其他四种资源也必须通过人力资源对它们的有效使用才能使资源转化为社会财富。绩效管理是人力资源管理活动的一个永恒话题，人力资源工作没有不谈绩效管理的，绩效管理同岗位分析、人员培训与使用、薪酬管理等人力资源管理活动紧密联系。

金融仓储企业绩效管理就是通过科学的管理方法有效地组织企业资源，按照企业战略方向和方针策略的要求，最终达成目标的管理过程。金融仓储企业绩效管理的目的就是通过有效激励人力资源，通过人的努力将物质资源、知识资源、资本资源和基础设施向社会财富的转变率最大化。通俗地说就是平凡的人作出不平凡的事。调查资料显示，我国每年有30%的企业属亏损企业。而造成这些企业亏损的原因中，宏观因素占9.2%，政治因素占9.09%，内部管理因素占87.71%。更有研究表明，管理绩效是影响企业生存状况的主要因素。

成功的绩效管理能给金融仓储企业带来六大方面的优势：第一，帮助公司和员工提高工作绩效；第二，帮助公司作出加薪、升职、解雇、降级、调动和培训等正确的雇佣决策；第三，能够帮助公司降低员工的流失率；第四，发现企业中存在的问题；第五，帮助企业做好人力资源规划；第六，能改善上级和员工间的沟通。总而言之，好的绩效管理系统，能进行预防性管理，使公司隐患窒息在摇篮中，从而避免犯一些不必要的错误，少走弯路，减少并节约生产成本。

金融仓储企业绩效管理是一个完整的系统，在这个系统中，组织、管理者和员工全部参与进来，管理者和员工通过沟通的方式，将企业的战略、管理者的职责、管理的方式和手段以及员工的绩效目标等管理的基本内容确定下来，在持续不断沟通的前提下，管理者帮助员工清除工作过程中的障碍，提供必要的支持、指导和帮助，与员工一起共同完成绩效目标，从而实现组织的远景规划和战略目标。

【知识链接】 某仓库人员绩效考核方案

为调动仓库人员的工作积极性和提高仓库的工作效率，特制定本方案。鉴于仓库部门的工作多为事务性工作，对仓库人员的考核，主要依据其基本职责的履行及工作目标的达成情况。

本方案主要由仓库主管负责监督执行。仓库主管根据每个员工每天的工作完成情况，依据本方案的相应标准予以打分。以一个月为一个考核期，每一个考核期内，各个员工的初始考核分数均为100分，每月底根据每位人员不同工作表现进行汇总，结果汇总出来后，按照本方案的相应标准对各个员工给予相应的绩效奖金，绩效奖金与其工资一同发放。

入库流程考核细则：

1. 货物入库前仓管员必须核对送货单上信息是否有效，有效方可签收入库，否则追究当事仓管员的责任，扣其考核分数3分；

2. 入库过程中，如发现来货存在质量、数量与送货单上不相符等问题的，要及时通知主管上级，否则追究当事仓管员的责任，扣其考核分数3分；

3. 签收货物后，仓管员必须及时把货物摆放到相应位置，并在相应的库存卡上做好增减记录，新进货物没有库存卡的，必须及时建立库存卡并在库存卡上做好相应的增减记录，否则追究当事仓管员的责任，扣其考核分数3分；

4. 仓库主管定期组织仓管员与统计员核对某段时间有关货物的入库记录，发现不符，及时安排相关人员盘点并落实具体的责任人，因仓管员忘记在库存卡上及时作增减记录而造成误差的，追究当事仓管员的责任，扣其考核分数3分；

5. 入库过程中，因叉车司机人为疏忽而导致货物残损的，追究当事叉车司机的责任，扣其考核分数3分。

出库流程考核细则：

1. 仓管员没有接到统计员打出的出库单或签名确认的提货单，直接发货出库的，无论是否造成不良后果（特殊情况须报经仓库经理批准），均追究仓管员的责任，扣其考核分数3分；

2. 货物出库前仓管员必须核对提货单上信息是否有效，有效方可发货出库，否则追究当事仓管员的责任，扣其考核分数3分；

3. 仓管员发出相应的货物后，必须及时在相应货物对应的库存卡上做好增减记录，否则追究仓管员的责任，扣其考核分数3分；

4. 仓库主管定期组织仓管员与统计员核对某段时间有关货物的出库记录，发现不符，及时安排相关人员盘点并落实具体的责任人，因仓管员忘记在库存卡上及时做增减记录造成误差的，追究当事仓管员的责任，扣其考核分数3分；

5. 出库过程中，因叉车司机人为疏忽而导致货物残损的，追究当事叉车司机的责任，扣其考核分数3分。

其他考核细则：

1. 所有进出库单据必须明确、清晰并及时交到统计员处，如仓管员所出具的单据有不清晰明确或丢失单据的，扣其考核分数3分；

2. 因仓管员进出库操作或忘记在库存卡上及时作增减记录导致库存数量不准确出现误差的，追究仓管员的责任，扣其考核分数10分；

3. 每周至少进行一次仓库卫生清洁及货物和卡板的整理整顿工作，如相应仓库责任人一周没有进行清洁整理整顿工作，扣其考核分数5分；

4. 一周内有两次以上迟到超过10分钟的，扣其考核分数3分，一个月累计超过三次（含三次）的扣5分，累计超过五次（含五次）的扣10分；

5. 对于仓库主管安排的有关工作，在仓库主管的多次（超过两次）催促之下完成，不论完成结果如何，扣相关责任人的考核分数3分。

考核方案执行的有关细则：

1. 仓库主管必须根据每天仓库的实际出入库情况，有针对性地对出入库流程的关键点进行重点检查并做好记录，发现问题，直接追究具体责任人的责任，按相应标准扣分；

2. 仓库主管对仓库所属人员进行的每次考核打分，必须随时通知所有被考核人员，让其知道扣分的原因或加分的原因。

绩效奖金计算的有关细则：

1. 被考核者每月的考核分数低于60分者，不予发放当月的绩效奖金；

2. 考核分数在60~89分的，则发放相应比例的绩效奖金。例如，当月考核分数为89分的，绩效奖金则为：$89 \div 100 \times 200 = 178$ 元；

3. 考核分数在90~100分的，则发放全额绩效奖金200元。

资料来源：http://www.chinahrd.net/performance - management/system - building/2012/0824/172058.html。

三、金融仓储企业绩效指标建设

仓储行业作为一个成熟的行业，已经建立起仓储绩效指标体系。

（一）仓储绩效指标选择

仓储绩效指标包括人力资源、仓库、机械、服务与财务五大类，每个大类对应若干具体指标，共 15 项。每类指标之间既相对独立，又相互关联、相互影响。

表 9 – 1　　　　　　　　　　　　仓储绩效指标分类

类型	指标
人力资源	人均日分拣量 人均日加工量 人均小时订单录入量 人均吞吐量 人均仓储收入
仓库	仓库面积（容积、货位）利用率 库存周转次数 单位面积能耗 单位面积产值
机械	机械化作业率
服务	加工包装率 配送率
财务	收入利润率 净资产收益率 利润增长率

根据各项指标的属性及其相互关系，仓储绩效指标包括财务绩效、管理绩效和作业绩效共三级指标，每级指标对应若干具体指标，共 15 项。财务绩效是最终绩效，是管理绩效与作业绩效的综合反映；作业绩效在一定程度上决定管理绩效，管理绩效直接决定财务绩效。

表 9 – 2　　　　　　　　　　　　仓储绩效指标分级

级别及名称	具体指标
一级：财务绩效	收入利润率 净资产收益率 人均仓储收入 单位面积产值 利润增长率
二级：管理绩效	仓库面积（容积、货位）利用率 库存周转次数 机械化作业率 加工包装率 配送率 单位面积能耗
三级：作业绩效	人均日分拣量 人均日加工量 人均小时订单录入量 人均吞吐量

（二）仓储绩效具体指标

1. **收入利润率**：仓储型物流企业的利润与收入的比率。用以反映企业收入与利润之间的关系。

$$收入利润率 = \frac{年利润总额}{年仓储总收入} \times 100\%$$

式中：年仓储总收入包含仓库租金以及出入库、装卸、搬运、加工包装、质押监管、配送、信息资讯等与仓储相关的所有服务性收入，但不含仓储企业兼营的商品贸易收入、与仓储货物没有连带关系的运输收入。年利润总额的口径与总收入的口径相同。

2. **净资产收益率**：净利润与平均所有者权益（净资产）的百分比，是公司税后利润除以净资产得到的百分比率，用以衡量公司运用自有资本的效率。

$$净资产收益率 = \frac{净利润}{平均所有者权益} \times 100\%$$

3. **人均仓储收入**：企业全体员工年人均仓储收入。

$$人均仓储收入（人均产值）= \frac{年仓储总收入}{年仓储从业人员平均人数}$$

4. **单位面积产值**：每万平方米仓储面积年总收入。

$$单位面积产值 = \frac{年仓储总收入}{仓储总面积}$$

式中：仓储总面积是指建筑面积，以万平方米为单位。

5. **利润增长率**：利润增长额与上年利润之比，用以衡量利润增长速度。

$$利润增长率 = \frac{当年利润总额 - 上年利润总额}{上年利润总额} \times 100\%$$

6. **仓库面积（容积、货位）利用率**：实际使用仓储面积（容积、货位）占仓储总面积（容积、货位）的比例。

$$仓储面积（容积、货位）利用率 = \frac{实际使用面积（容积、货位）}{仓储可使用总面积（容积、货位）} \times 100\%$$

7. **库存周转次数**：年发货总量与年平均储存量的比值。库存周转次数越多，表明仓储企业的效率与效益越高，也表明货主企业的资金周转越快、资金使用成本越低。

$$库存周次数 = \frac{年总发货量}{年平均储存量}$$

8. **机械化作业率**：使用机械作业总量占货物吞吐总量的比例。

$$机械化作业率 = \frac{使用机械作业总量}{货物吞吐总量} \times 100\%$$

9. **加工包装率**：年加工包装总量占年储存总量的比率。

$$加工包装率 = \frac{年加工包装总量}{年储存总量} \times 100\%$$

10. **配送率**：仓储型物流企业年配送总量占年出库总量的比例。

$$配送率 = \frac{年配送总量}{年出库总量} \times 100\%$$

式中：配送量既包括仓储型物流企业自有车辆配送量，也包括利用社会车辆组织的配送量，但不含货主企业自提的货量。

11. 单位面积能耗：单位面积年消耗的能源量（水、电、油）。

$$单位面积能耗（水、电、油）= \frac{年能耗总量（水、电、油）}{仓储总面积}$$

式中：仓储总面积，以万平方米为单位。

12. 人均日分拣量：仓储型物流企业人均日分拣总量，即叉车拣货量、人工整件拣货量、人工拆零拣货量。

$$每台叉车日均拣货量 = \frac{年叉车拣货总量（吨、立方米、托盘）}{叉车台数 × 年工作日}$$

$$人均日整件拣货量 = \frac{年整件拣货总量}{作业人员总人数 × 年工作日}$$

$$人均日拆零拣货量 = \frac{年拆零拣货总量}{作业人员总人数 × 年工作日}$$

13. 人均日加工量：仓储型物流企业人均日加工包装量。

$$人均日加工量 = \frac{年加工总量}{作业人员总人数 × 年工作日}$$

14. 人均小时订单录入量。

$$人均小时订单录入量 = \frac{年订单录入总量}{作业人员总人数 × 年总工作小时数}$$

15. 人均吞吐量：指仓储从业人员年平均吞吐量。

$$人均吞吐量 = \frac{货物吞吐总量}{年仓储从业人员平均人数}$$

（三）金融仓储业绩效指标

金融仓储作为仓储业的新业态，其从事的业务决定其绩效指标不能完全照搬仓储企业绩效指标，必须体现金融属性。所以金融仓储在开拓市场的同时，各企业需要将绩效管理摆在一定的位置，随着新行业的发展，形成新的行业绩效指标标准，只有这样，金融仓储的持续发展才有保证。

第四节 金融仓储企业文化

企业文化是企业战略发展过程中不可忽视的一个重要组成部分，尤其是企业文化建设对绩效管理有着深层次和长远的影响，因此企业绩效管理要自始至终贯穿着企业文化的建设。

一、企业文化的概念

（一）文化

"文化"源于拉丁文。原意是耕作、培养、教育、发展、尊重，它有广义和狭义之分。广义的文化是社会和人类历史发展到一定阶段的产物，它表现为人们进行生产生活的种种类型和形式。如中国的万里长城、古埃及的金字塔都是古老文化的象征。狭义的文化一般指人们的精神生活的领域，它具有历史性、连续性、地域性、群体性等特点。

（二）企业文化的内涵

随着人力资源管理理念逐渐被国内企业熟知和接受，有一个新的名词"企业文化"也走进了人们的视野。如今，人力资源管理各个管理方向，包括招聘、培训、考核、薪酬等都可以具体量化，但管理者发现，这些方向可以作为管理人、发现人、约束人的手段，但关于人的问题并不能仅仅靠这些工具来解决，关注人的内心世界、情感归属，让企业大部分的人都拥有共同的目标、相似的价值观才能实现企业的最大价值，于是，企业文化孕育而生。

企业文化是企业在长期生产经营管理活动中，自觉形成的并为广大员工恪守的经营宗旨、价值观念和道德行为准则，是企业独具特色的思想意识、价值观念和行为习惯，它的内容包括价值观念、经营哲学、企业精神、企业道德、企业制度、企业目标、企业文化载体等。价值观是这种理论的核心内容，它决定了理论的其他任何部分的运作和表现。作为独立经营的经济实体，作为由人所组成的为实现某种目的所共同奋斗的团体，必须存在着有企业特色的价值观念、思想意识和行为习惯。因此，所有的企业都有各自的企业文化，企业文化自身没有有无之分，只有优劣之别。企业文化是企业的一种无形资产，有人也称它为企业的"灵魂立法"。企业文化是随着企业诞生产生的一种与其物质基础相适应的微观上层建筑，是一种能增强企业凝聚力、竞争力、创造力、适应力和持久力的各种因素的总和，是一种规范、引导、凝聚和激励员工为实现企业目标而努力奋斗的精神力量。关于企业文化有几点需要注意：（1）企业文化不是知识，而是人们对待知识的态度；（2）企业文化不是企业利润，而是人们对利润追求的心理；（3）企业文化不是舒适的环境，而是人们对环境的感情；（4）企业文化不是管理，而是造就管理模式的氛围。

二、金融仓储企业文化应具有的特征

1. 公平、公正。奖惩分明，创造一种公平考核的环境，制造一种主动沟通的氛围。对员工的考核必须做到公平、公正，这样既能创造一种和谐融洽的工作氛围，又能促进上下级的双向交流，有助于提高员工绩效。

2. 鼓励学习。鼓励员工积极学习的企业文化，能为员工提供必要的学习、培训机会，使员工不断提高素质。通过营造学习型企业的工作氛围和企业文化，引导员工不断学习，不断进步，以满足员工成长和发展的需要，从而使企业持续长久发展。

3. 适当竞争。创造一种和睦竞争的工作氛围，如考核中适当采用相对考核方式，把属于同一工作水平的员工放在一起评比，因为比较的立基点一致，所以能较科学判断每个人在该工作领域的表现。

4. 使工作丰富化。这里的工作丰富化是指纵向上工作的深化，是工作内容和责任层次上的改变，通过让员工更加有责任心地开展工作，使其得到工作本身的激励和成就感。

5. 鼓励承担责任。不仅要增加员工生产的责任，还要增加其控制产品质量、保持生产的计划性、连续性及节奏性的责任，使员工感到自己有责任完成完整工作流程的一个组成部分。同时，增加员工责任意味着降低管理控制成本。

6. 良好的工作环境。高素质人才是企业发展的重要力量，在满足他们自身发展需要的基础上，应创造一种良好的工作环境，特别是精神层面的工作环境，以此来增强企业对高素质人才的吸引力，留住核心员工。

7. 保障股东利益。通过满足客户的需求与期望，增强企业在客户中的信任度和美誉度，以此获得客户的回报，为企业创造更多的价值，确保合理的商业利润以保证股东的利益。

【阅读链接】 **浙江涌金仓储股份有限公司的企业文化**

企业宗旨：金融仓储成长仓储金融

公司信条：诚也是金，信者为储

经营方针：诚信、安全、规范、发展

经营理念：浙江金储——让你的动产动起来

社会理念：激活动产资源，促进诚信文明

管理理念：像管银行金库一样管仓库

像管银行账一样管仓库账

像管汇票一样管金储仓单

像银行一样打造仓储品牌

企业精神：创新、卓越、严谨、和谐

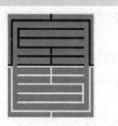

企业文化——标志

1. 标志主体由上下两个《曹全书》"金"字变体铁线构成电子存储器图案，意寓"金储"。

2. 图案黑白线条运用阴阳篆刻中国印造型，象征诚信，凸显"诚也是金，信者为储"的公司信条。

3. 黑金意指高贵和时尚，白金表示品质和力度，黄金寓示价值和真诚，三金合一象征公司强烈的品牌追求。

4. 图案上下两部分紧密相连，丝丝入扣，如百宝箱之将军扣，意指安全。

5. 图案全貌规整呈长方形，表示公司治理规范，经营稳健。

6. 图案上下两部分黑白分明，取旋转180度倒影之势，象征货物和资金互换的金融仓储之社会功能。

7. 图案主色调选用的金黄色通常表示丰收、财富、精华、生命，寓意公司业绩可持续和高成长。

三、金融仓储企业绩效文化

绩效文化是指企业基于长远发展方向和愿景，通过对公司战略、人力资源、财务、团队建设等一系列有效的整合与绩效评价、考核体系的建立与完善，让员工逐步确立起企业所倡导的共同价值观，逐步形成以追求高绩效为核心的优秀企业文化。具体表现为组织的简约，流程的畅通，工艺的改进，工作的熟练，员工的职业化等。培养金融仓储企业的绩效文化，应在以下方面进行尝试和努力。

1. 企业管理重点必须放在绩效上。对企业和每个员工来说，企业管理的第一目标就是追求优良的绩效。首先在观念上要追求绩效的高标准，绩效文化鼓励设定有挑战性的高标准目标，利用一切手段、动员所有的资源为达成这个目标而奋斗。

2. 绩效管理考察的重点必须放在机会上，而不单是放在问题上。但取得绩效并不单是追求成功的结果，还要考察过程，其中允许有错误甚至失败；但对于机会轻易放弃、不思进取是绩效文化所反对的。

3. 绩效文化体现企业的价值观，如人对岗位的匹配、薪资报酬、升迁、培养、奖惩和离职等，都必须在绩效管理的原则指导下进行，绩效管理是企业调整员工行为价值取向的有效手段。

4. 绩效文化首先是提出对企业的要求，企业必须首先确定企业级的绩效指标，也就是企业将自己的愿景、战略、目标、方针策略用绩效指标的形式表达出来，让每个员工明白地看到大方向和大目标，从而理解自己的小指标，可能员工的具体指标与企业的大指标在描述上不同，但都是为企业大指标服务的。

5. 绩效文化鼓励创新的行为，因为这是企业维持长久竞争能力的基础。每一个企业管理者都经常会受到"但求无过"的思想支配，如果企业管理层把没有短处看成了长处，不敢于经常挑战创新和高目标，这样的企业绩效氛围可能会使具有创新精神的员工失望并使其士气低落。对于创新的过程而言，应允许发明创造者有犯错误的权利，因为在创新中犯错误标志着他正在不断地创新，由此带来新的成功机会也会比较大。

6. 绩效文化有利于稳定成员关系。一个人如果长期绩效不能达到一定的标准，就应该考虑调换他的岗位，这是对员工负责。一个不能胜任其岗位工作的人会感到烦恼、困惑和焦虑，把他安排在不能胜任的岗位上，对他和企业来说都是不负责任的。如果人与岗位不匹配，那是迁就低能而不是同情，也是管理者的失职，这是绩效文化所反对的。绩效文化提倡企业中的每一个成员为了对其他成员负责，必须要努力达成绩效，在绩效管理中既有对个人的绩效评估，也有对团队绩效的评估。如果一个经理人或专业人士绩效不好，整个部门都会受到较大损害，即一荣俱荣，一损俱损。团队精神是所有企业文化中都要求的内容，这里强调的是一种相当于"连带责任"的企业成员之间的绩效默契。

金融仓储企业还是新生事物，发展壮大还有很长的路要走，绩效建设和文化建设也应该同步跟进。金融仓储企业应借鉴一些先进的经验，结合金融仓储服务自身的特点，构建独立的企业绩效文化，最终形成高绩效的优质企业文化。

【推荐阅读】

1. 张弘：《人力资源管理与企业绩效》，北京，企业管理出版社，2010。
2. 朱成全：《企业文化概论》，大连，东北财经大学出版社，2010。
3. 安贺新：《服务营销实务》，北京，清华大学出版社，2011。
4. 牛鱼龙：《怎样成为物流人才》，深圳，海天出版社，2004。
5. 周晓明、唐小飞：《金融服务营销》，北京，机械工业出版社，2010。

第十章

仓储金融体系
的构建

CANGCHU JINRONG TIXI
DE GOUJIAN

第一节 仓储金融体系

一、仓储金融的定义

仓储金融是银行等金融机构基于仓储货物等动产物权担保的信贷业务，如动产抵质押项下的贷款、信用证、票据和保函等信用产品。仓储金融是结构融资的一种，是把企业将拥有未来现金流的特定资产剥离出来，设计合理结构，以该特定资产为标的而进行融资。企业将未来可以产生现金流的资产进行质押，质押资产的产权结构被重新安排在银行、质押管理者之间。由于银行精力、专业水平有限和对中小企业信用评估不高，同时也为了杜绝银行内部管理上的漏洞，引入外部监督机制，降低授信风险，银行只专注对仓储金融融资结构的设计，而把对质押存货的管理外包给专业的管理公司，即质押管理者，通常是仓储物流公司。

在国外，仓储金融服务较早取得进展并初具规模。20世纪初，随着资本主义的迅速发展，一些发达国家就颁布了统一的仓单法案，明确了仓单标准，建立了社会化的仓单系统，建立了较完善的金融服务行业环境，促进了金融服务的进一步发展。随着20世纪70年代现代物流的出现，仓储金融服务开始在中小企业融资过程中发挥着重要的作用。

进入21世纪以来，仓储金融业务被国内银行等金融机构所认识并付诸实践，近年来更逐渐成为银行一个重要的信贷领域。目前仓储金融作为一个较新的领域，在产品体系构建方面还有较大的提升空间。着力构建有效的仓储金融体系，将进一步规范业务秩序、推动业务发展，有利于建立立体、多层次的金融服务体系；有利于形成合理、健康的消费、投资和投机市场秩序；有利于强调物资保证的物质第一性原则，回归实体经济本质，限制虚拟泡沫。

二、仓储金融业务中各方的诉求

（一）银行的诉求

确保抵质押物的合法有效性、抵质押物物权的实际可控性，抵质押物的价值足值性。银行对流动性需求体现在抵质押物的变现能力上，主要关注其变现渠道是否有保障，要求有价有市时能及时买卖，即要求抵质押物能保值、保质、变现、可控。

（二）借款企业的诉求

第一，要求仓储融资手续简便，抵质押限于暂时闲置或经营铺底的动产，不影响正常生产，不增加出质物二次短驳运输；第二，要求仓储融资手续快捷，一至两周内就能完成整个流程；第三，要求低成本控制，享受优惠贷款利率，不接受总财务成本的高企；第四，要求对抵质押物的估值应该客观公允、合理，银行议价在风险大小、期限长短、利率高低、额度大小之间要体现平衡，使融资企业与银行处于平等信贷地位。

（三）市场的诉求

第一，要求从事金融仓储的企业是独立的保管或监管商；第二，要求金融仓储企业是专业的监管服务商，做到监管流程科学有效，服务专业，保证抵质押物可控和生产经营活动正常运行；第三，要求金融仓储企业是独立的信息咨询服务商，提供中性信息并协助银企进行货值管理，做到恰当抵质押率，满足抵质押物的足值性；第四，要求金融仓储企业成为资产保全服务商，能够协助银企；第五，要求金融仓储企业是独立的风险管理商，能实际降低银行动产信贷风险。

三、仓储金融的融资结构

仓储金融的融资结构包括四个方面：基于质押存货的产权结构、融资额度（即风险敞口、风险暴露）和偿还结构、费用结构、风险规避结构。这些结构的制定是在银行、融资者和金融仓储动产监管共同参与下完成的，体现为三者之间的合约。

（一）基于质押存货的产权结构

产权结构的设计原则是保障银行的基于存货的预期现金流的不中断及足值和借债者交易（包括生产）的顺利进行。一般的结构模式是借贷方将存货占有权让渡给银行，同时又保留一定范围的使用权，银行拥有占有权，在出现预示预期现金流中断或不足值的迹象时，银行有权冻结该资产。但在正常情况下，银行不得对其拥有所有权的存货采取妨碍借贷者正常交易和生产的行动。银行拥有为保证基于存货现金流而针对存货进行管理的权力，又委托质押管理者来执行这种权力，同时拥有在质押管理者失职造成损失时要求其赔偿的权力。质押管理者接受银行委托而拥有针对存货进行管理的权力，即质押管理。

（二）融资额度和偿还结构

传统的融资主要通过两种方式实现：债权融资和股权融资。债权融资将提高融资企业的资产负债率，而过高的资产负债率将降低企业的信用级别；股权融资增加企业对股东的责任，从而增加其盈利压力。仓储金融的结构融资因使融资方免受这两方面的负面影响而拥有明显的优势。

对贷出方，因为有质押资产的预期现金流作保障，其信用风险大大降低，从而可以以一个相对较低的利率放出贷款。对借贷方，结构融资可以提高其贷款可获得性、降低其融资成本及优化其资产结构。根据质押存货市场价值的最低预期（即未来基于质押资产现金流的最低预期）以及企业的信用级别，银行按一定利率水平提供相应的融资额度，同时，确定借贷者的偿还方式。在一些结构融资中，通常是用质押存货的未来现金流直接偿付。

（三）费用结构

仓储金融的标的包括订单、存货、设备、应收账款等供应链各环节的资产。仓储金融就是以存货为标的的结构融资。一般地，包括除生产流程中的整个供应链中的存货。将进入生产流程的存货除去，因为生产过程中原材料、半成品、成品等存货变动频繁难于跟踪和盘点。当然，如果存在可靠的对数量和价值的计量方法，生产流程中的存货也可以用于仓储金融。目前开展的仓储金融业务从盈利模式上分类主要有三种：一是纯监管业务模式，仓库只承担货物监管责任，可从客户处收取一定的监管费；二是仓库代替银行向客户融资，开展质押业务，获取利差；三是买方信贷（也称保兑仓），需按照一定的费率向买方征收管理费、承担费等相关费用。由此可以看出，费用结构决定了仓储金融中各类费用的责任承担，包括法律费用、保险费用、质押管理费用等。

（四）风险规避结构

对于信用级别比较低的一些企业，如中小企业和资产负债率比较高的企业，在传统方式下很难争取到贷款，国内的这种局面尤为严重，而结构融资则可以通过有效降低银行面临的信用风险而解决这一难题。同时，因为银行可以在结构融资中要求相对传统贷款方式较低的利率，所以借贷方进行结构融资的成本也相对降低。同时，银行通过确定融资结构中的风险规避方式，包括购买保险、使用衍生工具，以及提供相关担保等。针对不同的货物类别和同类存货所处的供应链的不同环节，将有不同的仓储金融融资结构设计，这些不同结构类别也就构成了不同的仓储金融产品。

四、金融仓储推动仓储金融实践

（一）动产抵质押仓储金融业务的发展空间

金融仓储业务也客观上推动了动产抵质押仓储金融业务的发展。以杭州市为例，在2008年以前，只有个别银行经营仓储金融业务，贷款覆盖面小。而金融仓储业务在2008年3月由浙江涌金仓储股份有限公司推出后，促进了杭州地区银行机构开展仓储金融业务，仓储金融业务在杭州以每年30%以上的速度增长。仓储金融不存在技术壁垒，具有可复制性和普遍推广性，正在被我国商业银行接受和采纳，动产抵质押市场巨大的发展空间为我国仓储金融的发展提供了充足的市场保障。

（二）仓单质押仓储金融业务的前景优势

仓单对应的是其背后广袤的社会动产资源。规范、便捷的仓单交易业务系统，是动产与金融连接的关键一环。仓单交易尤其是仓单质押，能在盘活动产资源、促进社会动产资源的优化配置方面发挥积极作用。在国外发达市场，仓单质押贷款已在整个贷款体系中占有相当的比重。

中小微企业贷款难，往往因为相对大企业，小微企业生命周期较短，小企业的破产率更高，风险更大。研究结果显示，一般小企业创办 5 年内的死亡率高达 30%～50%。同时中小微企业、银行或其他投资者间存在严重的信息不对称，导致逆向选择和道德风险，信贷风险较高。大多数小微企业财务状况的透明度不高，内部的监督制衡机制不够完善，财务制度也不够规范，这使得银行在尽职调查时很难获得充分有效的信息。同时，银行为加强风险管理，降低贷款风险容忍度，推行严格的责任追究。这种趋利避害的信贷管理机制，迫使银行会放弃小微企业。

而采用仓单质押贷款方式，银行主要以柜面审查为主，现场查勘为辅，可简化放贷程序，加快放贷速度，同时有足值的质押物充当贷款保证。在发生风险时，可通过折价转让仓单弥补贷款损失。可以预见，仓单质押业务将逐步成为银行等金融机构的重要业务产品。以仓单为标的的金融业务新品种的创新，业务拓展潜力将非常巨大。例如，可采用仓单银行模式，通过签订三方或四方协议，实现对仓单或质物的控制来发放信贷资金支持企业购销货，把资金流、信息流和货流统一起来，达到一个银行、企业、仓储企业的共赢，在培育优质客户、提高贷款信度等方面有着积极作用。

第二节　我国仓储金融的发展现状及趋势

自 20 世纪 90 年代末起，沿海的一些银行和大型物流仓储企业合作，借鉴西方的经验积极地进行了仓储金融创新。其中，中国物资储运总公司（以下简称中储）是我国这一领域的先行者，中储在 1999 年就与银行合作开展了我国第一单现代化的仓储金融业务，发展到现在，仓储金融服务已经是中储的核心业务之一。专业性的金融仓储公司则是 2007 年《物权法》颁布后产生的。

一、我国仓储金融服务的发展特征

（一）法律与行业环境逐渐改善，但配套措施仍需完善

在我国现代仓储金融服务发展的初始阶段，只有《合同法》和《担保法》中的某些条款能够作为法律上的依据来判定相关业务纠纷的法律属性，相关的物权登记制度也是混乱低效，缺乏统一公开的物权公示性备案系统。处理业务纠纷多采取法庭程序，执行过程低效、高成本，存在着许多不可预见因素，使得债务人违约时造成的债权人损失很大。如今，《担保法》、《物权法》等法律体系已经健全，为动产质押担保方式推广应用提供了法律保障。如果说 1995 年的《担保法》解决了动产质押、权利质押的一些基本问题，那么 2007 年的《物权法》可以说初步建立了动产质押制度。

但总的来说，我国仓储金融服务在制度环境的支持方面还远远不够，主要表现在：仓单不标准且缺少流通性；第三方中介机构缺乏专业技能和诚信，参与仓储金融服务的物流仓储企业鱼龙混杂，缺乏相应的行业规范，甚至出现了借款人和仓储物流企业联合欺诈银行的现象；各融资主体还缺乏必要的业务信息共享，相关的业务操作流程混乱且标准不统一。这些都表明我国需要在《物权法》、《担保法》等基本法律基础上对仓储金

融服务的配套措施进行有效完善。

（二）仓储金融服务中介机构快速发展

中国的市场中介机构如国有权属认定、价格评估、公正法律、会计审计、税收筹划、资产评估等企业的建立和发展形成了一整套的社会服务管理系统，为仓储金融有序操作提供了专业性的技术保障，有效地弥补了银行在这方面的不足，银行通过开发仓储金融业务，并对整个流程整合实现多功能、全方位的资产管理，推动动产质押担保业务的社会化和专业化。

（三）仓储金融模式不断创新，总体规模发展迅速

伴随着我国经济的持续增长和银行的改革创新，我国仓储金融模式不断创新，在很大程度上支持了流通企业的运营。随着仓储金融模式的创新，我国仓储金融的质物品种得到了很大的拓展，已从初期几个有限的品种，拓展到了各种质地稳定、市场价格波动小、变现能力强的工业原料、农产品和大量消费产品，如黑色金属、有色金属、建材、化工原料（化工粒子、化肥）、木材等，甚至随着业务逐步成熟，新开发了汽车、纸张、家电、食品等品种，而融资的对象也随着风险控制水平的提高和创新模式的涌现获得了极大的拓展，这些都使得我国仓储金融服务的总体规模发展非常迅速。

（四）仓储金融服务呈现了不均衡的发展态势

随着我国现代物流的跨越式发展，为物流提供配套服务的仓储金融发展非常迅速，短短的十几年就经历了西方国家 200 多年走过的历程，因此我们国家仓储金融服务在地域上呈现出不均衡的发展态势，主要表现在：沿海的服务模式和发展水平明显领先内地和西部地区，形成了初级、中级与高级等多种形式的仓储金融模式在我国共存的格局，下一步需要重点推进仓储金融在支持西部落后地区经济发展、支持"三农"产业发展中的作用。

（五）仓储金融服务监管模式根据客户需求越来越动态化

经过 10 多年的发展，我国仓储金融服务越来越贴近借款企业的需求，已经从初期的自有仓库监管向库外仓库监管发展，从初期的静态质押监管，发展成为包括循环质押（滚动质押）、置换仓单质押、信用或保证金置换仓单质押和动态控制存量下限质押（流动质押）等多种形式的动态质押模式，这些监管模式的动态化有效地支持了借款企业的日常运营。

（六）风险控制一直是业务发展的关键

仓储金融服务过程中，存在着法律风险、操作风险、借款人信用风险以及质押物价格风险和流动性风险等，能否对这些风险进行细致的识别和评估，并进行有效的控制一直影响着仓储金融服务的健康发展，因此风险控制可以说是影响仓储金融服务水平的关键因素。

（七）仓储金融对中小企业的吸引力与时俱增

第一，这一业务模式对于企业而言极为便捷，有效地盘活了企业存货。对企业考核、认证、进行货物的进驻监管后，银行根据第三方仓储公司提供的仓单，为企业提供贷款，企业从申请报批到拿到贷款最快可在 12 小时内完成。而且，这一快捷的模式并

不会大幅度增加企业融资成本。这种快速的授信方式，对中小企业而言，有着超乎寻常的吸引力，因为对于中小企业而言，货币的时间价值更大，时间就意味着商机、市场和利润。

第二，规避产品的价格风险。目前我国在有色金属等产品上推出了期货产品，但仍有很多大宗产品还没有推出期货产品，而仓储金融业务恰恰可以起到类似的作用。比如，当一些企业预计成品油价将要上调，可以进行油品的仓储质押贷款。这就保证了企业获得油价上涨收益的同时，又避免了近期资金周转的不畅。

第三，有效解决了企业买卖双方的资金节点问题。在市场不确定和信息不对称情况下，交易双方都不敢贸然发放货物或货款。引入仓储金融之后，在真实的贸易背景下，买方以未来仓单向银行申请贷款的拟购买货物质押，银行可以替买方向卖方预付货款，从而推动交易顺利进行。

二、金融危机对仓储金融服务的影响

（一）金融创新与金融危机

金融创新是金融企业发展的原动力，但金融创新在推动经济快速发展的同时也增大了不稳定性。金融创新没有割断源头风险，反而模糊了风险界限。金融创新特别是金融工具创新，其本意是提供风险分散或对冲的手段，减少未来的不确定性，也起到改善资产负债结构的作用。但金融工具创新不会100%冲销风险，反而因其复杂性和投机特点成为多次危机的导火索。从次贷的衍生产品来看，经过借贷、担保、打包、信用增级、评级、资产组合等各种操作，表面上违约风险被控制在较小范围，资产安全性提高了，但当作为基础资产的次级贷款出现致命风险后，所有包含次级贷款成分的产品就都出了问题，而资产之间的风险关联模糊不清，很多人搞不清楚自己持有的产品包含了多大的次贷成分，又到底能造成多大程度的损失，市场的猜疑和恐慌心理纷纷传播。另外，投资银行激励机制的短期化也让他们更多地从事高风险的金融创新工具交易。

（二）2008年美国金融危机对我国商业银行的启示

1. 商业银行要扮演好自己的角色，把握好信用风险关口。商业银行是储蓄投资转化的中间一环，是经营和管理风险的主体，坚持谨慎的经营理念，履行好自己的基本职能，是防范信用风险的头等大事。"把钱借给还得起钱的人"是商业银行始终应该坚持的基本信条。银行主要的业务是信贷业务，影响最大的还是信用风险。所以，一定要强调信贷业务经营管理中的风险控制，强调审慎、稳健的发展战略，业务管理上要加强市场、行业和区域研究，准确掌握客户信息，选择好市场和客户，把握第一还款来源，确保偿付能力，在经济调整周期更应严格准入标准，并做好贷款担保和抵押的动态管理，不断提高风险预警监控能力，保持信贷业务持续稳定发展。

2. 要处理好创新和规范、发展的关系，不打无准备之仗。次贷危机中破产和受损金融机构最大的教训就是没有把握好创新的"度"。在风险不清的情况下盲目跟进，进入不熟悉和缺乏足够风险控制措施的业务领域。美国的金融机构在此次危机中可以说是集体迷失了，但机构反应不同也导致了最终命运的迥异，有的大型投行存活了下来，很大程度上是因为它们及早撤离，受了伤但毕竟没有倒下去。近年来，我国商业银行对业务和管理创新提出了更高的要求，而创新一定要建立在长期、稳健的发展战略规划之上，树立风险管理理念，建设风险管理文化，按照严格监管标准，确定金融机构的整体风险承受水平，据此确定业务发展规模，并集中主要资源发展熟悉并具有优势的业务。谨慎进入不熟悉的领域，少接触看不清的业务。推进创新和发展新业务时，打好与之相适应的管理架构、信息资源和人员基础。

3. 要认清金融改革和国际化的总趋势，始终做好风险监控和合规管理。次贷危机发展过程中，一些金融机构逃避外部监管、放松风险控制和信息披露的做法，虽然可能在短期内带来利润增加、股价上升，带来资本市场上的领导地位和良好形象，但风险控制放松带来的后果迟早会暴露。中国的金融企业在危机中遭受了一定损失，但程度和影响都比较小，并不是因为境内银行的理念更先进、风险控制手段更完备，也不是从业者比那些华尔街精英们更精明，主要还是中国融入国际金融市场比例较小，经营活动关联程度比较低的原因。

但也应该清醒地认识到，中国金融企业的国际化是一个发展趋势，相信这次金融危机不会是最后一次，在今后融入国际化的过程中，中国的金融企业如何少出问题将是一个重大的考验。面对国际金融动荡局面和国内经济调整因素，一定要认真接受监管部门的监管，贯彻全面风险管理战略，提升风险管理和监控能力，在各项业务中合规、审慎运作，实现长期可持续发展。

（三）全球金融危机更加凸显仓储金融风险控制的重要性

由于2008年国内中小企业的生存危机表现明显，加上金融危机爆发，大宗商品价格跳水，需求委靡，导致仓储金融服务中出现了很多违规操作的现象。为解决政策性压力与贷款风险之间加大的矛盾，金融机构审批仓储金融贷款变得越来越谨慎，风险控制的程序更加严格，这些更加凸显了仓储金融风险控制的重要性。可以说在2008年，宏观环境的变化从整体上降低了金融机构对中小企业的贷款积极性，影响了对中小企业融资的贷款额度，当前银行业的发展思路确保信贷资金更好地投向实体经济，这对于仓储金融服务的发展是好事。

（四）拓展仓储金融服务的仓储物流企业结构发生变化

金融危机加大了实体经济的衰退，这些促使大量仓储物流企业的主营业务尤其是进出口物流业务的缩水，从事低水平服务以及规模较小的仓储物流企业将被市场淘汰，这种局面造成仓储金融服务主体即仓储物流企业的结构也随之变化。金融机构为规避风险和规范操作，将只愿意与实力、规模和资质符合要求的仓储物流企业建立全面合作关系，强强联合搭建仓储金融平台，而且受商品价格与需求的萎缩影响，仓储物流企业的监管风险与成本加大，利润空间进一步压缩，参与仓储金融服务的仓储物流企业有进一步洗牌的趋势。

三、我国仓储金融服务发展趋势

新一轮国际经济结构调整有利于服务业发展，服务业跨国投资及离岸服务外包快速向我国转移，为我国服务业的发展创造了良好机遇。通过金融危机的考验，跨国公司进一步降低成本，以增强竞争能力，将非核心业务进行剥离，这会加快向发展中国家服务外包和对我国产业的转移，金融危机后我国投资环境综合比较优势更加明显，世界500强将会把研发、设计、运营、物流配送等机构设在我国主要城市。仓储金融服务是银行服务外包的一种新形式，银行等金融机构为了提升核心竞争力，将非核心业务外包也是一种趋势，这为我国仓储金融服务的借鉴、发展、创新提供了良好机遇。

我国新一轮的经济转型为服务业发展提供了重要发展机遇，我国已经进入新一轮的结构调整和转型阶段，高污染、高耗能的资本密集型产业和出口导向型的劳动密集型产业需要向技术密集型产业转变。同时，"十二五"期间工业正面临着要素成本上升、环境资源约束和增长空间受限的挑战，需要企业从注重生产环节向生产与服务环节并行的方向转变，实现从"卖产品"到"卖服务"，从制造到服务的转型。服务业特别是生产性服务业的地位变得更为重要和突出，我国已把生产性服务业作为产业结构调整振兴的重要方向之一，而仓储金融服务可以为生产性企业提供优质的监管、保值、融资服务。

仓储金融服务更加贴近客户需求，我国的仓储金融服务将逐渐考虑客户的需要，从传统的单环节服务开始，与应收账款融资等其他物流金融方式结合，与仓储运输、结算、保险等其他环节结合，为客户提供整体的解决方案，我国的仓储金融服务也会呈现出全程化、组合性、无缝化等一系列现代仓储金融服务的特征。现阶段以现货商品交易市场（包括集贸市场和批发市场）为主的中国特色的流通机制，决定了许多仓储金融服务依托现货交易市场开展的格局。而且随着电子交易等现代元素的加入，大宗商品交易市场将获得更加规范健康的发展，这些表明为大宗商品交易市场提供配套服务的仓储金融服务模式仍然是主流模式之一。

从近几年仓储金融业务创新的发展趋势来看，我国仓储金融还处于初期发展阶段，主要从事单一货物质押，今后要朝着更深入的供应链仓储金融服务方向发展，促使静态质押监管向动态质押监管发展，流通型客户向生产型客户发展，现货质押向买方信贷发展，单一环节向供应链全过程发展。随着现代金融制度及管理模式的创新，金融体制必将发生深刻的变革，而这种变革又将带来更加适合竞争与发展的新型金融管理模式。这种新型的金融体制和管理模式必将为仓储物流业的发展创造更加良好的服务环境，提供更加新型的服务技术，开辟更加多样化的服务渠道，仓储物流业选择资金的空间也将更加广阔。届时，仓储物流业与金融的合作将更加便利与融洽，仓储金融的发展将迎来新的机遇。

第三节　我国仓储金融体系

一、仓储金融体系的作用

仓储金融的发展过程，也是仓储金融体系形成和完善的过程，仓储金融体系对于我国金融服务体系、金融市场体系以及金融监管体系等都会产生一系列影响。

（一）有利于建立立体、多层次的金融服务体系

由于社会经济发展结构的复杂性和层次性，特别是中小企业发展对金融服务的迫切需求，以及金融发展本身的规律性要求，只有构建多层次的金融服务体系，才能满足社

会经济健康、有序、和谐发展的要求。

仓储金融是金融服务体系的重要一环。仓储金融业务的开展，有利于银行建立完善信用、不动产、动产、联保等多种方式为一体的信贷服务，同时也有利于担保、典当、小额贷款公司等类金融机构开展贷款业务，让各类企业都能依据自身实际情况，选择贷款渠道和贷款方式，这对形成立体的、多层次的金融服务体系裨益良多。

（二）有利于建立合理健康的消费、投资和投机市场体系

规范化、完善的仓储金融体系，将有助于为仓储动产市场建立合理健康的消费、投资和投机市场秩序。在动产市场中，普通的投资和消费应该受到鼓励，合理适度的投机也应在允许范围内。市场中不能也不可能没有投机，就像一个城市没有垃圾场去专门收纳垃圾，将全城满街是垃圾。但不能鼓励全民投机，尤其是关系到国计民生的产品，如粮食、原油等，更不能炒作。市场需要的是合理的投机空间，比如对一些艺术品、收藏品等，在这个领域完全可以鼓励资金去投机、去炒作，让其成为社会富余资金的"蓄水池"，这不仅无害于社会大众的利益，反而还有利于保持稳定的经济秩序。

（三）有利于引导银行金融机构回归实体经济本质，抑制泡沫性虚假繁荣

近年来，金融监管部门不断强调商业银行应加快转变发展方式，回归银行业服务实体经济的本质，真正满足经济社会和企业居民的金融需求。

在商品货币经济条件下，物资运动决定着资金运动，而资金运动也反作用于物资运动。银行贷款实际上是通过发放货币资金间接把相应的物资分配出去，以供生产和流通过程的需要。如果工业企业周转贷款没有物资保证，就说明资金运动与物资运动脱节，意味着贷款被不合理地占用。在计划经济时代，检查贷款的物资保证，是对企业进行信贷监督的主要手段之一。贷款要有物资保证，是指贷款的发放、使用和归还要与借款方的借款用于生产经营所需要的物资流通相结合，借款额度的增减与物资储备相适应。

当前，物资保证原理仍有其合理性。发展仓储金融业务模式即是强调物资保证的物质第一性原则。从仓储金融此项业务的情况来看，它是与社会物资紧密联系的，也就是强调银行贷款的物资保证。要求贷款与物资相对应，避免企业贷款资金用于过度投机和盲目投资，则可有效降低虚拟泡沫的产生，对监管体系起到积极推进作用。

二、中国仓储金融体系的构建

仓储金融体系的构建需要一个循序渐进的过程，从实施难易程度来分，可以分为三个层次：首先是完善动产抵押仓储金融业务，拓展仓单质押金融业务；其次是开展仓单项下金融产品交易；最后是开展仓单类衍生产品交易，即仓单投资、仓单交易、仓单信托和仓单理财等。

（一）第Ⅰ层次：完善动产抵押仓储金融业务，积极拓展仓单质押仓储金融业务

1. 仓储金融业务产品体系拓展。从仓储金融产品实践来看，已经从单一的动产抵质押贷款，发展到覆盖银行贷款、信用证、银行承兑汇票、保函等业务品种的各类综合解决方案，包括代理采购、卖方信贷等。从单一库点质押，向供应链全程发展，在原材料采购、加工、运输、仓储、产成品流通等各环节上，均可产生质押业务。为企业客户提供贴合其需要的丰富的产品服务的同时，也从安全性方面为银行树立了坚实的保障。

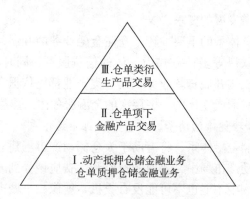

图 10 – 1　仓储金融体系的三个层次

2. 仓储金融业务机构主体拓展。随着仓储金融业务的快速发展和其体现的良好前景，除银行外，信托、私募基金也逐步介入这一领域，担保、典当、小额贷款公司等类金融机构和民间资本、贸易公司也纷纷涉足，另外保险、评估等机构也参与提供相关服务。由于各类业务主体的积极参与，这个领域正在形成一个完善的金融生态系统。

3. 仓储金融业务领域拓展。从业务领域来看，从大宗基础原材料如钢材、有色金属、化纤纺织、粮食等，发展到通用消费品如汽车、家电、建筑石材、蜂蜜、火腿、冷冻水产品，乃至艺术品和收藏品，如红木家具、原木、青瓷、书画、黄金等。从本地到异地、从加工业到养殖业、从存货就地监管模式到仓单质押模式，只要符合"保值、保质、易变现"的要求，仓储金融业务就可以发挥相应作用。

仓储融资企业可根据需要选择合适产品：季节性生产或销售企业，可选择仓单质押业务；正常生产经营中铺底性流动资产（即存货）较高的企业，可选择动产抵押业务；快速成长期或规模化经营企业，适合动产抵押、先票后货等；对有临时头寸性需求的企业，动产抵押或仓单质押兼可；收藏类群体，适用仓单质押业务。

（二）第Ⅱ层次：仓单项下金融产品交易

仓单的实质就是动产票据化，可以从以下几个途径扩大其应用范围。一是人民银行再贷款。再贷款是指人民银行根据商业银行等金融机构持有的仓单头寸情况，以其为质押担保发放的贷款。二是商业银行间的转贷款。转贷款是指商业银行以仓单为质押物，向其他银行或金融机构融资，并将所得资金转贷给企业，获取贷款利差。三是仓单贷款回购。即指仓单质押贷款正回购方将其持有的已贴现的仓单向逆回购方申请贴现，逆回购方按票面金额以双方商定的回购期限和价格扣除回购利息后向正回购方给付资金，回购到期后正回购方按票面金额向逆回购方购回仓单的融资行为。总之，在质押仓单背景下，有望便捷、安全、高效地开展一系列金融产品的交易。

（三）第Ⅲ层次：仓单类衍生产品交易

随着仓单作为可交易的物权凭证在社会中被普遍认可，以仓单为基础，开发出仓单投资、仓单交易、仓单信托、仓单理财等金融衍生产品。

仓单类衍生产品主要基于仓单对应动产的保值收益、仓单回购产生的差价或者现货的套期保值。仓单衍生产品的出现也为直接融资开辟了新的渠道，减少交易环节，降低交易成本，顺应了社会经济发展的整体趋势。

三、构建仓储金融体系的制度准备

（一）仓储金融规范化与标准化

任何业务的发展，必须建立在标准化和规范化的基础上。仓储金融需要规范业务流程，加快推行仓单国家标准、仓储业管理办法和金融仓储业务规范等法规和标准。

中国仓储协会、浙江金储公司、工商银行总行、上海期货交易所等单位正在起草、即将推行的仓单国家标准对仓单要素及格式做了统一规定，按标准指定的仓单，可用于仓单交易、质押、期货交易等多领域，所以推行仓单国家标准将有助于该业务领域的深入开展，将对动产抵质押仓储金融业务作进一步规范和管理。

应建立社会统一的仓单登记查询系统，可纳入人民银行征信系统建设工作。由人民银行征信中心统一运行的全国集中统一的企业和个人征信系统，已经成为我国社会信用体系中的重要基础设施，已经成为商业银行贷前审查的必经环节，在商业银行贷后管理中也发挥着重要作用。同样，建立社会统一的仓单登记查询系统，发挥其公示平台作用，也将极大地推动仓储金融市场的规范化发展，促进动产物权的有序流动。

（二）提高金融监管的效率

金融监管是一国金融监管当局为实现宏观经济和金融目标，依据法律法规对全国银行和其他金融机构及其金融活动实施监督管理的总称。它作为政府提供的一种纠正市场失灵现象的金融制度安排，目的是最大限度地提高金融体系的效率和稳定性。一国的金融监管体制从根本上是由本国的政治经济体制和金融发展状况所决定的，判断一国金融监管体制有效与否，关键在于它能否保证该金融体系的安全运行和能否适应该国金融业的发展水平。

对于仓储金融业务，金融监管部门应在审批标准、操作程序、风险控制、贷后管理以及中介机构的选择等方面制定指引性文件，并采用差别化监管政策，进一步提升监管效率，灵活务实地支持仓储金融业务的发展，从而加大力度支持实体经济的发展。金融监管还应当随着仓储金融市场的发展而不断调整和优化，监管体系有必要从过去强调针对机构进行监管的模式向功能监管模式过渡。同时进一步加强监管的协调，协调监管主体的权责，金融监管随着市场发展变化不断调整，市场规则不断完善，将成为一种常态。

（三）建立和激活动产产权交易市场

目前仓储质押动产的产权交易市场还属于空白。在开展仓储金融具体业务过程中，当债务人出现无法偿还贷款的情况时，动产的质权人或抵押权人仍需自主寻找受让方，或委托其他机构进行处置，这降低了其资金回收的效率。因此亟须建立专业的动产产权交易市场，能为各类动产资产的退出提供畅通的渠道。还应通过引入各类交易主体，充分发挥产权市场的价格发现、优化资源配置的典型作用，解决市场配套服务功能，促进动产市场的快速发展。

（四）改革完善相关财政税收体系

政府应加大对仓储金融及相关业务的财政税收支持政策，在企业所得税优惠、营业税改增值税的差别影响等方面给予指导和支持。在财政方面，可以通过政府风险引导资金、专项再担保基金、财政奖励等方式，用政府这只"有形的手"进行鼓励。通过税收优惠、财政补贴等方式帮助此类新型融资产品模式的发展，也间接对中小微企业的发展起到支持的作用，支持一大批优质中小微企业成长。

（五）增强信用或信用保证

应该认识到增强信用或信用保证是仓储融资顺利推行的一项重要保障制度。国外动产质押发展初期，政府为提升企业信用给予信用担保，不仅可以增强融资者信心，还给金融机构贷款提供了政府保证。借鉴国外，我国为使动产质押融资制度健康发展，国家应同时实施诚信立法，依法建立专门的信用担保机构，以法律形式保障专项担保基金的来源，假如中小企业在动产进行质押融资出现信用不足时，可由信用担保机构或担保基金为其提供担保。

（六）加强市场中介对动产质押非金融环节的配套作用

比如对质物进行有无法律瑕疵验证、资产价值评估、质物监管处置等关键环节的合法性审查，对动产价值进行判断可能影响到应收账款、知识产权等无形动产的价值，只有建立起客观、公正、独立的监管、评估机构，方能建立起全国统一的价值评估准则，方能提高仓储金融的公信力和市场认同感。

【推荐阅读】

1. 李正辉：《中国金融体系国际竞争力研究》，北京，中国统计出版社，2008。
2. 樊纲：《中国应对金融危机2009》，北京，中国经济出版社，2010。

第十一章

金融仓储
产业的发展
JINRONG CANGCHU
CHANYE DE FAZHAN

金融仓储这种商业模式是从 2008 年金融危机后开始大量出现的，主要集中在中小企业发达的浙江省，发展极为迅速。浙江省以外，不少地区也在政府的推动下成立了金融仓储的试点单位，与当地银行展开合作，一个新的行业俨然进入了发展通道。

第一节　走进金融仓储公司

一、金融仓储先行者——浙江涌金仓储股份有限公司

浙江涌金仓储股份有限公司在国内首创金融仓储模式，于 2008 年 3 月 18 日经浙江省工商局批准注册成立，注册资本金人民币 10 088 万元，总部坐落于杭州市滨江区。公司精心构建严密的动产监管流程，开发标准仓单综合业务系统，专心致力于金融仓储服务。公司始终恪守"诚也是金，信者为储"的企业文化与价值理念，从而在较短时间内获得较大发展，陆续在北京、上海、重庆、沈阳、合肥、南昌、济南、郑州、西安、兰州、哈尔滨和浙江省内主要地市设立了 18 家分支机构。

截至 2012 年 12 月底，公司拥有员工 252 名，人数较 2011 年增长 25%，其中行政人员 103 人（公司本部管理层 21 人，行政人员 35 人；分支机构行政人员 33 人），监管人员 148 人。公司人员构成中，本科以上文化程度有 39 人，并且管理层绝大部分拥有深厚的银行从业背景。同时，公司员工日趋年轻化，年龄在 20~40 周岁的有 183 人，占员工人数的 72% 以上。

截至 2012 年 12 月底，公司已经与包括中国工商银行、中国农业发展银行、广发银行、浦发银行、恒丰银行等在内的三十余家银行（合作银行如表 11 - 1 所示）开展动产监管业务合作。公司运营五年多来共有 420 个项目累计获银行授信近 130 亿元，为公司的成长和可持续发展奠定了扎实的基础。公司监管产品的行业涉及黑色和有色金属、造纸、化工、纺织、食品、建材、电子机械、汽车、农产品及养殖、石油、能源、家电、机械设备等十几个；具体监管产品包括钢材、铜、铝、白板纸、纸浆、废纸、冷冻水产、石材、家纺（布匹）、小麦、棉花、汽车、轮胎、酒品、苗木、番茄酱、蜂产品、生猪、火腿、木糖、沥青、煤炭、木材、电子产品等三十余个品种。其中，2008 年帮助中小企业获得授信 1.335 亿元，2009 年 8.17 亿元，2010 年 16.878 亿元，2011 年 44.3112 亿元，2012 年约 60 亿元（如图 11 - 1 所示）。

表 11 - 1　　　　　浙江涌金仓储股份有限公司合作银行（以下排序不分先后）

中国工商银行	中国农业银行	中国银行
国家开发银行	中国农业发展银行	广发银行
平安银行	中信银行	上海浦东发展银行
恒丰银行	上海银行	杭州银行
浙江稠州商业银行	浙江泰隆商业银行	南洋商业银行
杭州联合银行	萧山农村合作银行	桐庐农村合作银行
建德市农村信用合作联社	浙江富阳农村合作银行	嘉善联合村镇银行
长兴联合村镇银行	青田农村合作联社	浙江民泰商业银行
渤海银行	嘉兴银行	金华银行
阜新银行	哈尔滨银行	徽商银行
九江银行	上饶银行	铁岭农村村镇银行
重庆三峡银行	广东南粤银行	本溪市商业银行
洪都农商银行	南昌银行	

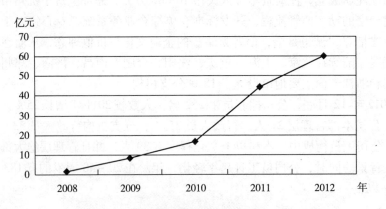

图 11 - 1　金融仓储服务帮助中小企业授信

二、四川省金融仓储摸索前行

四川省金融仓储业务的发展，经历了一个从试点实践到经验成熟，再到规模推广的创新过程。

自 2008 年 11 月 28 日开始，四川上辰金融仓储股份有限公司便开始与广汉市信用联社合作，开展动产质押第三方监管融资业务，即金融仓储业务。经过两年的摸索，至 2010 年 6 月 4 日，四川省农村信用社联合社在四川省广汉市召开信贷支持中小企业金融创新现场会，这次现场会是四川省金融仓储业务成熟的标志。四川省较多中小企业的流动资产占总资产的比重达 70%，金融仓储融资模式为没有或缺乏不动产抵押物而只有动产质押的小微企业开辟了贷款通道，金融仓储业务有效破解了中小企业融资抵押担保困难的瓶颈，同时，通过第三方的专业监控，有效规避了动产质押不便于监管、容易流失的风险，是一种多方共赢的新模式。因此，全省农村信用社系统将全面推广。

四川省政府十分重视创新型金融仓储业务。经四川省经信委、省工商局、省银监局、省金融办、中国银行四川省分行深入地调研、分析，最终形成成熟的金融仓储融资模式，并在全国率先批准注册金融仓储公司。截至 2012 年 4 月，创新型金融仓储业务已先后为四川省 200 余户小微企业贷款超过 10 亿元，"及时雨"般解决了中小企业因缺少固定资产而无法从金融机构贷款的困境，帮助中小企业走上快速发展之路，为四川省经济发展注入了新的活力。目前，四川省内已获批准可开展金融仓储业务的公司有 5 家。

知名学者、重庆工商大学校长杨继瑞教授认为，四川省以动产质押的金融仓储融资模式是解决小微企业贷款难的一种可贵探索。其最大的创新体现在，将小微企业贷款抵押物由不动产扩至动产，架起了中小企业和金融机构之间的桥梁，有效解决了中小企业的"贷款难"和金融机构的"难贷款"，整个链条具有贷款机制必具的三性，即安全性、流动性和盈利性。

四川省政府金融办主任陈跃军指出，正因为金融仓储融资模式可使多方受益，省政府金融办将在对前期审批的金融仓储公司进行进一步规范的基础上，适时增加这类公司的审批，以进一步促进小微企业贷款份额的增加。

三、甘肃省首家金融仓储企业在兰州开业

2012 年 5 月 19 日上午，甘肃省首家专门从事银行动产质押贷款第三方监管业务的金融仓储试点企业——甘肃汇金金融仓储股份有限公司开业。近年来，各级政府出台多项扶持政策，支持中小企业发展。从 2012 年起，甘肃省将实施中小企业成长工程，进一步支持小微企业健康发展。金融仓储正是顺应支持中小企业发展和金融服务业深化改革的政策要求而出现的新兴服务行业。

中小企业之所以融资难，主要是因为中小企业除了存货之外，很难提供银行认可的有效抵押物。金融仓储正是专门服务于动产质押贷款监管业务的现代服务行业。有了金融仓储作为动产质押监管人，可为中小企业和银行之间搭建一个全新的融资平台。作为甘肃省第一家专为银行质押贷款作第三方监管业务的金融仓储试点企业，甘肃汇金金融仓储股份有限公司与一般仓储企业的本质区别是，具有抵（质）押品价值发现、价值维护与价值变现等融资服务功能，是金融与仓储相结合的新兴服务行业。公司主要业务是

为银行提供动产监管和保值服务；为中小企业提供动产存储、质押物融资服务；是集各种动产存储监控、监测分析、评估调配、仓单质押融资于一体的安全可靠、灵活便捷的质物监管服务企业，致力于打造西北金融仓储第一品牌。公司现已与多家银行建立了合作关系，并计划在省内建成10座标准化大型质物监管基地，以便更好地服务甘肃乃至西部地区中小企业发展，促进当地经济的跨越发展。

四、郑州韵达仓储服务有限公司

郑州韵达仓储服务有限公司于2009年4月20日正式成立，是一家以质押货物监管为主营业务的金融仓储监管机构。公司实收注册资本人民币5 003万元，公司与中盐新郑二○六库大型仓库签订长期合作协议，旨在为全省范围内的各类金融机构、中小型企业、小微企业和个体工商户等提供包括动产质押融资、仓储监管、标准仓单质押融资、仓储监管、金融仓储融资咨询服务在内的金融仓储专业性服务及配套金融延伸服务。

公司本着"求真、务实、规范、守信"的经营理念，以科学发展的战略目光关注金融仓储领域的发展商机，在求实创新中不断壮大。矢志营造一个和谐、团结、进取、拼搏的金融仓储服务企业，为实现公司的不断腾飞、金融仓储业的美好未来、银企共赢而不懈努力。

公司团队核心是由一批多年从事金融管理、风险管控、仓储监管等工作的业务骨干构成。公司目前拥有资深资产评估师3名，专业价格信息调查员9名。目前国内对于金融仓储及相关业务在理论和实践上还缺乏统一的认识和规范，公司团队借鉴国外及沿海发达地区成熟运作模式经验，通过与内陆地区同行、各金融机构间的交流和探讨，建立了全新的金融仓储业务运作体系。完善的价值监管体系实时反馈货物的价格波动变化，并针对货物的价格波动变化作出回应以确保货物的价值安全。

五、厦门豫商恒信金融仓储有限公司

厦门豫商恒信金融仓储有限公司是福建省首家金融仓储企业，专业从事金融仓储服务业务。公司总部坐落于厦门经济特区，拥有多年从事金融业的专业团队，军事化的仓储安保队伍，专业化的动产抵质押业务体系，现代化的远程监管系统，严密的动态监管操作流程。公司主要业务范围：动产抵质押融资仓储监管，仓单质押融资监管，仓储物流，金融仓储融资咨询服务等。

豫商恒信金融仓储倾力构建金融机构与企业之间的桥梁，努力盘活企业动产资源，打造现代融资新模式，完善金融机制，以"服务于金融机构"为己任，以"解决中小企业融资难"为使命，秉承"当好行业典范，服务海西建设"的企业宗旨，发扬"锐意进取，开拓创新"的企业精神，坚持"严谨规范，至诚至信，实现共赢"的经营方针，树立"以信为本，恒久发展"的经营理念，拓展企业融资新渠道，为银行财产保驾护航；以金融创新改变融资观念和信贷结构，促进社会经济健康、稳定、持续发展，营造文明诚信的经济环境，为广大金融机构和中小企业提供一流服务，打造海西经济区金融仓储第一品牌。

六、山东信中仓储有限公司

山东信中仓储有限公司是国内领先的企业动产管理和供应链融资服务提供商。公司

根据国内金融市场的发展趋势，借鉴国内外先进金融服务管理理念，立足齐鲁大地，面向全国，致力于金融服务业的创新发展。公司主要解决中小企业融资问题，尤其是充分利用各类企业庞大的动产资源，建立符合各金融企业需要的仓储监管和标准金融仓单。

山东信中仓储有限公司是一个充满生机和蓬勃发展的企业。秉承"知行合一，信誉中国"的企业宗旨，坚持"诚信至上、以人为本、全心全意、持续发展"的经营方针，按照"客户至上，合作共赢"的信条，努力实现"组织系统化、决策科学化、管理规范化、工作程序化、风控标准化"的集团化发展目标。

七、总结

目前很多投资公司和仓储公司都加入到金融仓储的行业，与此同时一些大的物流公司的进入，对金融仓储业的发展也起到了一定的推动作用。到目前为止在中国已经有不下几十家从事金融仓储业务的金融仓储公司、仓储公司、物流公司，它们已经与很多的金融机构，比如上海浦东发展银行、平安银行、广东发展银行、中国银行、中国建设银行等几十家商业银行以及中国农业发展银行等政策性银行建立了合作关系。它们的业务已经由比较易于保值和变现的钢铁等黑色和有色金属发展到造纸、化纺、食品、建材、电子机械、交通、农产品、石油、能源等几十个行业，甚至没有出栏的牛羊以及池塘里的鱼都作为了抵质押品来监管。每年所监管的物品价值总和由几十亿元发展到几千亿元，可见金融仓储大有星火燎原之势。

第二节　金融仓储业发展存在的问题

任何新生事物在其发展的过程中特别是发展的初期，都不是一帆风顺的，都会出现这样那样的问题，金融仓储也不例外。我国金融仓储业发展的过程中存在的问题主要表现在以下几个方面。

一、社会层面

（一）社会各界重视不够

国家有关政府部门出台了许多解决中小企业贷款难、降低银行呆坏账的政策，但未出台鼓励发展仓单质押融资的政策，日前开展仓单质押融资业务多以中小商业银行和分支机构为主，国有商业银行参与不够，部分银行在支持中小企业融资方面往往做做样子，实质力度不够，使得仓储金融资金供给能力不足。

（二）缺乏系统化的监督管理机制

银行在金融仓储业中作为债权人，保护其利益不受损失显得极为重要。为此，建立对金融仓储企业和融资企业的监督管理体系是非常有必要的，只有这样才能保护银行利益不受损害。然而，就金融仓储企业操作经营管理的外部监管体系而言，目前还未形成比较明确的法律法规及专业的监督组织，其外部监管需要进一步加强。

（三）法律法规制度不完善

我国金融仓储业正处于发展的初级阶段，法律法规和行业规范等都不健全，没有制定出为金融仓储业专有的法律法规，也没有相应的行为规范或者行业规范。各金融仓储企业之间没能形成很好的行业整体，没有行业协会来维护整体的利益，而是单打独斗，各自埋头创新或是恶性竞争，这样使得各个仓储企业间很难形成信息共享，从而造成了我国金融仓储业发展的外部环境并不太理想，整个行业良莠不齐。

二、金融仓储公司

由于我国金融仓储业正处于初始阶段，仓储公司在开展业务过程中还存在很多问题有待解决。

(一) 业务流程不规范

目前，金融仓储行业尚未形成统一、规范的业务标准流程，不同的仓储公司有不同的业务流程，同一家仓储公司与不同的银行合作，业务流程也不尽相同。行业标准流程的缺失增加了风险防范的难度，同时也提高了业务成本。

(二) 仓单缺乏流通性

我国尚未对金融仓储业的标准仓单进行明确规定，仓储公司开具的仓单在格式和内容上都不统一，且未经权威机构的认证和监管，大多只具备提货单的功能，不可作为有价证券使用。实际中，也有一些银行承认其合作的仓储公司开出的仓单，但其使用范围和功能都受到严格的限制，社会并不承认其"仓单"地位。

(三) 责任约束机制不完善

在金融仓储业务中，金融机构与仓储公司是委托人与代理人关系，容易造成道德风险，如在对质押物的评估过程中，仓储公司可能利用其掌握的丰富市场信息，在实际操作中作出损害银行利益的行为，在质押物的保管过程中，仓储公司可能存在低廉保管质押物、置换质押物等行为，当前对这类行为的责任约束机制尚未真正建立。

(四) 内部管理不健全

目前，仓储公司在客户管理，质押物所有权，仓单的调查、审核，合同签订、执行，内部人员管理上存在很大问题，监管机制和管理体制还不成熟，管理水平有待提高。

(五) 员工素质有待提高

由于金融仓储业从事的业务与一般的企业从事的业务有所不同，金融仓储公司对员工的要求比较高，特别是道德修养方面，对管理制度、操作流程的要求也非常高。如果管理不善，很容易造成一些不必要的损失。例如，为了业务发展的需要而招聘的一些新员工，来源并非可靠，由于实践经验少，对于货物的控制能力和风险判断能力比较低，往往作不出正确的判断从而给企业带来一定的损失。再如，有些仓储企业的管理体系不完善，制度上出现真空，甚至有些企业分工都不清，造成员工不知道自己具体做的是什么，具体负责的是什么，责任不清，结果是有些监管人员不知道自己监管物品的品种和数量，监督人员不知道所监督的内容，管理人员也不知道自己该干什么。更有甚者，有些处在监管岗位的员工，由于长时间在融资企业的仓库中进行监管，受到了融资企业的帮助和照顾，甚至建立了一些私人关系，当融资企业要求低于质押价值放货的时候，监管人碍于情面在没有得到总公司放货指令的情况下私自放货，从而产生给企业带来损失的风险。由于金融仓储业在我国还处于初级阶段，信息化程度并不高，这样就大大增加了企业员工作业和操作出现失误的情况，从而给企业带来不必要的损失。

（六）处理业务的实践经验不足

对抵质押物进行处理的原因主要是在抵质押物市场价格下降导致抵质押物不足值或者融资企业在贷款到期时无法偿还贷款本息时，金融仓储企业根据银行委托，对抵质押物进行销售处理以偿还融资企业的贷款本息。我国金融仓储业起步晚，金融仓储业并没有多少具体业务退出事件发生，在处理这方面的问题时经验不足。然而，当一笔业务退出时，由于抵质押物的种类以及市场价格变化影响较大，在进行有效处置时，需要丰富的实践经验和有效的处理方法，方可控制损失或将损失降到最低。

（七）市场竞争加剧

作为新兴行业的金融仓储，相当于金融业和物流行业的交叉点，在基础物流服务竞争愈发激烈的环境下，不少传统物流公司也已经盯上了这块肥肉，加剧了市场竞争。作为银行与贷款企业之间的中间人，物流公司或金融仓储公司发挥着担保人的作用，这就要求其自身首先必须具备良好的信誉和品牌，所以运营时间长、信誉度有保障的大型物流企业可以说是各个银行的首选。这也是大型物流企业的质押监管业务能迅速提升，占领现有市场大部分份额的根本原因。资料显示，2010 年 1—10 月，中储公司质押贷款额度是 111 亿元，中储的仓单质押和动产质押业务很大程度上与金融仓储公司的业务重合较多，对于刚刚起步的金融仓储来说，怎样突破行业壁垒及寻找多元化收入模式将成为未来发展的重点。毕竟与物流公司相比，金融仓储公司的优势在于它们的金融背景能提供更精准的产品服务，对抵质押物的评估更为专业，因此更容易获得金融机构的业务外包。

三、金融机构

整体而言，现阶段，无论是新兴的金融仓储公司还是传统的物流公司都需要得到银行的准入资格和授信额度才能开展业务，因此如何得到银行的信任打入现有市场是金融仓储行业面临的主要问题。金融机构方面存在的问题主要包括以下几方面。

（一）主观认识不足

金融仓储的本质是为银行和企业搭建互动平台，实现共同利益。对金融仓储业的认识主要来源于银行和融资企业，若这两者不能正确地理解和接受这种新型的融资途径，那么金融仓储业务就很难快速地发展。在银行方面，银行传统上认为开展动产抵质押物贷款手续复杂、风险较高，加之相关法律法规细节还不健全，银行在抵质押债权法律方面有所顾虑，对该业务持一种观望态度。这样一来，不但削弱了银行开展仓储金融业务的积极性，还会削减仓储企业所取得的资金授信额和市场需求量。

（二）机构合作仍需深化

商业银行还没有在仓储金融业务开展上与保险机构、担保机构以及民间资本形成有效的整合。更为重要的是，很多商业银行还未与仓储公司建立有效的合作机制，在协议约定上分歧较大。

（三）业务服务水平还须提高

一方面，我国大部分金融机构没有制定专门针对仓储金融业务的操作规范，还是运用一般信贷操作流程规则来办理仓储金融业务，手续繁、效率低；另一方面，金融机构缺乏仓储金融方面的产品创新，且未能向供应链上中小企业提供一揽子解决方案，其服务水平还有待提高。

（四）信息化管理有待加强

出于同业竞争等原因，各行无法取得同一借款人的他行信息，而且银行征信系统数据也缺乏有效的公开，担保方式、抵质押物明细等信息各商业银行难以全面掌握。现阶段，金融机构在金融仓储业务上的信息化程度不高，且缺乏跨行业、跨地区的信息共享系统和机制，导致金融机构和仓储公司合作时无法实现协同信息化，从而影响了业务过程中风险的反应和处理效率，客户服务质量不高。

（五）银行仓储金融业务经验不够

由于商业银行开展金融仓储信贷业务时间还不长，在贷款工具设计、风险管理方法和内部监控方面积累的经验不足，又受各种制度、法律的制约，操作上的失误与疏漏难以避免。贷款工具欠缺灵活性、银行风险管理手段受外部性影响、内部监控系统也不完善等，这些问题日益显现，制约仓储金融业务的开展。

四、中小企业

资金周转是生产、流通企业的生命线，但由于多方面的原因，资金链一旦运转不灵，就会对企业造成致命伤害，这样的例子不胜枚举。与此同时，仓储融资作为一种新型融资模式，正在成为部分中小企业的有限选择。

但是，部分中小企业在仓储融资方面的积极性不高。首先，一些中小企业感觉自身货物被第三方监管受到极大的限制。其次，企业出于仓储融资过程复杂、采用金融仓储业务获得贷款需要增加费用等方面的考虑，更愿意采取互保或民间借贷等传统的融资方式，主观上不愿开展仓储融资业务。最后，部分企业认为派驻人员对其货仓进行监督对企业的形象有损害。

第三节　金融仓储产业化发展的对策

金融仓储产业化发展首先需要良好的法律制度环境，除此之外，更需要金融仓储公司持续不断的努力创新，也需要银行等金融机构不断深入开展业务，在发展的过程中，在合作的过程中，不断发现问题和解决问题，共同撑起金融仓储产业的明天。

一、金融仓储企业

（一）做好员工管理

制定一套科学的管理制度，明确分工，责任到人。对员工进行培训，提高员工的业务素质，从而减少其风险。增加公司的信息化，公司的信息化可以减少员工的操作失误等，从而减少操作风险。通过不断完善管理制度，增强员工的责任心，从而降低质押物的意外风险。

（二）健全规章制度

仓储公司应制定和健全相关规章制度，如日常仓库监管操作规程、三方监管业务管理制度、监管仓库盘查制度等，明确相关岗位职责、操作规范、安全措施、账务核算体系等，形成一整套严密的内部控制体系。同时，还应建立客户信用管理制度，包括客户资料收集制度、客户资信档案管理制度、客户资信调查管理制度、客户信用分级制度、信用额度稽核制度等，对客户进行全方位的信用管理。

（三）加强人才培养

针对中国金融仓储人才紧缺的现状，要进行先进的仓储、金融、法律、信息管理等知识的培训，对金融仓储从业人员，可采取长期培养与短期培训、学校培养与在职培训等多种方式，也可通过银行与仓储公司的联合培养，为金融仓储行业输送复合型人才。

（四）仓储企业应建立与金融机构的长期合作关系

在仓储行业中强化金融观念，积极主动地寻求金融机构的相互合作与支持。仓储企业通过与银行建立良好的合作关系，在取得银行信任的同时有效地解决提供金融仓储服务中产生的效率问题。金融仓储企业应当向银行定期地进行真实的信息披露，以便银行充分了解业务往来等方面的信息状况，降低内部人员作案和操作失误，降低风险。

（五）金融仓储企业应建立与融资客户长期的合作伙伴关系

金融仓储企业为客户提供金融仓储服务的基础就是对客户拥有充分的了解，长期合作关系的建立更有利于提高效率，同时降低仓储金融风险。加强对服务客户的信用管理，通过对客户的经营资料收集、客户资信档案管理、客户资信调查管理、客户信用分级、合同与结算过程中的信用风险防范等制度的结合，建立客户信息库，利用信息管理系统对客户进行全方位的信用管理。

（六）自身实践与借鉴国外经验相结合

一方面，在进行金融仓储服务的初始阶段，参与各方在签订协议时，必须明确规定抵质押物权属、处置方式以及三方职责权益，并随着业务和市场的发展及时补充完善，确保各方利益，以免该笔业务退出处理时发生争议。另一方面，仓储企业在处理抵押物时应当严格遵守相关的法律法规，密切关注抵押物市场价格和相关状况，以及融资企业的经营盈亏情况，做好退出业务处理准备。如果有可能，还可以成立退出业务处理部门，将损失降到最低。另外，由于国外金融仓储业发展比较早，在处理业务退出事件方面有比较丰富的经验，我国在处理业务退出事件时，可参考国外经验并结合实际情况进行处理，将损失降到最低程度。

（七）持续创新

仓储金融业务其实早在20世纪90年代就已经出现，之所以到现在才浮出水面，除了政策上的原因外，客观上还有一个瓶颈，即国内真正高素质的专业性的仓储管理公司实在不多，敢率先试水的更是凤毛麟角。这也是这几年我国很多商业银行一直没有开展这项业务的重要原因。对商业银行来说，仓储金融的一个重要风险控制措施就是做好质押货物的监管。专业性的金融仓储公司的产生，创新了质押物监管、保值的方法，解决了银行的后顾之忧，这才有了近年来金融仓储市场的持续壮大，金融仓储企业应该敢于创新、持续创新，包括产品创新、服务创新、制度创新等，以创新开拓市场，赢得未来。

（八）始终将风险管理放在首位

对于新的金融产品、新的金融业务，安全是先决条件。金融仓储服务无论采用哪一种模式都存在着一定的风险。因此，作为金融仓储服务的中介，仓储企业必须防范融资过程中的各种风险。选择客户要谨慎，要考察其业务能力、业务量及货物来源的合法性，防止客户选择不当带来的资信风险；选择合适的质押品种，防止质押物因质押期间的巨大变化带来价格和质量风险。

【阅读链接】　　　着力转型升级　拓宽金融仓储发展思路

近日，商务部发布了《关于促进仓储业转型升级的指导意见》（以下简称《指导意见》）。《指导意见》提出要完善金融类仓储发展，支持有条件的仓储企业规范开展质押监管等供应链融资监管服务。此前，国务院发布的《关于深化流通体制改革加快流通产业发展的意见》也明确提出要鼓励银行业金融机构针对流通产业特点，创新金融产品和服务方式，开展动产、仓单等质押融资。这是国家支持金融仓储业态发展的一个有力信号。

金融仓储是金融业和仓储业交叉产生的新业态，也是社会经济发展到一定阶段的必然产物，其产生顺应了产业融合发展的大趋势。诚然，仍处在发展过程中的金融仓储企业身上也背负了传统仓储行业的一些缺点，如人工成本占比高、专业人才匮乏、行业标准化程度较低等。因此《指导意见》的出台，对于金融仓储的发展，具有深远的意义。首先，《指导意见》肯定了金融类仓储的发展，这也是该项业务产生和发展以来首次列入国家政策进行规范。其次，《指导意见》提出发展创新模式、运用新技术，采用精益化、信息化、标准化管理，这对金融仓储企业进一步拓展发展思路，提升发展空间，具有重要的指导作用。

对于金融仓储企业来说，读懂、读透《指导意见》，并在此基础上进一步形成和完善发展思路，则能统一思想，少走弯路。笔者认为具体可以从以下几个方面开展工作。

一是参与法律法规体系建设。企业的持续发展需要健全的法律环境。作为新生事物，金融仓储企业更应该积极去倡议、推动业务相关领域法律法规的完善。

二是进一步加大模式创新力度。在金融仓储原有业务模式基础上，吸引和组织更多的金融和物流要素参与，"搭好台才能唱好戏"，形成一个更完善的业务生态环境。

三是加快采用先进技术。如研究和采用物联网技术、机器人技术、云技术，建设好业务基础设施，降低经营成本，提高运营效率，以新技术驱动带来更大的发展动力。

四是加强专业人才培养工作。企业的发展必须要有本领域大量的专业人才。积极参与国家仓储行业人才资质培训与认证，要求员工持证上岗。同时完善企业内部完善的培训体系，建立企业学院，打造适合企业需求的高素质人才。

　　五是积极采用国家和行业标准。在企业内部大力宣传，采用各类国家和行业标准，规范业务行为，提高服务质量。

　　六是大力推动行业建设。与政府部门、行业协会、大专院校积极互动，建言献策，并在企业层面为行业理论研究、政策宣传、标准制定、人才培养等多方面提供平台和渠道。

　　资料来源：童天水，原载于《现代物流报》，2013 - 02 - 01。

（九）加强诚信建设

　　1. 提高自身综合实力。仓储物流企业首先应不断提高企业自身的实力和服务能力，并在此基础上不断拓宽自己的业务范围，以满足日益发展的仓储物流市场的需要，从而更好地满足客户的不同要求，增加银行、客户企业对本企业的信任感。这样，才具备经营仓储金融业务的实力，才能充分发挥仓储物流企业的运营监管作用。

　　2. 加强企业自身诚信管理制度建设和风险防范机制建设。一方面，应认真制定诚信经营的准则，知道自己什么该做什么不该做，明确自己的社会责任、社会义务。企业内部还要建立一套严格的诚信经营的监督和奖惩机制，如成立督查小组，定期或不定期督查，并根据督查情况进行有效奖惩。另一方面，建立企业内部信用风险管理制度。从客户开发、合同签订、贷款发运直到回收，企业在所有这些环节上都有可能出现信用风险，为提高信用风险防范能力，必须按照现代企业管理要求建立客户资信管理制度、内部授信制度，进行全程信用管理。

　　3. 着力培养企业家或领头人的诚信理念。企业家是企业的舵手，企业家的诚信水平直接影响着企业的诚信水平。所以，银行很注重企业的领头人或法定代表人的银行征信。对于企业家的诚信问题，银行主要看重两方面。一是企业和银行有没有合作，这个很重要。如果没有相关合作，会使银行认为你缺乏征信管理能力。第二，如果该企业家在银行有征信记录，那么不要有不良记录，否则银行也不愿与你合作。所以，企业家一定要注意管理自己的信用，用实际行动塑造起企业和企业家的良好公众形象，承担一个企业和一个企业家应当承担的社会责任。只有规范经营、诚实守信的企业家和企业，才是银行首选的合作伙伴。

【阅读链接】　　　　　　　　中国首个仓储诚信联盟成立

　　过去几年部分钢贸商和仓储企业串通进行的重复质押、空单质押等行为，正在令整个钢贸行业遭受信贷信任危机，而一些正规经营却同样遭受波及的钢贸商和仓储企业，开始寻求"自救"。

　　记者昨天从上海钢联获悉，由上海市工商业联合会钢铁贸易商会仓储专业商会和上海钢联共同发起的国内首个钢材仓储行业自律性组织——上海钢材仓储诚信联盟正式成立。

目前，已有 10 家上海的钢材仓储企业签约加入上海钢材仓储诚信联盟，这 10 家仓储企业的钢材库存量占上海钢材库存总量的 36%，还有 6 家企业已经提交了申请，目前正在审核过程中。

上海钢材仓储诚信联盟将通过信息公开发布平台——上海钢联旗下 Mysteel 钢铁物流频道，将会员仓储企业的真实钢材仓储数据，每天向社会公众、仓储企业客户、银行、监管部门公布，以便随时了解上海钢材仓储诚信联盟各会员企业的仓储数据。此外，上海钢材仓储诚信联盟的会员仓储企业还必须接受理事会定期的盘库检查以及不定期的监管稽核。

此次上海钢材仓储诚信联盟的成立，主要是钢贸商和仓储企业为化解目前面临的贷款难等诚信危机所做的尝试，在此之前，钢贸商在仓库的库存信息并不公开，同时缺乏监管，这就给了一些仓储企业与钢贸商串通，通过伪造身份证件信息虚开仓单，重复抵押贷款的空间。

据不完全统计，2012 年国内钢材仓储领域爆发了上百起重复质押、空单质押等信贷案件，重挫了钢贸和仓储企业的诚信，同时一些正规经营的钢贸商也被牵连，难以正常获得贷款。

"市场不好，再加上银行由鼎盛时期的追逐放贷到紧急的抽贷，已经让很多钢贸企业倒闭或者转行，我这层楼上原本有五家钢贸企业，现在只有两家还在办公，其他三家已经付不起租金了，其实租金一年也只有 20 万元。"上海一家钢贸企业的老板告诉本报记者，在过去的一年，跑路的、转行的钢贸企业，至少有 30%，更令人无奈的是，现在正规经营正常还贷的钢贸企业，续贷也不如以前那么顺畅，因为信任危机已经波及整个行业。

"成立钢材仓储诚信联盟，在钢材仓储企业的库存数据、质押数据、实时出入库数据等都公开化、透明化的情况下，重复质押、空单质押危机发生的概率将大大减少。"上海钢联董事长朱军红对本报记者指出。

资料来源：李治国，原载于《第一财经日报》，2013 - 03 - 22。

二、金融机构

（一）充分了解金融仓储

一方面，银行要对自身进行准确定位，充分了解金融仓储业相关状况，尝试接受并采用金融仓储信贷产品，可考虑设立专门的金融仓储部门以推进其发展。另一方面，银行应认识到金融仓储通过与大量中小企业互补需求，定能实现互利共赢，并且认识到动产抵质押贷款市场巨大的市场需求、利润空间大以及低风险的特征。

（二）积极参与市场建设

目前，国内开展仓储金融业务多以中小银行为主，国有商业银行参与不够，资金供给能力和市场吸引力不足。仓储金融市场要想发展，离不开银行对动产抵质押业务的接受、认同和推广。银行要对自身进行准确定位，要改变传统信贷观念，改变单一、平面、无序的竞争格局，消除企业所有制、企业规模等差别歧视，意识到仓储金融市场丰厚的利润空间，积极参与仓储金融市场建设。在仓储金融服务过程中，商业银行通过客户资信调查、客户资料收集、客户档案管理、客户信用等级分类及信用额度稽核等措施，对客户进行全方位的信用管理。商业银行与中小企业、仓储企业建立长期合作关系，可以更好地掌握中小企业的信用，及时监测和控制风险，从而有效地提高仓储金融服务的效率。

（三）完善组织结构

金融机构可以设立专门的金融仓储部门，并在分行层面设立分支机构与仓储公司对应，同时，变革相应的考核机制和内部激励机制，对金融仓储业务进行单独考核，使组织设计、激励约束机制和目标管理紧密结合。设立针对仓储金融信贷业务的操作流程，培养专业的管理和操作人员。

（四）改造信贷文化体系

商业银行要大力改造贷款授信审批流程，重构信贷文化，建立多元、立体、高效的差别特色信贷文化。推动仓储金融成为常规普及的业务产品。特别是对仓单质押贷款设置简易程序，见单放贷，快速到账，制定差别利率政策。银行通常视抵质押物为贷款第二还款来源，其实以仓单良好的流动性，完全可提升视同为第一还款来源，对贸易类企业尤其如此。银行应通过建立客观务实、高效安全的先进授信文化，提高授信业务开展的效率、效益和有效性，为客户提供更好的服务。

（五）注重业务创新，推动品牌建设

金融机构和仓储公司要积极进行业务创新，满足中小企业的实际需求，赢得市场的广泛认同，从而推动金融仓储的品牌建设。一是创新业务产品，提高品牌服务质量。金融机构应加强金融服务工具的开发，根据中小企业贷款"短、小、频、快"的特点，有针对性地开发多样化、个性化的金融产品，满足中小企业融资需求。在现有金融仓储业务模式下，设计灵活的贷款工具，改变以往传统的授信模式，提高贷款评审和发放效率，提高服务质量。二是创新业务模式，提升品牌价值。金融机构应与仓储公司合作研发新的金融仓储业务模式，研究各个基本的金融仓储产品的有机组合，进一步丰富金融仓储的产品支持体系，努力扩大质押物品种范围，使服务更加贴近中小企业，降低中小企业的融资成本。在时机成熟的情况下，可以积极开展更为高级的统一授信模式，利用仓储公司搭建中小企业融资平台，提升品牌价值。

（六）要加强宣传，扩大品牌影响力

对于金融机构而言，要充分利用自身分支机构数量多、遍布范围广的优势，制定和实施积极的营销策略，将金融仓储业务有效地导向目标客户，尤其是中小企业。仓储公司则应利用其物流网络，寻找潜在的中小企业客户，扩大业务范围，并大力宣传金融仓储业务知识，让更多的中小企业了解金融仓储。与此同时提高业务水平，以专业化的质押监管服务赢得中小企业认可，扩大业务影响力。

（七）发挥信息化作用

一是要加强信息共享，充分了解客户资信。在金融仓储业务过程中，金融机构、仓储公司对企业和市场必须有充分的了解，对企业的运营状况、商品的市场价值必须作充分的了解和监控，才能防范金融仓储的风险。因此，应该建立多种信息交流平台，拓展合作渠道，确保金融机构与仓储公司能够及时、详细、动态地了解中小企业内部信息，科学判断企业盈利能力和还款能力，从而保证资金的安全性和收益性。二是推动信息化建设，提升管理水平。要建立公开、高效、统一的登记制度，推动动产担保制度进一步发展完善，充分发挥动产的融资功能。在此基础上，建立金融机构、仓储公司和融资企业联网的信息网络，建立与金融仓储业务相关的数据库，收集最新的行业政策、企业数据与质押品动态信息，尤其是行业市场走向、商品价格波动信息、供应链运营状况等，提高信息化程度，加大各参与主体间的信息共享。同时通过信息系统简化业务环节、缩短业务时间，同时实时跟踪监控货物，从而有效提高质物评估、业务监控、质物处置等方面的管理水平。

【阅读资料】　　　完善生态建设，合力推进金融仓储产业化发展

......

三、银企合作，推进金融仓储业务创新发展

金融仓储是金融业与仓储业的交叉性业务，是金融业务的延伸。金融仓储不同于一般仓储，金融仓储从业者除掌握仓储业务规律与操作规范外，还要熟悉金融业务，特别是银行信贷业务。因此，金融仓储是专业性极强的业务，需要仓储业与金融业合作推进。

推进金融仓储业务的创新发展，将会产生银行、借款企业和专业仓储企业三方共赢的局面。在这三方关系中，核心是要推进银企合作。首先，银行要充分认识动产抵质押信贷对推进中小企业融资的重要作用，认识到这一巨大市场的存在性，大力推广动产抵质押贷款，并最终形成新的信贷业务增长点；其次，银行与仓储企业合作，共同设计双方认可或具有普适性的仓单标准，并共同努力，推进标准仓单的开发；最后，银行与仓储企业合作建立抵质押价值的动态监控、动态价值锁定与"补差"管理标准，建立及时的信息沟通渠道。

四、完善生态建设，共同推进金融仓储产业化发展

1. 金融仓储的发展离不开政府重视、引导和政策支持。金融仓储是新生事物，需要政府的重视、宣传和引导。从全国范围来看，金融仓储发展情况与当地政府的重视紧密相关。如杭州市政府重视金融仓储，市领导多次就金融仓储发展作出批示和重要点评，大力促进杭州市金融仓储业的发展，进一步改善了中小企业融资环境。加强对金融仓储业的政策支持，积极为金融仓储提供创投资金，提供税收等相关政策扶持。

2. 推进金融仓储产业化发展，形成行业规范。金融仓储专业性极强，并相对独立于一般仓储业，因此需要以整体产业的视角来推进金融仓储的发展。积极成立金融仓储产业协作组织，加强产业内部合作与交流，加强与金融业的外部沟通，形成行业规范，并建立相应的信息平台。产业协作组织成立的当务之急是制定由银行参与且获得广泛认可的标准仓单，制定动产抵质押监管规范，包括动产抵质押品价值动态监控原

则意见、动产抵质押品价值动态锁定与"补差"原则意见，以指导各金融仓储的仓单开立和动产抵质押品价值监控工作。

3. 加强对金融仓储业务的监管，促进金融仓储产业规范发展。由于金融仓储业务经营将对金融业务的风险管理产生重要影响，有必要对金融仓储业务进行独立的监管。金融仓储在一定程度上具备担保性质，可考虑在设计担保企业监管模式时，将金融仓储纳入其中。正确引导，促使金融仓储企业不断提高管理能力。金融仓储企业要创新动产抵质押品价值监控模式，增加远程动产抵质押品监控能力，并及时掌握大宗商品市场、国际市场商品价格走势，提升动产抵质押品价值动态监控能力和动产抵质押品价值锁定与"补差"实施能力。

资料来源：节选自童天水：《完善生态建设，合力推进金融仓储产业化发展》，2010 年中国金融仓储高峰论坛上的讲话。

【推荐阅读】

刘仁伍：《浙江金融产业发展战略研究》，北京，中国金融出版社，2011。

参考文献

［1］童天水：《论仓储金融业务发展方略》，载《浙江金融》，2009（3）。

［2］吴金旺：《仓储金融助推浙江中小企业转型升级的路径研究》，载《改革与战略》，2012（1）。

［3］吴金旺、郭福春：《基于创新型中小企业人才需求视角的高职院校订单课程开发——以〈金融仓储概论〉为例》，载《黑龙江高教研究》，2013（5）。

［4］同雨：《中小企业贷款之优选——动产抵质押——兼评银行仓储融资业务的现实意义》，载《浙江金融》，2008（4）。

［5］吴金旺、郭福春：《商业银行动产浮动抵押贷款业务创新研究——基于金融仓储的视角》，载《学术交流》，2013（1）。

［6］吴金旺：《商业银行非标准仓单质押贷款风险识别与控制》，载《财会月刊》，2011（21）。

［7］吴金旺：《我国金融仓储业发展的环境分析与对策建议》，载《浙江金融》，2010（3）。

［8］陶永诚：《金融仓储的经济效应及其发展的思考》，载《浙江金融》，2010（3）。

［9］姚星垣：《国外金融仓储的理论与实践》，载《浙江金融》，2010（3）。

［10］童天水、刘涛：《创新商业模式服务中小企业——浙江金储的理论与实践》，载《浙江金融》，2010（3）。

［11］郭延安：《金融仓储业务模式及其风险防范探析》，载《浙江金融》，2010（3）。

［12］孙颖、唐春宇：《金融仓储：中小企业发展的"输血器"》，载《浙江金融》，2010（7）。

［13］金雪军：《打破不动产的束缚》，杭州，浙江大学出版社，2011。

［14］崔法明：《金融仓储业现状、问题与对策研究》，山东师范大学硕士论文，2012。

［15］夏泰凤：《基于中小企业融资视角的供应链金融研究》，浙江大学博士论文，2011。

［16］李毅学、屠惠远、汪寿阳、冯耕中：《中国仓储金融服务分析与展望》，载《物流工程与管理》，2009（12）。

［17］刘仁伍：《金融仓储是一项多方受益的金融服务》，载《金融时报》，2010 -

04 – 20。

[18] 尤瑞章、应千凡、徐伟：《金融仓储产业化发展与实践——创新中小企业融资渠道》，载《金融发展评论》，2010（6）。

[19] 游春、胡才龙：《中国金融仓储业起步发展过程中存在的问题及措施分析》，载《金融纵横》，2011（3）。

[20] 李毅学、张媛媛、汪寿阳、冯耕中：《物流与供应链金融创新——存货质押融资风险管理》，北京，科学出版社，2010。

[21] 薛长斌：《商业银行信贷管理实务》，北京，中国书籍出版社，2004。

[22] 中国人民银行研究局、世界银行集团外国投资咨询服务局、国际金融公司中国项目开发中心：《中国动产担保物权与信贷市场发展》，北京，中信出版社，2005。

[23] 梅艺华、吴辉、李海波：《仓储管理实务》，北京，北京理工大学出版社，2010。

[24] 李严锋：《物流金融》，北京，科学出版社，2008。

[25] 李新平：《中小企业融资制度变迁与创新研究》，北京，中国水利水电出版社，2009。

[26] 蔡奇：《商业模式创新理论与实践：以杭州市为例》，北京，中国科学技术出版社，2009。

[27] 满玉华：《金融创新》，北京，中国人民大学出版社，2009。

[28] 徐绍峰：《动产融资实践：中小企业融资新模式》，北京，中国金融出版社，2010。

[29] 刘萍：《中国动产担保创新经典案例》，北京，中信出版社，2010。

[30] 陈祥锋：《供应链金融服务创新》，上海，复旦大学出版社，2008。

[31] 许文、徐明圣：《商业银行风险管理：理论与实践》，北京，经济管理出版社，2009。

[32] 刘浩华：《供应链风险管理》，北京，中国物资出版社，2009。

[33] 赵晓菊：《信用风险管理》，上海，上海财经大学出版社，2008。

[34] 张弘：《人力资源管理与企业绩效》，北京，企业管理出版社，2010。

[35] 朱成全：《企业文化概论》，大连，东北财经大学出版社，2010。

[36] 安贺新：《服务营销实务》，北京，清华大学出版社，2011。

[37] 牛鱼龙：《怎样成为物流人才》，深圳，海天出版社，2004。

[38] 周晓明、唐小飞：《金融服务营销》，北京，机械工业出版社，2010。

[39] 李正辉：《中国金融体系国际竞争力研究》，北京，中国统计出版社，2008。

[40] 樊纲：《中国应对金融危机 2009》，北京，中国经济出版社，2010。

[41] 刘仁伍：《浙江金融产业发展战略研究》，北京，中国金融出版社，2011。

[42] 卢桂芬：《浅议仓储融资如何解决中小企业融资瓶颈》，载《经济研究导刊》，2011（20）。

[43] 杨继瑞、杨蓉、孟宪茵：《动产质押融资模式的若干问题探讨》，载《经济学

家》，2011，（8）。

[44] 杨朝英：《金融仓储开辟中小企业融资新路》，载《人民政协报》，2011 - 06 - 24。

[45] 孙天琦：《有关商业银行动产抵（质）押贷款的研究报告》，载《西部金融》，2007（6）。

[46] 李宜昭： 《完善我国中小企业融资体系的路径研究》，载《中国社会科学院》，2010。

[47] 尹丹莉：《我国中小企业融资问题研究》，天津财经大学博士论文，2009。

[48] 陈祥锋、石代伦、朱道立：《融通仓与物流金融服务创新》，载《科技导报》，2005（9）。

[49] 陈祥锋、石代伦、朱道立等：《融通仓系统结构研究》，载《物流技术与应用》，2005（12）。

[50] 陈祥锋、石代伦、朱道立等：《融通仓运作模式研究》，载《物流技术与应用》，2006（1）。

[51] 马晓霞：《第三方物流企业融资模式分析与风险研究》，大连海事大学硕士论文，2010。

[52] 唐少艺：《物流金融——中小企业发展的助推器》，载《江苏商论》，2005（12）。

[53] 吴英杰：《关于仓储质押贷款业务的几点思考》，载《东北财经大学学报》，2004（1）。

[54] 徐正：《G 银行中小企业信贷政策研究》，华东理工大学论文，2012。

[55] 高圣平：《动产担保交易制度研究》，中国政法大学博士论文，2002。

[56] 常旭： 《动产融资业务法律风险的防范与控制》，大连海事大学硕士论文，2010。

[57] 王学敏：《高绩效营销团队建设研究》，载《消费导刊》，2009（6）。

[58] 喻凯、杨翔：《论营销团队建设与管理》，载《企业技术开发》，2009（1）。

[59] 王萍：《我国民营第三方物流企业构建高绩效营销团队的策略研究》，载《中国经贸导刊》，2010（12）。

[60] 郑敏：《关于中小企业融资难问题的银行解决方案——兴业银行中小企业信贷改革探索》，厦门大学硕士论文，2009。

[61] 王克启：《加强营销团队建设的三大"法宝"》，载《中国保险报》，2011 - 11 - 30。

[62] 周云海：《解决我国中小企业融资难的信贷政策研究》，上海交通大学硕士论文，2008。

[63] 陈懿：《论我国动产抵押制度的完善》，华东政法大学硕士论文，2011。

[64] 郑绍庆： 《融通仓在动产抵押担保融资中的服务创新》，载《物流技术》，2010（9）。

［65］中国仓储协会秘书处：《2010 年中国仓储行业发展综合报告》，载《物流工程与管理》，2010（6）。

［66］中国仓储协会秘书处：《2011 年中国仓储行业发展综合报告》，载《物流工程与管理》，2011（6）。

［67］周民良：《促进中小企业应对国际金融危机的浙江经验》，载《中小企业管理与科技》，2010（1）。

［68］中国人民银行佛山市中小支行课题组：《产业集群的中小企业融资创新研究》，载《南方金融》，2008（8）。

［69］周建松、郭福春：《寻求高职学历教育与岗前培训的最佳契合点——浙江金融职业学院订单式人才培养探索与实践》，载《浙江金融》，2008（3）。

［70］杜红文：《面向中小企业高技能型创新人才培养的探索与实践》，载《中国高教研究》，2010（3）。

［71］张凯、董千里：《物流银行金融服务创新解除中小企业融资障碍》，载《财经理论与实践》，2008（1）。

［72］李毅学、徐渝、冯耕中：《国内外存货质押融资业务演化过程研究》，载《经济与管理研究》，2007（3）。

［73］翟立新：《从法律角度看动态动产质押的风险点》，载《现代金融》，2011（4）。

［74］付旭东：《动产质押监管业务的风险防控及分散分析》，载《中国储运》，2011（5）。

［75］付旭东：《质物品种的选择与监管措施研究》，载《中国储运》，2011（3）。

［76］李娟、徐渝、冯耕中：《基于存货质押融资业务的博弈分析》，载《生产力研究》，2007（20）。

［77］胡卓群：《金融仓储业务风险研究及其规避措施》，载《现代商业》，2010（27）。

高职高专金融类系列教材

一、高职高专金融类系列教材

货币金融学概论	周建松	主编	25.00 元	2006.12 出版
货币金融学概论习题与案例集	周建松 郭福春等	编著	25.00 元	2008.05 出版
金融法概论（第二版）	朱　明	主编	25.00 元	2012.04 出版
（普通高等教育"十一五"国家级规划教材）				
商业银行客户经理	伏琳娜 满玉华	主编	36.00 元	2010.08 出版
商业银行客户经理	刘旭东	主编	21.50 元	2006.08 出版
商业银行综合柜台业务（第二版）	董瑞丽	主编	36.00 元	2012.08 出版
（国家精品课程教材·2006）				
商业银行综合业务技能	董瑞丽	主编	30.50 元	2008.01 出版
商业银行中间业务	张传良 倪信琦	主编	22.00 元	2006.08 出版
商业银行授信业务	王艳君 郭瑞云 于千程	编著	45.00 元	2012.10 出版
商业银行业务与经营	王红梅 吴军梅	主编	34.00 元	2007.05 出版
金融服务营销（第二版）	徐海洁	编著	34.00 元	2013.09 出版
商业银行基层网点经营管理	赵振华	主编	32.00 元	2009.08 出版
商业银行柜面英语口语	汪卫芳	主编	15.00 元	2008.08 出版
银行卡业务	孙　颖 郭福春	编著	36.50 元	2008.08 出版
银行产品	彭陆军	主编	25.00 元	2010.01 出版
银行产品	杨荣华 李晓红	主编	29.00 元	2012.12 出版
反假货币技术	方秀丽 陈光荣 包可栋	主编	58.00 元	2008.12 出版
小额信贷实务	邱俊如	主编	23.00 元	2012.03 出版
商业银行审计	刘　琳 张金城	主编	31.50 元	2007.03 出版
商业银行会计实务	赵丽梅	编著	43.00 元	2012.02 出版
金融企业会计	唐宴春	主编	25.50 元	2006.08 出版
（普通高等教育"十一五"国家级规划）				
金融企业会计实训与实验	唐宴春	主编	24.00 元	2006.08 出版
（普通高等教育"十一五"国家级规划教材教材辅助教材）				
新编国际金融	徐杰芳	主编	39.00 元	2011.08 出版
国际金融概论	方　洁 刘　燕	主编	21.50 元	2006.08 出版
（普通高等教育"十一五"国家级规划教材）				
国际金融实务	赵海荣 梁　涛	主编	30.00 元	2012.07 出版
风险管理	刘金波	主编	30.00 元	2010.08 出版
外汇交易实务	郭也群	主编	25.00 元	2008.07 出版
外汇交易实务	樊祎斌	主编	23.00 元	2009.01 出版
证券投资实务	徐　辉	主编	29.50 元	2012.08 出版

国际融资实务	崔 荫		主编	28.00 元	2006.08 出版
理财学（第二版）	边智群	朱澍清	主编	39.00 元	2012.01 出版
（普通高等教育"十一五"国家级规划教材）					
投资银行概论	董雪梅		主编	34.00 元	2010.06 出版
金融信托与租赁（第二版）	蔡鸣龙		主编	35.00 元	2013.03 出版
公司理财实务	钭志斌		主编	34.00 元	2012.01 出版
个人理财规划	胡君晖		主编	29.00 元	2012.07 出版
证券投资概论	王 静		主编	22.00 元	2006.10 出版
（普通高等教育"十一五"国家级规划教材/国家精品课程教材·2007）					
金融应用文写作	李先智	贾晋文	主编	32.00 元	2007.02 出版
金融职业道德概论	王 琦		主编	25.00 元	2008.09 出版
金融职业礼仪	王 华		主编	21.50 元	2006.12 出版
金融职业服务礼仪	王 华		主编	24.00 元	2009.03 出版
金融职业形体礼仪	钱利安	王 华	主编	22.00 元	2009.03 出版
金融服务礼仪	伏琳娜	孙迎春	主编	33.00 元	2012.04 出版
合作金融概论	曾赛红	郭福春	主编	24.00 元	2007.05 出版
网络金融	杨国明	蔡 军	主编	26.00 元	2006.08 出版
（普通高等教育"十一五"国家级规划教材）					
现代农村金融	郭延安	陶永诚	主编	23.00 元	2009.03 出版
"三农"经济基础	凌海波	郭福春	主编	34.00 元	2009.08 出版
金融仓储理论与实务	吴金旺	童天水	编著	30.00 元	2014.07 出版

二、高职高专会计类系列教材

管理会计	黄庆平		主编	28.00 元	2012.04 出版
商业银行会计实务	赵丽梅		编著	43.00 元	2012.02 出版
基础会计	田玉兰	郭晓红	主编	26.50 元	2007.04 出版
基础会计实训与练习	田玉兰	郭晓红	主编	17.50 元	2007.04 出版
新编基础会计及实训	周 峰	尹 莉	主编	33.00 元	2009.01 出版
财务会计（第二版）	尹 莉		主编	40.00 元	2009.09 出版
财务会计学习指导与实训	尹 莉		主编	24.00 元	2007.09 出版
高级财务会计	何海东		主编	30.00 元	2012.04 出版
成本会计	孔德兰		主编	25.00 元	2007.03 出版
（普通高等教育"十一五"国家级规划教材）					
成本会计实训与练习	孔德兰		主编	19.50 元	2007.03 出版
（普通高等教育"十一五"国家级规划教材辅助教材）					
管理会计	周 峰		主编	25.50 元	2007.03 出版
管理会计学习指导与训练	周 峰		主编	16.00 元	2007.03 出版
会计电算化	潘上永		主编	40.00 元	2007.09 出版
（普通高等教育"十一五"国家级规划教材）					
会计电算化实训与实验	潘上永		主编	10.00 元	2007.09 出版

（普通高等教育"十一五"国家级规划教材辅助教材）

财政与税收（第三版）	单惟婷	主编	35.00 元	2009.11 出版
金融企业会计	唐宴春	主编	25.50 元	2006.08 出版

（普通高等教育"十一五"国家级规划教材）

金融企业会计实训与实验	唐宴春	主编	24.00 元	2006.08 出版

（普通高等教育"十一五"国家级规划教材辅助教材）

会计综合模拟实训	施海丽	主编	46.00 元	2012.07 出版
会计分岗位实训	舒岳	主编	40.00 元	2012.07 出版

三、高职高专经济管理类系列教材

经济学基础	高同彪	主编	45.00 元	2012.07 出版
管理学基础	曹秀娟	主编	39.00 元	2012.07 出版
大学生就业能力实训教程	张国威 褚义兵等	编著	25.00 元	2012.08 出版

四、高职高专保险类系列教材

保险实务	梁涛 南沈卫	主编	35.00 元	2012.07 出版
保险营销实务	章金萍 李兵	主编	21.00 元	2012.02 出版
新编保险医学基础	任森林	主编	30.00 元	2012.02 出版
人身保险实务	黄素	主编	36.00 元	2013.02 出版
国际货物运输保险实务	王锦霞	主编	29.00 元	2012.11 出版
保险学基础	何惠珍	主编	23.00 元	2006.12 出版
财产保险	曹晓兰	主编	33.50 元	2007.03 出版

（普通高等教育"十一五"国家级规划教材）

人身保险	池小萍 郑祎华	主编	31.50 元	2006.12 出版
人身保险实务	朱佳	主编	22.00 元	2008.11 出版
保险营销	章金萍	主编	25.50 元	2006.12 出版
保险营销	李兵	主编	31.00 元	2010.01 出版
保险医学基础	吴艾竞	主编	28.00 元	2009.08 出版
保险中介	何惠珍	主编	40.00 元	2009.10 出版
非水险实务	沈洁颖	主编	43.00 元	2008.12 出版
海上保险实务	冯芳怡	主编	22.00 元	2009.04 出版
汽车保险	费洁	主编	32.00 元	2009.04 出版
保险法案例教程	冯芳怡	主编	31.00 元	2009.09 出版
保险客户服务与管理	韩雪	主编	29.00 元	2009.08 出版
风险管理	毛通	主编	31.00 元	2010.07 出版
保险职业道德修养	邢运凯	主编	21.00 元	2008.12 出版
医疗保险理论与实务	曹晓兰	主编	43.00 元	2009.01 出版

五、高职高专国际商务类系列教材

国际贸易概论	易海峰	主编	36.00 元	2012.04 出版

国际商务文化与礼仪	蒋景东　刘晓枫	主编	23.00 元	2012.01 出版
国际结算	靳　生	主编	31.00 元	2007.09 出版
国际结算实验教程	靳　生	主编	23.50 元	2007.09 出版
国际结算（第二版）	贺　瑛　漆腊应	主编	19.00 元	2006.01 出版
国际结算（第三版）	苏宗祥　徐　捷	编著	23.00 元	2010.01 出版
国际结算操作	刘晶红	主编	25.00 元	2012.07 出版
国际贸易与金融函电	张海燕	主编	20.00 元	2008.11 出版
国际市场营销实务	王　婧	主编	28.00 元	2012.06 出版
报检实务	韩　斌	主编	28.00 元	2012.12 出版

如有任何意见或建议，欢迎致函编辑部：jiaocaiyibu@126.com。